W0090078

Manfred Hildermeier

Die rückständige Großmacht

Russland und der Westen

C.H.Beck

Für meine Enkelkinder

Originalausgabe
© Verlag C.H.Beck oHG, München 2022
www.chbeck.de
Umschlaggestaltung: geviert.com, Michaela Kneißl
Umschlagabbildung: Russische Militärflugzeuge fliegen in
Formation über dem Moskauer Kreml während der Parade
zum Tag des Sieges am 7. Mai 2015 © VLADJ55 Shutterstock
Satz: C.H.Beck.Media.Solutions, Nördlingen
Druck und Bindung: Druckerei C.H.Beck, Nördlingen
Gedruckt auf säurefreiem und alterungsbeständigem Papier
Printed in Germany
ISBN 978 3 406 79353 0

myclimate
klimaneutral produziert
www.chbeck.de/nachhaltig

Inhalt

Vorwort

Manche Kreise schließen sich. Zu Beginn meiner wissenschaftlichen Laufbahn 1973/74 verbrachte ich ein wunderschönes und prägendes Jahr an der Stanford University, um in der *Hoover Institution on War, Revolution, and Peace* weiteres Material zur Sozialrevolutionären Partei Russlands zu sammeln, über die ich meine Dissertation schrieb. Dort stieß ich zum ersten Mal auf Gedanken über das Verhältnis zwischen Russland und Westeuropa aus der intellektuellen Tradition des russischen Populismus. Als ich viereinhalb Jahrzehnte später, nach dem Ende meiner Dienstzeit, die Gelegenheit erhielt, für ein *winter term* nach Stanford zurückzukehren und einen Vortrag am dortigen *Center for Russian, East European and Eurasian Studies* zu halten, bot es sich schon in memoriam an, ihn eben diesem Thema zu widmen. Hinzu kam, dass ich auch in den langen Jahren dazwischen immer wieder Thesen und Ideen aus seinem Umkreis in verschiedenen Varianten begegnet war: der Grundeinsicht, dass Russland anders sei als ‹der Westen› und in vieler Hinsicht hinter ihm herhinke, samt der Folgerung, dass es bei Reformen aus dessen Erfahrungen lernen, manches anders machen und dabei eigene Besonderheiten berücksichtigen könne. Selbst in den Epochen, in denen man die Andersartigkeit stolz als autochthone, zu pflegende Traditionen verstand oder eine völlig andere Gesellschaft aufbauen wollte, eiferte man dem Westen in zentralen Segmenten der eigenen Ordnung nach. Desgleichen ließ die ergänzende Suche nach einschlägigen Quellen aus dem späten Mittelalter und der Frühen Neuzeit, als Russland noch Distanz zum lateinischen Heidentum hielt, und aus den Jahrzehnten, in denen es als Supermacht eine eigene Welt zu bilden beanspruchte, schnell erkennen, dass der Blick nach Westen auch in diesen Zeiten stets präsent war. Solche Persistenz zeigt an, dass sein Verhältnis zu dem, was aus seiner Sicht als Westen galt, sein Selbstverständnis berührte, ja Teil der Frage nach seiner Identität war und ist.

So bot sich an, eben diese Beziehung zum Leitfaden einer knappen Darstellung zu machen, die aufgrund ihrer zentralen Bedeutung und höchst unterschiedlicher, vom jeweiligen Zeitgeist geprägter Wertungen versprach, zugleich entscheidende Entwicklungen der russischen Geschichte insgesamt mitzubehandeln. In diesen Passagen habe ich, wie unschwer zu erkennen ist, auf entsprechende Abschnitte früherer Werke zurückgegriffen. Weil dies so ist, nehme ich explizit auch noch einmal zur interpretatorischen Leistungskraft des dort häufig erwähnten Konzepts der Rückständigkeit Stellung. Die Rezensionen waren recht widersprüchlich: Die angelsächsischen fanden die Verweise auf entsprechende Zustände zu zaghaft, die deutschen lehnten den gesamten Begriff ab. Bleibt mir zu hoffen, dass die folgende Übersicht einen gangbaren Mittelweg aufzeigt.

Unabhängig von dieser eigentlichen Absicht sorgte ein ebenso unvorhergesehenes wie brutales Ereignis dafür, dass die ausblickenden Passagen des schon fertiggestellten Manuskripts eine beklemmende Aktualität erhielten. Denn die von Putin propagierte ‹neue russische Idee› entpuppt sich bei näherem Hinsehen als eine sehr alte slavophil-panslavistische, deren Modernität höchstens in ihrer Zuspitzung durch die kompensatorische militärische Aggressivität einer gedemütigten Supermacht besteht. Möge sich auch hier zeigen, was die historische Betrachtung lehrt – dass die negative Faszination vom Westen bald wieder in eine positive oder zumindest friedlich-neutrale Haltung umschlägt.

Göttingen, im Mai 2022

Einleitung

Kaum ein anderes Problem durchzieht die russische Geschichte seit ihren ersten Anfängen im 9./10. Jahrhundert so kontinuierlich wie die Frage nach ihrem Verhältnis zu dem, was im Sprachgebrauch ihrer Akteure meist «der Westen» hieß. Man könnte sie geradezu als ihre Gretchenfrage bezeichnen, deren unterschiedliche Beantwortung jeweils für längere Perioden die allgemeine politische und kulturell-zivilisatorische Orientierung prägte. Dabei schwankte die Haltung erheblich, bisweilen in unmittelbarer Abfolge gleich Pendelausschlägen. Wenn der «Westen» als Feind betrachtet wurde, bemühte man sich um Distanz und betonte seine eigenen Werte und Traditionen. Wenn er in ein günstiges Licht rückte, suchte man seine Nähe und bemühte sich, Errungenschaften, die man für überlegen hielt, zu übernehmen. Nur eines blieb selten: gleichmütiges Desinteresse. Der Westen war präsent, negativ wie positiv.

Zugleich wechselte dieser «Westen» vielfach seine Gestalt. Das galt nicht nur im selbstverständlichen Sinne seiner historischen Entwicklung. Wichtiger war der Wandel seines ‹Inhalts› im Sinne des Bereichs der historischen Wirklichkeit, den man zum Vergleich heranzog, desgleichen die Verlagerung des Raums, in dem man ihn suchte. Dabei liegt auf der Hand, dass beides miteinander zusammenhing und die Veränderungen zugleich in bestimmten Epochen und historischen Konstellationen stattfanden. Als Illustration mag fürs Erste der Hinweis genügen, dass der Blick nach Westen im russischen Mittelalter und in der Frühen Neuzeit (soweit diese zeitlichen Periodisierungen überhaupt übertragbar sind) unter dem Primat der Religion stand und die Abgrenzung entlang der kirchlichen Zugehörigkeit erfolgte. Daher begann der «Westen» aus russischer Sicht zu dieser Zeit bereits jenseits der Grenze zu Polen-Litauen und nicht erst in Mitteleuropa. Die geographische und die religiöse Landkarte deckten sich nicht. Diese Verortung änderte sich auch in den folgenden Jahrhunderten, als weltliche Belange immer stärker in den Vordergrund der russischen Wahrnehmung traten, kaum, weil Polen weiterhin als Vorposten Europas und der westlichen Kultur galt. Allerdings rückte der Raum, in dem man teilweise schon seit dem 15./16. Jahrhundert, vollends sichtbar seit der zweiten Hälfte des 17. Jahrhunderts Errungenschaften entdeckte, die man gern bei sich selber gesehen hätte, nun weiter nach Westen: nach Deutschland, Oberitalien, in die Niederlande, nach Frankreich und schließlich sogar nach England.

Dies waren nicht zufällig die Jahrhunderte, in denen auch Mitteleuropa den europäischen Osten entdeckte und Russland auf der mentalen Landkarte der Aufklärung vom Norden, wo es seit der Antike residierte, in den Osten wanderte.[1] West und Ost nahmen als kulturelle Räume eine neue, moderne Gestalt an, die in ihren charakteristischen Konturen und Zuschreibungen bei allen politischen Veränderungen bis zum Ende des 20. Jahrhunderts fortbestand (und in manchem bis heute weiterlebt). Zugleich verdichtete sich mit diesem Prozess die gegenseitige Wahrnehmung. Während der Westen sich dabei überwiegend im Gefühl der Überlegenheit sonnte,[2] wurde sie in Russland zum Wechselbad von Hochschätzung und Ablehnung, von Nacheifern und Besinnung auf Eigenständigkeit.

Es ist diese *Wahrnehmung*, die der vorliegende Überblick vom Beginn der russischen Geschichte an bis zur Gegenwart verfolgen möchte. Keinesfalls geht es um Außenpolitik oder auswärtige Beziehungen, die angemessen nur in den jeweiligen Mächtekonstellationen zu verstehen und enger an chronologische Koordinaten gebunden sind. Vielmehr soll versucht werden, die jeweilige *Idee* vom Westen, die *Vorstellung*, die man sich von ihm machte, und die jeweils als charakteristisch empfundenen Merkmale zu beschreiben. Medium dieser Ideen konnte nur die politische und geistige Elite sein: Herrscher und ihre fürstlich-bojarischen Gefolgsleute, im Mittelalter und der frühen Neuzeit auch Mönche und der gelehrte Klerus, seit dem 18. Jahrhundert zunehmend die hohe, ebenfalls noch lange eng mit der Aristokratie verbundene Beamtenschaft, im 19. Jahrhundert ergänzt durch eine säkulare Intelligenz, die sich literarisch-journalistisch betätigte und die Professorenschaft an den entstehenden Universitäten und sonstigen akademischen Einrichtungen stellte. Eine besondere Verdichtung erfuhr dieses Nachdenken in der Geschichtsphilosophie um die Mitte des 19. Jahrhunderts; sie wurde mehrfach beschrieben und darf auch im Folgenden nicht fehlen. Weniger explizit, aber in den jeweiligen Prämissen ebenso klar, nahm die Geschichtswissenschaft vor allem der zweiten Hälfte des 19. Jahrhunderts Stellung.

Nach der Zeitenwende von 1917 und dem Sieg der Bolschewiki war das Problem nur scheinbar gelöst. Zwar hatte Russland nun, mit dem Sieg des «Sozialismus», dem Anspruch nach den Westen hinter sich gelassen. Faktisch aber hinkte es nicht nur weiter hinterher. Darüber hinaus räumte es über mehr als zwei Jahrzehnte, bis zum Überfall Hitlers im Juni 1941, der Aufgabe höchste Priorität ein, zwar nicht ideologisch oder in seiner staatlich-sozialen Organisation, aber wirtschaftlich-technisch aufzuholen. Wie bekannt, geschah dies seit der Wende zu den 1930er Jahren in der neuen organisatorischen Form der allumfassenden zentralen Planwirtschaft, die auf den Markt und jegliches Privateigentum verzichtete; aber das Ziel, technologisch zum Westen aufzuschließen, blieb dasselbe.

Auch nach dem Zweiten Weltkrieg verringerte sich der Abstand, von der Rüstungsindustrie und wenigen anderen Sektoren abgesehen, nur langsam. Da half es wenig, dass man nicht müde wurde, die Überlegenheit des «Sozialismus» ideologisch zu beschwören. Derselbe Chruschtschow, der dies als Motivation für seine Reformen mit besonderer Verve tat, räumte ja mit seiner viel zitierten (und verspotteten) Ankündigung, mittelfristig die Milch- und Fleischproduktion der USA übertreffen zu wollen, faktisch ein, dass es in seinem Land einen erheblichen Nachholbedarf gab. Erst recht galt dies, wie in der Systemkonkurrenz des Kalten Krieges immer deutlicher wurde, für die Versorgung der Bevölkerung mit industriellen Konsumgütern und für das materielle Lebensniveau (besonders den Wohnkomfort) generell. Im Rückblick erscheint lediglich die erste Hälfte der 1970er Jahre als eine Art ‹goldener Ära› des sowjetischen Konsums. Als die Engpässe danach aber wieder zunahmen, zugleich Informationen über den Westen immer reichlicher flossen, scheint die Diskrepanz immer breiteren Bevölkerungsschichten bewusst geworden zu sein. Hinzu kam, dass sich die politische Ordnung im Zuge der Auseinandersetzung mit den Dissidenten verhärtete. Der Abstand zum Westen gewann auch über die engen Zirkel erklärter Regimegegner hinaus wieder eine politische Dimension. Abermals erschien Europa, längst ergänzt durch Nordamerika, als Symbol für beides – materiellen Wohlstand *und* politische Freiheit.

So gesehen, reihen sich auch die Perestrojka seit 1985 und besonders die erste postsowjetische Ära nach 1991 in die Vielzahl der Reformen ein, mit denen russische Herrscher Anschluss an den Westen gewinnen wollten. Gorbatschow erkannte nach dem Scheitern bloßer Wirtschaftsreformen, dass er den Menschen Meinungs- und größere politische Bewegungsfreiheit geben musste, um sie tatsächlich zu mehr Leistung und Engagement für Staat und Gesellschaft insgesamt anzuspornen. Jelzin suchte die Sanierung auf radikalere Art, durch Markt, Privateigentum und Demokratie zu erreichen. Beide scheiterten – von eigenen Fehlern und falschen internationalen Ratschlägen abgesehen – nicht zuletzt an der ‹Widerständigkeit› einer Wirklichkeit, die sich den Reformen nicht fügen wollte. Den Kenner der russischen Geschichte wird dieser Befund nicht überraschen: Es war gewiss nicht das erste Mal, dass Institutionen und Verfahrensweisen westlicher Herkunft auf russische Verhältnisse schlecht passten und Verwerfungen hervorriefen (die im gegebenen Fall z. B. im Wirtschaftsleben nach siebzig Jahren sozialistischer Andersartigkeit besonders heftig ausfielen). Und auch die autoritär-konservative, von nationalistischen Tönen begleitete Wende unter Putin wiederholt in vieler Hinsicht nur ein bekanntes historisches Muster.

Umso eher besteht Anlass, nicht nur die lange Geschichte der Wahrnehmung des europäischen Westens – seit 1917 erweitert durch die USA – in Augenschein zu nehmen. Darüber hinaus kommt es darauf an, die Folgerungen, die Herrscher und Eliten daraus für das eigene Land ableiteten, zu beschreiben und gegebenenfalls danach zu fragen, welche Art von Errungenschaften zu welcher Zeit übernommen wurden. Wo möglich, soll auch nachgezeichnet werden, was aus solchen Anleihen und Importen wurde. Wer die einschlägige Diskussion kennt, weiß, dass damit das schwierige Konzept der *Rückständigkeit* berührt ist. Einerseits ist dieser Begriff aufgrund seiner Wertbeladenheit als Kehrseite von Fortschritt und Modernisierung in den letzten Jahrzehnten in die Kritik geraten und beinahe zum Unwort geworden. Andererseits hält sich die Meinung, dass ein Ersatz nicht in Sicht ist und gute Gründe dafür sprechen, ihn trotz des Mangels an Neutralität beizubehalten, ihn aber umsichtig und differenziert zu verwenden.[3] Der Verfasser gesteht gern, dass er letztere Ansicht teilt.[4] Die nachfolgenden Ausführungen dienen daher nicht zuletzt dem Versuch, ihr sowohl ein empirisches Fundament zu geben als auch durch die Illustration verschiedener ‹materieller› Arten und Rezeptionsformen von Importen zur Differenzierung des Konzepts sowie zu seiner Einordnung in den größeren Zusammenhang der Beziehungsgeschichte beizutragen.

I. Die Kiever Rus': Dynastische Zugehörigkeit

Russische Quellen über die frühen Beziehungen des Kiewer Reiches zu Westeuropa gibt es kaum. Und die wenigen Aussagen, die sich finden lassen, sind nicht sehr zuverlässig. Einer der besten Sachkenner warnt ausdrücklich davor, den Chroniken, die sämtlich aus späterer Zeit stammen, zu trauen.[1] Man tut daher gut daran, sich an Tatbestände zu halten und zwischen den Zeilen zu lesen. Zu Ersteren zählen allen voran die *dynastischen Verbindungen* der Kiever Fürsten. Wenn man von der evidenten Annahme ausgeht, dass Heiraten in diesen frühen Jahrhunderten des westeuropäischen Hochmittelalters strategisch geplant und ein Kernelement der äußeren Politik waren, steht die Zugehörigkeit der Rus' und ihrer rurikidischen Herrscher zum übrigen Europa außer Frage.

Dies gilt zum einen, was nahe liegt, für die unmittelbaren Nachbarstaaten und Skandinavien als Herkunftsregion der Waräger. Letztere scheint vor allem in der Frühzeit Heimat von Bräuten Kiever Fürsten bzw. der Ehepartner ihrer Söhne und Töchter gewesen zu sein. Eine ältere, aber unersetzte genealogische Studie führt ein Dutzend solcher Verbindungen auf. So heiratete Jaroslav der Weise, Sohn Vladimirs des Heiligen, des Gründers des Kiever Reiches, 1019 Anna (Ingigerd), Tochter König Olofs von Schweden; er selber gab eine seiner Töchter, Elisabeth, König Harald (Hardradi) von Norwegen zur Frau. Eine Enkelin Vladimirs, Malfred' (Malfridr), Tochter seines Sohnes Mstislav, heiratete Sigurd von Norwegen und nach dessen Tod Erik II. von Dänemark, eine andere Tochter Mstislavs einen Sohn Eriks I. von Dänemark, und einer ihrer Brüder, Svjatopolk

Mstislavič, eine dänische Prinzissin (Kristine). Solch häufige Verschwägerung darf als Indiz für allgemein enge Beziehungen verstanden werden. Besonders Jaroslav der Weise (1119–1152), dessen Herrschaftszeit gemeinhin als erste Blüte des Kiever Reichs gilt, pflegte sie, indem er sich zur Festigung seiner Macht mehrfach warägischer Hilfstruppen bediente und umgekehrt vertriebenen Thronprätendenten aus Skandinavien Unterschlupf in Kiev gewährte.[2]

Zum anderen gingen die Kiever Fürsten auch mit anderen Nachbarn wie Ungarn und Polen enge verwandtschaftliche Beziehungen ein. Für Letzteres verzeichnet die erwähnte genealogische Untersuchung sogar die größte Zahl an Eheverbindungen überhaupt. Auch hier schlossen diese die Herrscher selber und ihre Familien ein. Und auch hier zeigte sich Jaroslav der Weise besonders aktiv, indem er eine andere Tochter mit dem ungarischen König Andreas I. (um 1050) und einen seiner Söhne mit der Tochter Mieszkos II. von Polen verheiratete. Offenbar begann dieses Konnubium schon Ende des 10. Jahrhunderts und dauerte – ungeachtet der orthodoxen ‹Taufe› Russlands (988) – bis zum Beginn des 13. Jahrhunderts an. Ein gutes Verhältnis zum nächsten Anrainer scheint zunächst wichtiger gewesen zu sein als religiöser Dissens.[3]

Besondere Aufmerksamkeit aber verdienen unter dem Gesichtspunkt der politischen Verortung Russlands in diesen frühen Jahrhunderten die konnubialen Beziehungen der Kiever Großfürsten zu den weiter entfernt liegenden Staaten Mittel- und Westeuropas. Mit guten Gründen haben Historiker gerade sie, die nicht aufgrund unmittelbarer Nachbarschaft nahelagen, als entscheidendes Kriterium für den ‹internationalen› Status der Rus' gewertet. In der Tat sollte man die insgesamt nicht allzu zahlreichen einschlägigen Eheschließungen höher gewichten als die bisher genannten. Wenn Jaroslav der Weise – dies ein besonders häufig genanntes Beispiel – versuchte, seine Tochter Anna sogar mit dem Kaiser des Heiligen Römischen Reichs (Heinrich III.) zu verheiraten und ihm, nach dessen Ablehnung, eine ähnlich hochrangige Partie in Paris gelang, wo Anna als Anne de Kiev an der Seite Heinrichs I. ein Jahrzehnt Königin von Frankreich war, dann fügte sich dieses Bemühen in eine ebenso ehrgeizige wie selbstbewusste und offenbar auch akzeptierte Konnubialpolitik ein. Gleiches galt für die Ehen seiner Söhne, die in den hohen sächsischen, dem Kaiserhaus eng verbundenen Adel einheirateten. Und auch die Heirat seiner Enkelin Eupraxia (Adelheid) mit Heinrich von Stade und danach mit keinem Geringerem als dem deutschen Kaiser Heinrich IV. (1089) gehörte wohl noch in diesen Zusammenhang. In jedem Fall ist bezeugt, dass sich im Gefolge solcher Verschwägerungen ein Bruderzwist unter den Söhnen Jaroslavs, wenn auch marginal, mit dem epochalen Konflikt zwischen Kaiser und Papst verband und 1075 deshalb eine Gesandtschaft Heinrichs IV. am Dnepr eintraf. Offensichtlich befand sich Kiev, wie fern es geographisch auch liegen mochte, zu dieser Zeit innerhalb des Horizonts ‹westeuropäischer› Politik und war die Rus' Teil des christlichen Europa.[4]

II. Moscovien: Katholische Teufel und verlockende Technik

Solche Zugehörigkeit änderte sich im Laufe der nächsten Jahrhunderte. Ausschlaggebend dafür war das Zusammenwirken zweier Faktoren, eines kulturell-religiösen und eines ereignisgeschichtlich-politischen. Dem Erstgenannten kam dabei nicht nur die zeitliche Priorität zu. Vielmehr spricht alles dafür, die Kirchenspaltung von 1054 als tiefere und eigentliche Ursache für die Entfremdung Russlands von Europa zu betrachten. Als Papst und Patriarch sich gegenseitig exkommunizierten, verwandelten sich Andersgläubige in Ketzer, mit denen es keine Freundschaft mehr geben konnte. Dies galt nicht nur für das Kaiserreich, das seine römische Herkunft im Titel trug, sondern auch für Ungarn und Polen, die seit dem 10. Jahrhundert katholisch waren. Als sich Litauen 1386 mit Polen verband und der Moskauer Großfürst ein halbes Jahrhundert später die Versöhnung zwischen Rom und Konstantinopel (Union von Florenz, 1439) zurückwies – um sich stattdessen durch die Ernennung eines eigenen Metropoliten unabhängig zu machen und für seine Kirche faktische Autokephalie herzustellen –, verlief die Grenze zum lateinischen Abendland fortan sogar in unmittelbarer Nähe.

Recht früh spiegelte sich dieser Bruch in den klösterlichen Chroniken. Schon die älteste, die sogenannte Nestor-Chronik, verschwieg im Bericht über den Tod der erwähnten, nach Kiev zurückgekehrten Adelheid (1106), dass sie sogar Kaiserin gewesen war. Die lateinische Welt war zum religiösen Feindesland geworden, das keine Erwähnung mehr verdiente – es sei denn als Brutstätte von Abartigkeiten und Unreinheit, wo man nicht «recht» glaube, Hunde und Katzen esse, Urin trinke und Bischöfe Beischläferinnen hielten. Von selbst verstand es sich daher, dass die Kirche nun auch vor Eheverbindungen in solche Länder warnte und dies mit Erfolg tat.[1]

Dieser geistig-kulturelle Bruch wurde durch die politische Entwicklung massiv verstärkt. Gemeint ist allem voran die Eroberung des Kiever Reichs durch die mongolischen Reiterheere, die mit dem Fall seiner Hauptstadt 1240 ihren Abschluss fand. Wie vollständig und schlimm das Land verwüstet wurde, ist inzwischen umstritten. Außer Frage aber steht, dass seine Städte weitgehend zerstört, seine Bewohner in Massen abgeschlachtet und viele Handwerker verschleppt wurden. Gut zwei Jahrhunderte mussten Russlands Großfürsten tatarischen Oberherren Tribut leisten. In dieser Zeit verlagerte sich sein Zentrum auch von Kiev nach Moskau. Ein Prozess kam zu Ende, der schon vor dem ‹Mongolensturm› begonnen und viel mit der Abwanderung der Bevölkerung aus der waldarmen, schutzlosen Grenzregion in die waldreiche Landesmitte sowie mit der Entstehung von adeligem Grundeigentum zu tun hatte, das den Handel als materielles Fundament des Reichs ablöste. In Moskau entstand ein patrimonialer und zentralistisch-monarchischer Staat, der bald auch religiös-kulturell eigene Wege ging, autochthone, später oft beschworene Traditionen schuf und eher nach Südosten (in die tatarische Hauptstadt Sarai) als nach Westen blickte.

Dennoch wäre es falsch, diesen Selbstbezug zur Isolation zu überzeichnen. Dafür spricht zum einen der Befund, dass auch die ‹verschweigenden› Chroniken zwischen den Zeilen mehrfach das faktische Gegenteil erkennen lassen. Wenn betont wird, dass ein Kirchenbau in Suzdal' ohne deutsche Architekten errichtet wurde, liegt im Umkehrschluss deren häufige Beteiligung nahe; wenn über den dritten und vierten Kreuzzug (1190, 1208)

detailliert berichtet wurde, zeugte das «von guter Kenntnis» der
Vorgänge «jenseits des blauen Meeres». Zum anderen blieb *eine*
bedeutende Stadt von der Erstürmung durch die Mongolen verschont, weil diese auf halbem Weg kehrtmachten: Novgorod
(samt riesigem Territorium). Hier aber trieb man seit dem Ende
des 12. Jahrhunderts Handel mit der Hanse auf Gotland, blieb
dieser Kaufmannsgemeinschaft auch weiterhin, bald mit eige-
nem Kontor, verbunden und bewahrte darüber seine Kontakte
zum norddeutschen und nordwesteuropäischen Raum.[2] Hier
landeten nicht nur Waren an, sondern mit den Schiffen auch Informationen. Wenn man bedenkt, dass Novgorod um dieselbe
Zeit unterworfen und dem entstehenden Moskauer Zentralstaat
einverleibt wurde (nach 1472), als sein neuer Oberherr Ivan III.
begann, Kontakt mit dem Kaiser des Heiligen Römischen Reichs
aufzunehmen (mit Maximilian in den 1480er Jahren), wird man
zu dem Schluss kommen, dass sich Westeuropa auch während
des ‹Mongolenjochs› nicht so weit aus dem russischen Horizont
entfernte, dass es nicht mehr sichtbar gewesen wäre. Es blieb
im Bewusstsein und über Novgorod auch als Handelspartner
präsent.

Zweifellos aber war auf der Grundlage des religiösen Gegen-
satzes eine *kulturelle Entfremdung* eingetreten. Zu Beginn der
Frühen Neuzeit (nach mitteleuropäischer Periodisierung) war
das moskowitische Russland mit seinem eigenen Glauben, seinen davon durchtränkten Gebräuchen, Normen und Werten,
aber auch mit seiner extrem zentralistischen Fürstenherrschaft
und seiner bürgerlosen, von bäuerlicher Leibeigenschaft und
ausschließlicher Privilegierung des Adels geprägten Sozialordnung ein separater Kosmos geworden. Eine Kluft hatte sich gebildet, die das gegenseitige Verständnis erheblich erschwerte
und eine Wiederannäherung lange verzögerte. Wenn sich die
Beziehungen dennoch wieder verdichteten, dann war aus russi-

scher Perspektive im Wesentlichen *ein* Faktor dafür verantwortlich: die (militär)technisch-wirtschaftliche und materiell-zivilisatorische, vom (natur)wissenschaftlichen Fortschritt nicht zu trennende *Überlegenheit Westeuropas*, die immer deutlicher wurde und wachsende Anziehungskraft entfaltete.

Ein frühes Beispiel für diese Attraktivität findet sich im Bericht eines «unbekannten Russen» über seine Reise nach Florenz von 1437–40 im Gefolge der geistlichen Delegation für das erwähnte Unionskonzil. Die Route führte diesen bemerkenswert neutralen Beobachter über Lübeck auf dem Landweg quer durch Deutschland bis nach Oberitalien. Was er offenbar auf der Grundlage eines «regelrechten Tagebuchs» zu Papier brachte, quoll über von vorbehaltloser Hochachtung. In Lüneburg bewunderte er kunstvoll gebaute, «äußerst sinnreich erdachte» Brunnen und Wasserleitungen, in Braunschweig ein «sehr staunenswertes», «für viele Jahre» unzerstörbares Schieferdach, große, durch die ganze Stadt geleitete Kanäle, hier und in anderen Städten immer wieder «gepflasterte Straßen», in Augsburg prächtige Häuser und generell die Größe; und in Florenz mit seiner «breiten, steinernen Brücke» über den Arno, seinen «sehr hohen und kunstvoll» aus «weißem Stein» an gepflasterten Straßen errichteten Gebäuden versagte ihm beim Anblick der schwarz-weiß gewürfelten Marmorfassade des Doms beinahe die Sprache: Die «Künstlichkeit dieses Bauwerks» vermöge «unser Geist nicht zu erfassen».[3] Auf der Hand liegt, worin solche Faszination wurzelte: Der Verfasser bestaunte, was es in Russland mit seinen oft schiefen Holzhäusern, staubigen, unbefestigten Straßen und insgesamt wenigen, außerhalb der herrscherlichen Bezirke armen Städten nicht gab.

Zwischen diesen beiden Polen, der *Wertschätzung* auf der einen Seite und der *Abgrenzung* auf der anderen, pendelte auch die offizielle Haltung der russischen Herrscher. Erstere führte

schon in den Anfangsjahren der faktisch wiedererlangten Selbständigkeit zu begehrlichen Blicken auf die technischen Errungenschaften Westeuropas, die zu dieser Zeit vor allem in Oberitalien zu finden waren. Soweit ersichtlich, war der Großfürst
Ivan III. (der Große), der die später national verklärte «Sammlung der russischen Erde» zum Abschluss brachte, auch bereits
der erste, der das dortige überlegene Know-how wieder zu
nutzen suchte. Als das Gewölbe des steinernen Neubaus der
Krönungskirche im Moskauer Kreml (*Uspenskij sobor)*, der die
alte hölzerne ersetzen sollte, zusammenstürzte, entschloss er
sich im Sommer 1474, den Architekten Aristoteles Fioravanti aus
Bologna zu holen. Dieser vollendete, was den einheimischen
Baumeistern nicht gelungen war. Weitere italienische Künstler
(Marco Ruffo, Pietro Antonio Solari, Aleviz Frjazin) folgten und
errichteten den Facettenpalast, weitere Kirchen, einen Glocken-
turm sowie die mächtigen Mauern samt der Portale. Wenn der
Kreml um die Wende zum 16. Jahrhundert mithin jene bis in die
Gegenwart kaum veränderte Gestalt annahm, die jeden Betrach-
ter an den Baustil der italienischen Renaissance erinnert, so war
das kein Zufall, sondern das Ergebnis des ersten Imports westeuropäischer Technik und materieller Kultur.[4]

Ein gutes halbes Jahrhundert später, 1548, bemühte sich
Ivans III. Enkel Ivan IV. (der Schreckliche) über den Goslarer
Kaufmann Hans Schlitte, mehrere Hundert Handwerker und
sonstige Fachkräfte aus dem Römischen Reich nach Russland zu
bringen, darunter Bergbauexperten, Glockengießer, Rüstungs-
und Goldschmiede, Kanonengießer, Brunnenmeister, Bleisetzer
und Wundärzte. Zwar scheiterte dieses Unternehmen, weil eine
der beiden Gruppen, die auf dem Landweg reiste, in Livland verhaftet wurde und die Stadt Lübeck mit Schlitte selber und den
übrigen, die sich dort einschiffen wollten, dasselbe tat.[5] Dennoch
zeugte es schon aufgrund seiner ungewöhnlichen Dimension

nicht nur vom ausgeprägten Interesse an den technisch-wissen-
schaftlichen Errungenschaften Mitteleuropas, sondern zugleich
von der Einsicht in die eigene diesbezügliche Unterlegenheit.
Schon dieser erste «Zar» der russischen Geschichte – seit der
Krönung im Vorjahr – sah sein Land im Rückstand und bemühte sich, ihn abzubauen.

So wie Ivan IV. nach diesem Fehlschlag nicht aufgab, ließen
es auch seine Nachfolger in den folgenden hundert Jahren an
entsprechenden Initiativen nicht fehlen. Zwar blieb Moscovien
im Vergleich zu der kulturell-geistigen Nähe, die trotz aller
Konflikte zwischen den ‹lateinischen› Nachbarn des Westens
herrschte, eine eigene Welt. Dennoch fördert eine genaue Betrachtung auch für die vorpetrinische Epoche eine Vielzahl einschlägiger Aktivitäten zutage. So setzte Ivan IV. seine Anwerbung ausländischer Fachkräfte fort. Um Behinderungen durch
das feindliche Ausland zu vermeiden, versuchte er sogar, in Ver-
trägen mit den zu durchreisenden Staaten freies Geleit für die
Geworbenen zu verankern. Dies war, nachdem der Seeweg über
das Nordkap bis Archangel'sk entdeckt (1553) und die *Muscovy
company* gegründet worden war, im Falle Englands nicht mehr
nötig; neben einem Arzt und Apotheker gelangten auch einige
englische Handwerker ins Zarenreich.

Auch *Boris Godunov* förderte – zunächst als Regent für Ivans
debilen Sohn Fedor Ivanovič und nach dessen Tod als gewählter
Zar (1598–1605) – die Anwerbung ausländischer Fachleute nach
Kräften. 1600 brachte ein Dolmetscher in seinem Auftrag fünf
Ärzte aus Deutschland nach Moskau. 1601–04 betrieb der Venezianer Marco Cinopi eine Samtmanufaktur in der russischen
Hauptstadt, und zur gleichen Zeit war ein weiterer Venezianer
als Juwelier für den Hof tätig. Darüber hinaus ging Godunov so
weit, einen neuen Weg der ‹Ausbeutung› ausländischen Wissens
für eigene Zwecke zu gehen. Anstelle des Imports gleichsam ver-

körperter Qualifikation in Gestalt ihrer Träger schickte er junge
Landsleute zum Erwerb der erwünschten Fähigkeiten ins Ausland. Nur war das Ergebnis dieses (vorausweisenden) Experiments höchst enttäuschend: Keiner der achtzehn Studenten, die
1601–02 nach Frankreich, England und Deutschland geschickt
wurden, kehrte nach Russland zurück.[6] Sicher trugen die schlim-
me Hungersnot dieser Jahre und der nicht minder katastrophale
Bürgerkrieg nach 1605 erheblich zu dieser Entscheidung bei.
Dennoch bleibt offen, ob nicht auch das zivilisatorische Gefälle
eine Rolle spielte. Attraktiv dürfte die Heimat in dieser Hinsicht
jedenfalls nicht gewesen sein.

Auch nach dem Ende der «Zeit der Wirren» und der Wahl
eines neuen Zaren (Michail Fedorovič, Stammvater der Romanovs, 1613) ließ das Interesse an westlichem Know-how nicht
nach. Im Gegenteil, angesichts der Verwüstung des Landes und
der gewaltigen Aufgabe des Wiederaufbaus musste jede ausländische Hilfe willkommen sein. Erste Anwerbungen folgten daher bald. Schon 1615 trafen durch Vermittlung des englischen
Gesandten zwei Silber- und Goldschmiede aus England ein. 1621
blieb der Versuch, in Sachsen Bergleute zu gewinnen, zwar vergeblich. Dafür brachten die Emissäre aus Paris, wo sie ihre Rekrutierung fortsetzten, einen Goldschmied, einen Apotheker
und einen Wundarzt mit. Weitere Goldschmiede und Juweliere,
ein Perlensticker und ein Uhrmacher folgten in den anschließenden Jahren. 1630 traf eine «ganze Gruppe von Kunsthand-
werkern», darunter Uhrmacher, Silberschmiede und Zinngie-
ßer, in Moskau ein.

Ähnlich groß wie der Bedarf des Hofes und des hohen Adels an
Heilkunst, Schmuck, kostbarem Geschirr und Gewändern, den
diese Ausländer befriedigten, war die Nachfrage nach *Architekten und Baufachleuten*. Auch hier half der englische Gesandte,
der schon 1621 den ‹Palastmeister› John Taler in die russische

Hauptstadt lockte, wo er Reparaturarbeiten an verschiedenen Kathedralen durchführte und ein Pulvermagazin errichtete. Weitere Architekten aus den Niederlanden und Deutschland folgten, die in Novgorod, Rostov, Tula und weiteren Städten des Reiches Befestigungen, Brücken und andere Bauwerke errichteten. In der Handwerkergruppe, die 1630 eintraf, befanden sich auch Maurer und ein Steinmetz. So darf man davon ausgehen, dass gerade für anspruchsvolle Bauwerke – wie schon unter Ivan III. und letztlich seit Jahrhunderten (bereits Friedrich Barbarossa soll Bauhandwerker ins Kiever Reich geschickt haben[7]) – zu wenig einheimische Fachleute, wenn es sie denn überhaupt gab, zur Verfügung standen.

Ein weiterer Wirtschaftssektor, für dessen Entwicklung Russland dringend ausländische Fachkräfte benötigte, war der *Bergbau*. Aus Europa wusste man um die große Bedeutung der Gewinnung von Kupfer, Bronze, Eisen und anderer Rohstoffe, etwa für Glas. Auch in Russland kündigte sich das Zeitalter entsprechender Manufakturen an, die als Quelle künftiger Wirtschaftskraft, äußerer – nicht zuletzt militärischer – Stärke und staatlicher Einnahmen galten. So wurden schon in den 1620er Jahren Expeditionen in den Ural (Perm') und an die Kama geschickt, um Erz zu finden. 1635 gründete ein deutscher Gießmeister in der Nähe dieses Flusses eine Kupferhütte. 1630 erhielt der Wallone Julius Coyet den Zuschlag für die erste Glashütte, und 1634 übernahm er das Moskauer Gießhaus, in dem vor allem Glocken und Bronzekanonen hergestellt wurden. Da er bald starb, wurde ein niederländischer Geschütz- und Glockengießer als Nachfolger verpflichtet (nachdem andere Emissäre in den Bergbaustädten des Harzes und des Erzgebirges vergeblich gesucht hatten). 1632 erhielt der niederländische Kaufmann Andries Winius die Erlaubnis, in der Provinz Tula eine Eisenhütte zu errichten, und 1644 gewährte der Zar dessen Partner, Pieter Marselis, ein Privileg für den Bau und Betrieb weiterer, größerer Eisenwerke in «Nordrussland».[8]

Nicht zu vergessen ist schließlich als vierter großer (und bei aller Knappheit staatlicher Ressourcen finanzstarker) Bereich der Verwendung westlicher Experten die *Armee*. Die Oberaufsicht über die zarische Rüstkammer übernahm 1633 ein Holländer, unter dessen Leitung sich auch die Zahl ausländischer Arbeitskräfte in dieser zentralen Einrichtung deutlich erhöhte. Der Bedarf an fremder Expertise stieg besonders mit dem Beginn einer Heeresreform, der Aufstellung von «Regimentern neuer Ordnung», die mit der Wende zu den 1630er Jahren im Zuge der Vorbereitungen für einen Rachefeldzug gegen Polen-Litauen begann. 1631 wurde Oberst Leslie ausgesandt, um im verbündeten Schweden 5000 Söldner anzuwerben, Waffen zu kaufen und «deutsche Meister» für eine Kanonenfabrik zu verpflichten, die der Holländer Koet in Moskau gegründet hatte. Um dieselbe Zeit übernahm es ein anderer Offizier, ebenfalls im Ausland ein weiteres neues Regiment aus 1760 ausgebildeten Soldaten samt deutscher Kanoniere und Instruktoren für die Schulung der russischen Soldaten zusammenzubringen.[9] Auch wenn die Rückeroberung von Smolensk scheiterte, ging das Russische Reich ein halbes Jahrhundert später nach langem Krieg, den ein «ewiger Friede» 1686 beendete, als Sieger aus diesem Kampf um die Vorherrschaft in Osteuropa hervor. Die Regimenter ‹neuer Ordnung›, faktisch die Anfänge eines stehenden Heeres, mit ausländischen Offizieren und Ausbildern sowie Kanonen und sonstigen Waffen, die aus dem Ausland stammten oder mit ausländischem Know-how gefertigt worden waren, dürften einen erheblichen Anteil daran gehabt haben.

Viele Indizien sprechen dafür, dass sich dieser Import technischen Wissens und praktischer Fertigkeiten in der zweiten Hälfte des 17. Jahrhunderts auf Errungenschaften nicht nur der materiellen, sondern auch der geistigen *Kultur* in Gestalt von Vorlieben und Geschmack bis hin zur Veränderung der Kunststile merklich beschleunigte. Wie meist begann der Wandel an der Spitze der sozialen Pyramide, und er blieb in vorpetrinischer Zeit (und noch lange darüber hinaus) auch auf einige wenige hohe Adelige und Funktionsträger beschränkt. So war der wohl einflussreichste und wohlhabendste Bojar der 1630er und 1640er Jahre, Boris Morozov, Schwager des Zaren und Erzieher seines Sohnes, ein Bewunderer des deutschen (Römischen) Reichs. Als großer Grundherr und Unternehmer – er besaß die bedeutendsten Produktionsstätten für Pottasche und mehrere Salzsiedereien – schätzte er besonders dessen wirtschaftliche Effizienz. Dass er seinem Schützling Aleksej Michajlovič (1645–1676) ein Schaukelpferd und Gewänder aus Deutschland schenkte und ihm dieses Land allgemein näherbrachte, ließ dessen Politik zwar jahrzehntelang unberührt, mochte aber einige bemerkenswerte kulturelle Neuerungen in den letzten Lebensjahren befördert haben: die erste Theateraufführung am Hof 1672 (unter der Regie eines deutschen Pastors) und das erste Ballett im Folgejahr, die im Rückblick als frühes Signal künftiger Öffnung erscheinen.[10]

Auch die Berufung zweier westorientierter erster Minister mag bei aller sonstigen tiefen orthodoxen Frömmigkeit gerade dieses Zaren durch solche Vertrautheit mit deutscher Kultur begünstigt worden sein. Afanasij Ordin-Naščokin, aus dem Kleinadel von Pskov stammend, beherrschte nicht nur die deutsche Sprache (neben der lateinischen und polnischen), sondern war darüber hinaus auch ein «eifriger Verehrer Westeuropas und unerbittlicher Kritiker der heimischen Lebensart». 1667 versuchte er, in seiner Heimat eine Stadtreform nach Magdeburger Recht einzuführen. Zwar kostete ihn der Widerstand der Wojewoden, deren Macht durch eine begrenzte kommunale Selbstverwaltung eingeschränkt worden wäre, das Amt. Aber dies veränderte die Blickrichtung des Hofes offenbar nicht. Im Gegenteil, sein Nachfolger Artamon Matveev, als Sohn eines Sekretärs im Außenamt ebenfalls nicht von hoher Abkunft, stärkte den westlichen Einfluss noch. Ungewöhnlich genug, war er mit einer schottischen Adeligen, Lady Hamilton, verheiratet, die in Moskau den ersten Salon Russlands in einem großzügigen, ganz und gar europäischen Haus mit großer Bibliothek und einer Gemäldesammlung – westlicher Porträtkunst, nicht mehr russischer Ikonen – begründete. Offenbar beehrte auch der Zar diesen Salon und lernte hier seine zweite Ehefrau kennen – Natalja Naryškina, die Mutter Peters des Großen, deren Einfluss wohl auch die erwähnte erste Theateraufführung am Hofe zu danken war.[11]

Einen regelrechten Schub erfuhr diese Öffnung unter Aleksejs Sohn Fedor (1676–1682). Allerdings verpuffte er schnell, weil der neue Zar unheilbar an Skorbut litt, kaum das Bett verlassen konnte und früh starb. Mit seinem Tod kam auch ein breit angelegtes, vom westlichen Absolutismus inspiriertes Reformprogramm zum Erliegen, das die Regierungsorganisation und das Heer ebenso umfasste wie das Steuerwesen und die altehrwürdige, aber dysfunktional gewordene «Rangplatzordnung» (derzufolge kein Adeliger, wie ungeeignet er auch sein mochte, unter dem Rang, *čin*, eines Vorfahren Dienst leisten musste). Seinem Geist entsprach eine weitere kulturelle Annäherung an Westeuropa. Fedor heiratete eine Adelige polnischer Herkunft, der er – wie gelegentlich auch sich selber – erlaubte, ein «deutsches Kleid» zu tragen. Obendrein war er gebildet, besaß eine stattliche Bibliothek und umgab sich in seinen Privatgemächern mit Porträts französischer und polnischer Könige. Auch in einem Begriff seiner Gesetze, der dem «Gemeinwohl» (*obščee dobro*) fraglos sehr nahekam, hat man westlichen Einfluss erkannt. Kurz, Fedor machte Anstalten zu einer Modernisierung, die ihn mit guten Gründen als Vorläufer Peters des Großen erscheinen lassen.[12]

Schließlich ist ein Mann zu erwähnen, der als Westler *par excellence* gelten kann: Fürst Vasilij Golicyn, Nachfolger des 1682 ermordeten Matveev und Favorit der Regentin Sof'ja Alekseevna, die 1682–89 anstelle ihres minderjährigen Halbbruders Peter herrschte. Golicyn, Reichssiegelbewahrer, oberster Feldherr und Großgrundbesitzer, residierte in einem großzügigen steinernen Palast italienischen Stils, der mit jedwedem europäischem Luxus ausgestattet war: kostbarem Mobiliar, Gold- und Silbergeschirr, Porzellan, tischhohen Vasen, Parkettböden ebenso wie Boden- und Wandteppichen, Spiegel, vergoldeten Schnitzereien – und einer Galerie mit europäischen Gemälden. Offenbar nahm er an ähnlichen Palästen der westeuropäischen Aristokratie Maß und hielt diesem Vergleich stand. Auch als Person war er dem Westen sehr zugetan. Er unterhielt lebhafte Beziehungen mit Moskauer Ausländern wie dem schottischen Offizier Patrick Gordon, er war so gebildet, dass er sich mit einem Gesandten der Generalstaaten auf Lateinisch unterhalten konnte, besaß vorzügliche Kenntnisse über die Länder Westeuropas und bewunderte insbesondere das kulturelle Niveau Deutschlands (nicht aber dessen politische Ordnung).[13] Wenn ein Mann dieser Orientierung die Politik des Landes weitgehend allein bestimmte, wie oft zu lesen ist, dann können auch die 1690er zumindest unter dem Gesichtspunkt der Wahrnehmung Westeuropas nicht als Rückwendung zu Altrussland gelten. Offenbar hatten sie nur das Pech, allzu sehr im Schatten des Kommenden zu stehen.

Bei alledem rief diese Öffnung von Anfang an auch Gegner auf den Plan. Der stärkste war sicherlich die Kirche, die jegliche Freundlichkeit gegenüber den lateinischen Ketzern mit größtem Argwohn betrachtete. Zwar blieb ihr Widerstand lange vergeblich. So musste sie hinnehmen, dass schon unter Vasilij III. (1505–1533) ausländische Söldner in Moskau angesiedelt wurden und sich diese erste «deutsche Vorstadt» vor allem unter seinem Sohn Ivan IV. durch den Zuzug vieler weiterer Söldner, der erwähnten handwerklichen Fachkräfte sowie nicht zuletzt von Gefangenen aus Livland, das er zu erobern suchte, erheblich vergrößerte. Auch gegen die Einladung Godunovs an deutsche Kaufleute und die fortgesetzte Anwerbung unter dem ersten Romanov konnte sie nichts ausrichten. Und sie musste akzeptieren, dass dieser starke Zustrom zur Streuung der Ausländer über das gesamte Stadtgebiet führte. Oft waren diese als solche kaum zu erkennen, weil sie sich russisch kleideten und die russische Sprache erlernten. Der Kontakt zu russischen Bediensteten in den Häusern oder Unternehmen war eng.

Dessenungeachtet hielt die Kirche an ihrer Feindseligkeit fest. Als ihr seit den 1620er Jahren mehr und mehr russische Kaufleute und einfache Stadtbürger beipflichteten, geriet der Zar immer stärker unter Druck. Denn die Ausländer waren privilegiert. Im Regelfall zahlten sie keine Steuern, ihre Häuser waren exemt. Dies führte angesichts wachsender Steuerlasten zu erheblichem Unmut und Protest. Sie entluden sich – gemeinsam mit vielen anderen *gravamina* – 1648 in einem massiven, gewalttätigen Aufstand, der den Zaren zur Einberufung einer «Landesversammlung» und zu neuen gesetzlichen Regelungen zwang. Denn der *zemskij sobor* forderte die Abschaffung der Steuerfreiheit für ausländische Kaufleute und deren Ausschluss vom russischen Binnenhandel. Einige Bojaren wollten alle westeuropäischen Offiziere aus Moskau verjagen, und der Patriarch hätte dies gern auf sämtliche Ausländer ausgeweitet. Der Zar aber brauchte die ausländischen Kaufleute, die manche Geschäfte für ihn abwickelten, und erst recht brauchte er die ausländischen Militärspezialisten. Im Resultat ergab sich ein Kompromiss: Ein *ukaz* von 1652 wies alle Ausländer an, ihre Häuser zu verkaufen und sich in einem bestimmten Bezirk in Moskau – der zweiten «Deutschen Vorstadt» (die richtiger «Ausländervorstadt» hätte heißen müssen) – anzusiedeln. Für die Moskauer Bürger und Stadtgemeinden war damit der anstößige Stein der Steuerbefreiung entfernt worden. Die Kirche war insofern zufrieden, als die «Ketzer» fortan von den «Rechtgläubigen» getrennt lebten, zumal es ihnen ebenfalls untersagt wurde, orthodoxes Dienstpersonal zu beschäftigen. Ein paralleles Verbot, russische Kleidung zu tragen, machte die neuen förmlichen Schranken auch äußerlich sichtbar.

Ob diese Separierung zugleich eine Diskriminierung bedeutete oder nur der systematischen Aufteilung in Korporationen entsprach, die der neue Gesetzeskodex von 1649 generell verfügte, mag offen bleiben. In unserem Zusammenhang kommt es nur auf den Tatbestand als solchen und das paradox-ambivalente Ergebnis an: Einerseits brauchte man die technisch-ökonomische und militärische Qualifkation der Ausländer und schätzte man die Errungenschaften besonders ihrer materiellen Kultur. Andererseits mied man religiöse Kontakte und eine geistig-kulturelle Annäherung.[14] Dies sollte sich erst im nächsten, dem 18. Jahrhundert ändern.

III. Russische Aufklärung: Staatsreformen und kulturelle Verwestlichung

1. Gewaltsame Öffnung zum Westen: Die Reformen Peters des Großen

Obwohl das ‹Fenster zum Westen› somit schon ein Stückweit offen stand, war es Peter I. vorbehalten, es mit aller Kraft aufzustoßen. Es bleibt seine Leistung, das alte Russland durch eine beispiellose Folge einschneidender Reformen auf allen Gebieten, vom Militär über die Regierungs- und Verwaltungsorganisation, die Wirtschaft, das Steuerwesen und den adeligen Staatsdienst bis zur Bildung und Wissenschaft sowie der Kirchenverfassung nachhaltig verändert und neu ausgerichtet zu haben. Vorbild fast aller seiner Maßnahmen waren nach wie vor die jeweiligen Zustände in ‹Westeuropa›, das nun auch von Oberitalien in den Norden rückte, vor allem in die Niederlande, nach Norddeutschland und England, zum Teil auch nach Schweden – zu Staaten und Regionen also, deren Herrschafts- und Sozialverfassung kaum unterschiedlicher sein konnten, die aber eines gemeinsam hatten: *modern* zu sein. Dabei setzte Peter großenteils alte Praktiken wie die Anwerbung ausländischer Fachkräfte zum Zweck des Transfers ihrer Kenntnisse und Fertigkeiten fort, erweiterte sie jedoch durch die Übernahme ganzer Organisationsformen und Einrichtungen. Was damit begann, könnte man daher den Import von *Institutionen und institutionellen Verfahrensweisen* nennen. Zugleich blieb aber ein Merkmal der bisherigen ‹Anleihen› aus Europa, ihr entschieden *praktischer* Charakter, erhalten. Er passte zum Denken der Frühaufklärung, dem man insgesamt einen solchen Grundzug attestiert hat und das mit Peter auch nach Russland vordrang.

Zur Illustration dessen, was russischen Entscheidungsträgern als modern und erstrebenswert galt, können erneut Reisenotizen gelten, die ihren förmlichen Charakter nun etwas verloren und auch an Zahl leicht zunahmen. Sie belegen zum einen, dass nach wie vor technische Leistungen, Bauwerke und sonstige Errungenschaften der materiellen Kultur Bewunderung hervorriefen. Andrej Matveev (Sohn des erwähnten Artamon M.), russischer Gesandter in Den Haag und Wien und zwischendurch mit Missionen nach Paris und London betraut, zeigte sich von «steinernen Straßen» selbst in einem so kleinen Ort wie Zevenbergen erstaunt, lobte die großen «Steinhäuser» in Gent, die ähnliche Bauten in Antwerpen an Schönheit überträfen, und er vermerkte auf seiner Reise von Lille nach Paris, dass selbst die Landstraße mit «steinernem Pflaster» befestigt sei. Ähnliches notierte Peter Tolstoj, «Truchsess» und lebenslanger Vertrauter des Zaren, der 1697–99 über Wien, wo es zahlreiche große, prächtige Steinhäuser, aber «keine Holzhäuser» gebe, nach Venedig, Padua, Mailand und in weitere Städte Italiens reiste.[1]

Daneben aber wurde Anderes wichtig. Tolstoj scheint besonders von der Kleidung und der äußeren Erscheinung der Venezianer und anderer Stadtbewohner Italiens angetan gewesen zu sein; jedenfalls beschreibt er sie (nicht zuletzt die Frauen) ebenso ausführlich wie den häufigen Wechsel der «weißen Bettwäsche» in den Herbergen, der ihn offensichtlich in Erstaunen versetzte. Andrej Apraksin, ebenfalls «Truchsess» und enger Wegbegleiter Peters, der in denselben Jahren 1697–99 durch Norddeutschland nach Holland und von dort nach Italien reiste, war von einer anatomischen Sezierung fasziniert, ließ sich ein großes astronomisches Fernrohr zeigen, bewunderte eine «schön eingerichtete Apotheke», besuchte eine «Irrenanstalt» und berichtet von einer wöchentlich zusammentretenden «Gelehrtenversammlung». Besonders überrascht war Matveev ebenso wie Tolstoj vom Wohlstand der Kaufleute in Paris, Venedig oder Mailand, mithin von früh*bürgerlichem* Vermögen. Beide vermerkten, dass sich die Reichsten unter ihnen mit ähnlichem Luxus umgeben konnten wie der Adel – was in Russland, wo der Kaufmann eher einem Krämer glich, nicht vorstellbar war.[2]

Sicher wusste kaum jemand besser als der neue Zar (dessen mütterliche Verwandtschaft seinen legitimen Anspruch im Spätsommer 1689 gegen Sofja durchgesetzt hatte), dass es enormer Anstrengungen bedurfte und lange dauern würde, um annähernd ähnliche Zustände auch in Russland herzustellen. Denn wie bekannt ging er bald in der Moskauer Ausländervorstadt ein und aus. Hier fand er im schottischen General Patrick Gordon einen erfahrenen und fähigen Militärberater, mit dem er zeit seines Lebens verbunden blieb, im Schweizer Franz Lefort einen ebenso langjährigen nimmermüden Zechkumpanen und in der deutschen Gastwirtstochter Anna Mons seine Jugendliebe. Nicht zuletzt begegnete ihm hier in vielem das «Abbild einer westeuropäischen Stadt». Hier erlebte er eine (Frauen einschließende) Geselligkeit und eine stark kommerziell-handwerklich geprägte Denk- und Handlungsweise, die ihn der altrussischen tief entfremdete. Und hier dürfte sich jene lebenslange Zuneigung zu Westeuropa verfestigt haben, die Anlass zu zahlreichen Reisen, konnubialen Verbindungen seiner Kinder und Verwandten sowie generell zu permanenten Anstrengungen gegeben hat, Errungenschaft des Westens nach Russland zu übertragen.[3]

Dies geschah zum einen und durchgehend bis zu Peters Tod 1725 auf dem herkömmlichen Weg der Anwerbung von Fachleuten aller Art. Der junge Zar setzte «ohne die geringste Pause»[4] fort, was im 16. Jahrhundert begonnen hatte, allerdings mit deutlich größerem Aufwand an Bemühungen und finanziellem Einsatz. «Ständig» waren Diplomaten und Sonderbeauftragte unterwegs, um auf Dauer oder befristet qualifizierte Kräfte nach Russland zu verpflichten. Und auch Peter selber ließ es nicht an Einsatz fehlen, indem er an westliche Herrscher wie den Brandenburger Kurfürsten Friedrich III. oder Kaiser Leopold I. schrieb und um Übersendung bestimmter Fachleute bat oder Auslandsreisen nutzte, um solche zu rekrutieren.

Hinzu kamen teils völlig neue, teils veränderte Schwerpunkte. Bessere Ausrüstung und Ausbildung des *Heeres* waren von Anfang an vorrangige Ziele des ‹Einkaufs› in Westeuropa gewesen. Dies blieb auch weiterhin so. Nach dem schmachvollen Scheitern des ersten Versuchs, die türkische Festung in Azov zu nehmen (im Herbst 1695), als der Rückstoß der Kanonen die Belagerer in den Gräben selber außer Gefecht setzte, beschloss Peter, westliche Mineure und andere Spezialisten anzuheuern, mit deren Hilfe der zweite Ansturm zum Erfolg führte. Einen ähnlich machtvollen Impuls gab die Niederlage gegen Karl XII. von Schweden bei Narva 1702. Auch hier lernte Peter seine Lektion, formte aus seinen Truppen mit Hilfe ausländischer Offiziere ein diszipliniertes stehendes Heer absolutistischer Art und legte damit das Fundament für den säkularen Triumph über seinen großen Rivalen in der Schlacht von Poltava 1709. Darüber hinaus konnte er wenige Jahre später einen ähnlich bedeutsamen Sieg mit einer völlig neuen Art russischer Militärmacht feiern – mit seiner *Flotte* in der ersten großen Seeschlacht bei Hängö 1714.

Seit Peter die Reste eines englischen Boots auf dem Speicher eines großväterlichen Gutshauses entdeckt hatte, wurden Schiffe und Seefahrt zu seiner lebenslangen Passion. Schon die Eroberung Azovs war auch einer kleinen Flotte zu verdanken, die er in Voronež unter der Aufsicht holländischer Meister hatte bauen lassen. Kurz darauf brach er zu seiner ersten Auslandsreise auf, während der er – später ein beliebter Opernstoff – in Zaandam und Amsterdam als ‹einfacher› Schiffszimmermann in die Lehre ging. Von dieser «Großen Gesandtschaft» (1697–98), die ihn bis nach London führte, brachte er (neben anderen Fachleuten) nicht zuletzt Marineoffiziere, Navigationsexperten und Schiffsbaumeister mit. In seiner neuen, 1703 gegründeten Hauptstadt Sankt Petersburg entstand eine «Admiralität», die für den Bau einer eigenen Flotte zuständig war und schon nach gut zehn Jahren Schlachtschiffe von einer Größe und Feuerkraft präsentieren konnte, die auch englische Augen beeindruckten.

Ähnlich neu waren die spezifischen Zwecke, für die jeweils geworben wurde. Peters Reformen lag zwar kein elaboriertes Programm zugrunde. Aber sie verfolgten die Absicht, Russland in Schlüsselbereichen zu modernisieren, durchaus hartnäckig und dauerhaft. Neben dem Militär gehörte dazu an vorrangiger Stelle – und damit aufs Engste verknüpft – der Aufbau neuer *Industrien*. So gründete er 1705/06 einen Tuchhof und eine Leinenmanufaktur, für die er (überwiegend aus Holland) ausländische Meister kommen ließ. Bei einem Besuch in Paris 1717 entstand ferner der Plan, in Russland eine Seidenmanufaktur zu errichten, den man gleich mit der Rekrutierung von Facharbeitern untermauerte. Allerdings hatte dieses Unternehmen ebenso wenig Erfolg wie die ein Jahr später in Berlin verkündete Absicht, in seinem Reich nach preußischem Vorbild auch Porzellan herzustellen. Ähnlich vermochten Weinbauexperten, die Peter 1710 an Rhein und Main anwarb und ins südliche Wolgagebiet schickte, kein blühendes Gewerbe aufzubauen. Bemerkenswerte Resultate dagegen erbrachten kontinuierliche Anstrengungen, neue Eisen- und Kupfervorkommen zu erschließen. Um Petrozavodsk am Onega-See sowie vor allem im Südural entstanden unter der formellen Leitung eines eigenen «Bergkollegiums» und der faktisch-technischen Führung eines besonders tüchtigen holländischen Meisters sowie eines guten Dutzends weiterer aus Deutschland riesige Eisen- und Kupferhütten, die das Fundament einer eigenen, russischen Schwerindustrie legten. Als der Zar 1725 starb, zählte man insgesamt 182 aktive «staatliche und private Betriebe», zweifellos eine imposante Leistung – die ohne den massiven Import westeuropäischer Fachleute und westeuropäischen Know-hows nicht möglich gewesen wäre.[5]

Viele weitere Neuerungen dieser Art ließen sich auflisten, die der große Zar rastlos und mit unermüdlicher Energie auf den Weg brachte. Sie sorgten für eine Dynamik, die der Annäherung an Europa fraglos eine neue Qualität verlieh. Zugleich bewahrten sie aber ihre überkommene Form: technisch-praktische Kenntnisse durch Anwerbung ihrer Träger zu importieren. Doch blieb Peter dabei nicht stehen. Darüber hinaus beschritt er auch neue Wege der Übernahme, indem er zu der Erkenntnis kam, dass Westeuropa auch dank bestimmter *Institutionen und effizienter Organisation* einen Vorsprung errungen habe und Russland gut daran tue, sie zu kopieren. Dies sei an an einigen Beispielen illustriert.

(1) Gleich nach der Rückkehr von der «Großen Gesandtschaft» richtete er, offenbar inspiriert von seinen holländischen Eindrücken, in den Städten sog. «Bürgermeisterpaläste» ein, die bald in «Rathäuser» umbenannt wurden (1699). Allerdings blieb es vorerst bei neuen Namen und kleineren organisatorischen Veränderungen, weil die *burmistry* ihre alten Aufgaben der Steuereinziehung oder Zollerhebung behielten. Faktisch waren die *ratuśy* nichts anderes als fiskalische Behörden. Als solche gingen sie ein gutes Jahrzehnt später in einer umfassenden Verwaltungsreform (s. u.) auf und verschwanden. Aber die holländisch-mitteleuropäische Ur-Idee scheint dem Zaren nicht verlo-

ren gegangen zu sein. Als sein Reformeifer nach dem Sieg im Großen Nordischen Krieg seinen Höhepunkt erreichte, kümmerte er sich erneut besonders um die Städte, löste sie aus den Gouvernements heraus und gab ihnen eine eigene Verwaltung (1721). Dabei verankerte er auch ein völlig neues, in dieser Form in Russland unbekanntes Prinzip: das einer ständisch-korporativen, zum Zaren immediaten weitgehenden Selbstverwaltung. In allen Städten des Reiches sollten «Magistrate» entstehen, deren Mitglieder zu *wählen* waren. Wahlberechtigt sollten dabei die Mitglieder der kaufmännischen Oberschicht – im Moskauer Reich als *gosti* (Gäste) bezeichnet – sowie die «erstrangigen Bürger» und weitere «redliche, wohlhabende und kluge» Leute sein. Den so konstituierten Magistraten wurden großzügige Kompetenzen übertragen, die von der Zivil- und Kriminalgerichtsbarkeit über die Steuereintreibung bis zur Aufsicht über Handel und Gewerbe und die gesamte sonstige ‹gute Ordnung› reichten. Ihnen übergeordnet war als Zentralinstanz ein «Hauptmagistrat» in St. Petersburg, der seinerseits (wie alles) dem Zaren unterstand – aber kein Gouverneur.

Sehr wahrscheinlich versprach sich Peter von dieser Separierung der Städte nicht nur deutlich höhere Steuereinnahmen, weil ein großer Teil der Abgaben nach wie vor in den immer leeren Taschen zahlreicher Provinzbeamter einschließlich der höchsten verschwand. Darüber hinaus hoffte er wohl, dass die weitgehende Selbstverwaltung wie in Westeuropa zum Aufblühen des städtischen Handels und Gewerbes führen und dadurch zur weiteren Aufbesserung der staatlichen Einkünfte beitragen würde. Jahrzehnte später zeigte sich, dass diese Hoffnung trog, weil dem fremden Prinzip ein Fundament in Gestalt einer lebendigen Tradition städtischer Selbstverwaltung fehlte, so dass ein zweiter Versuch nötig wurde. Dennoch gebührt Peter die Anerkennung, den ersten Schritt getan und der Adaption westeuropäischer Errungenschaften eine neue Dimension verliehen zu haben.[6]

Zur selben Kategorie von Übernahmen gehörte (2) eine Reform der *Reichsverwaltung*, die in mehreren Etappen auf verschiedenen Ebenen vollzogen wurde (und von den beiden anderen hier genannten nicht exakt zu trennen ist). Gemeint ist zum einen die Ersetzung der altrussischen Statthalterschaften durch acht neue *Gouvernements* per Dekret von 1709. Dabei zeigte sich bald, dass die neuen Verwaltungseinheiten viel zu groß waren, um dem angestrebten Ziel größerer Nähe zur Bevölkerung und deren besserer fiskalischer Erfassung dienen zu können. Schon 1715 unterteilte man sie daher in rund fünfzig deutlich kleinere Provinzen, die ihrerseits wieder in Kreise zerfielen. An der Spitze der ‹großen› Gouvernements standen meist Generalgouverneure, an der Spitze der Provinzen meist Gouverneure. Gemeinsam war ihnen eine enorme Machtfülle, die zivile und militärische Kompetenzen vereinte. Insofern blieben sie faktisch «Statthalter» oder Wojewoden des Zaren altrussischer Art. Dennoch war nicht nur der Name des obersten Amtes modern und europäisch. Indem sie historisch gewachsene Grenzen durch neue, nach Maßgabe der steuerpflichtigen Höfe oder der Zahl der Städte errechnete ersetzte, atmete auch diese Reform einen neuen Geist: den der Effizienz und des rationalen Kalküls (primär zum Nutzen des Fiskus).[7]

Von ähnlichem Denken waren (3) die Gründung eines *Senats* 1711 sowie vor allem die *Kollegienreform* Ende 1717 geprägt. Der Senat entstand vergleichsweise spontan. Weil der Zar zu einem weiteren, längeren Feldzug aufbrach, sah er sich veranlasst, seine Stellvertretung zu regeln. Per Dekret ernannte er ein Gremium aus einem knappen Dutzend erfahrener höchster Würdenträger seiner engeren Umgebung, denen er die Leitung der (in Ausführungsbestimmungen zum Teil konkret beschriebenen) Staatsge-

schäfte anvertraute. Faktisch war damit eine Art Kabinett geschaffen, das ältere Beratungsgremien der Zaren (wie die «Nahe
Duma») ersetzte und nicht provisorisch blieb, sondern auch
nach seiner Rückkehr fortbestand. Schon deshalb wurde eine
Ergänzung der Reform durch eine analoge Modernisierung der
obersten zentralen Verwaltungsbehörden nötig, zumal diese
trotz mancher Korrekturen im 17. Jahrhundert letztlich immer
noch ihre historisch gewachsene, von unklaren oder gar doppelten (z. B. in alten und neu eroberten Territorien) Zuständigkeiten geprägte Struktur bewahrten. Für so wichtig hielt der Zar
dieses Vorhaben, dass er einen hochrangigen Beamten deutscher Herkunft anwies, die «Geheimnisse der Verwaltung» in
Dänemark und beim Erzfeind Schweden auszuspionieren. Man
entschied sich schließlich für das Modell des nördlichen Nachbarn. «Kollegien» für alle zentralen staatlichen Daueraufgaben:
von den Auswärtigen Angelegenheiten über die Rechtspre-
chung, Armee, Handel und Gewerbe bis zu den Finanzen, sollten die altrussischen *prikazy* ablösen. Unter der Leitung eines
Präsidenten erhielten sie (abgesehen von Schreibern und anderem Dienstpersonal) eine vorgegebene, für alle ungefähr gleiche
Stellenausstattung aus «Räten», «Assessoren» und mehreren
nachgeordneten Mitgliedern.

So nahmen im Lauf des Jahres 1718 zunächst neun solcher
Kollegien die Arbeit auf; später kamen drei weitere hinzu. Schon
der Umstand, dass der Zar 1722 für alle zwölf Kollegien ein
eigenes repräsentatives Gebäude auf der Vasil'ev-Insel bei einem
italienischen Architekten in Auftrag gab – bald ein weiteres bau-
liches Juwel seiner neuen Hauptstadt –, zeigte die Absicht und
den Charakter gerade auch dieser Reform an: die modernste
Form staatlicher Zentralverwaltung, die man in diesem Fall im
absolutistischen Schweden fand, in der Erwartung nach Russland zu übertragen, die notorische Korruption in der Provinz zu

beseitigen und seine reichlichen Ressourcen zum Wohle der Staatskasse deutlich effizienter zu nutzen. Bezeichnend für die Denkweise des Zaren (und sicher auch für seine Erfahrung mit russischen Schwächen) war dabei zugleich, dass er sich mit der Art dieser Neuerung gegen Alleinentscheidungen durch den Präsidenten stellte – lag doch dem Votum für das Kollegialprinzip die von praktischer Vernunft geleitete Einsicht zugrunde, dass mehrere Köpfe bessere Entscheidungen treffen könnten als nur einer. Ungeachtet der besonderen Rolle des Vorsitzenden und seiner ausschlaggebenden Stimme sollte *kollektiver* Sachverstand, der von gegenseitiger Kontrolle nicht zu trennen war, institutionalisiert werden. Dass die Realität wohl im Regelfall anders aussah, weil die alten zentralistisch-hierarchischen Behörden (*prikazy*) in den neuen fortbestanden, hob die gute Absicht nicht auf.[8]

Nicht zuletzt gehörten (4) *Bildungsreformen* zu jenen, die den Import ganzer Einrichtungen und eines erheblichen Teils des Personals erforderten. Bis zur Jahrhundertwende hatte es in Russland lediglich eine geistliche Akademie in Kiev und eine griechisch-lateinische Schule in Moskau gegeben, die sich trotz der ‹häretischen› Sprache in einigen Fächern nicht aus der strengen Aufsicht durch die orthodoxe Kirche zu lösen vermochte. Peter legte nun das Fundament für ein *säkulares Bildungswesen*. Er gründete erste mathematische Elementarschulen, in denen seine Adeligen und Beamten das Einmaleins lernen mussten. Er richtete höhere Navigations- und Artillerieschulen ein, die den Nachwuchs für die Marine ausbilden sollten, sowie Fachschulen für Ingenieure und Bergbauspezialisten. Zugleich vergaß er auch die Allgemeinbildung nicht, die neben Sprachschulen vor allem ein Gymnasium haben sollte. Und ähnlich wie dessen (aus Halle stammender) Leiter einen Tanzlehrer einstellte, weil der russische Adel zwar das «deutsche Kleid» trage, sich aber «russisch»

bücke, rief der Zar Salons ins Leben, um neue Formen der Geselligkeit nach ausländischem Vorbild zu verankern.[9]

Die Krönung solcher Reformen markierte die Gründung der
Akademie der Wissenschaften. Hierbei stand kein Geringerer Pate
als der wohl bedeutendste Universalgelehrte des 17. Jahrhunderts, G. W. Leibniz, dem es bei einer Begegnung im elbischen
Torgau Anfang 1712 gelang, dem Zaren seine Ideen zu unterbrei-
ten. Wahrscheinlich war Peter dem Projekt aber schon seit seinem Besuch der Royal Academy in London 1698 gewogen. 1717
besuchte er zudem die Académie Française in Paris. Bald darauf
gab er Anweisung, eine solche prestigereiche Stätte der Wissenschaft auch in seiner neuen Hauptstadt ins Leben zu rufen.
Dabei lag auf der Hand, dass die ersten Gelehrten nur aus dem
Ausland kommen konnten. Tatsächlich gelang es, einige der be-
rühmtesten Köpfe der Zeit wie die Mathematiker Bernoulli und
Leonard Euler nach St. Petersburg zu holen. Zweifellos errichtete
der Zar mit der Gründung der Akademie der Wissenschaften,
die kurz nach seinem Tod ihre Pforten öffnete, einen Leucht-
turm, der ein helles Licht auf sein verändertes Russland warf
und wie erhofft in alle Hauptstädte Europas ausstrahlte.[10]

2. Korporative Vergesellschaftung und westlicher Kulturimport unter Katharina der Großen

Die übliche Kennzeichnung der nachpetrinischen Jahrzehnte als
Stillstand oder sogar Rückschritt angesichts häufiger Thron-
wechsel und willkürlicher Favoritenherrschaft ist zwar seit einiger Zeit in Teilen korrigiert worden (etwa im Bildungswesen, in
Kunst und Theater oder mit Blick auf die Entlassung des Adels
aus staatlicher Kuratel). Dennoch bleibt der Befund richtig, dass
auch Peters Nichte Anna Ivanovna und seine Tochter Elisabeth I.,

die als einzige länger regierten (1730–1740 resp. 1741–1761), auf größere Reformen verzichteten – und sei es nur, wie im Falle Elisabeths, weil entsprechende Pläne nicht über das Stadium der Vorbereitung hinauskamen. Und da auch ihr Nachfolger Peter III. schon nach einem halben Jahr von seiner ehrgeizigen Gattin gestürzt wurde, fiel dieser die Aufgabe zu, neue, überfällige Reformen in Angriff zu nehmen und das einst Begonnene fortzusetzen.

Katharina II., die ihre Macht mit viel Geschick sicherte, lange regierte (1762–96) und zu Recht als «die Große» in die Geschichte einging, tat dies mit stupender Tatkraft und ungewöhnlichem Talent. Als geborene Prinzessin von Anhalt-Zerbst war sie in der deutschen und westeuropäischen Gedankenwelt ihrer Zeit aufgewachsen. Geistig und künstlerisch interessiert, las sie die Werke der berühmten Aufklärer der Jahrhundertmitte, darunter Montesquieus staatspolitische Abhandlung über den «Geist der Gesetze», die sie offenbar besonders beeindruckte. Schon als Großfürstin am St. Petersburger Hof trat sie in brieflichen Kontakt mit der Pariser Geisteswelt. Nach dem Bruch zwischen Friedrich dem Großen und Voltaire (1753) bemühte sie sich, den Platz des preußischen Königs zu übernehmen und sich selber als Gönnerin des freien Geistes in Europa zu inszenieren. Sie versuchte, d'Alembert als Erzieher für ihren Sohn zu gewinnen und lud Diderot zu «Teegesprächen» nach St. Petersburg ein. Sie scheute die Mühe nicht, eine umfangreiche «Instruktion» für eine neuartige, mit großem ‹propagandistischen› Aufwand vorbereitete Gesetzeskommission anzufertigen, in der sie neben Montesquieu auch Früchte ihrer Lektüre zweier zeitgenössischer Rechtsgelehrter (Blackstone und Beccaria) einfließen ließ. Später schrieb sie eigenhändig erste Entwürfe ihrer bedeutenden und umfangreichen Gesetze (z. B. der Gouvernementsordnung von 1775). Sie verfasste Komödien, inspirierte als Anstoß für die

Entwicklung einer privaten publizistischen Öffentlichkeit erste satirische Zeitschriften in Russland, ließ ein neues Hoftheater bauen, das sie durch regelmäßige Besuche nach Kräften förderte, und legte in ihrer ebenfalls neu errichteten «Ermitage» den Grundstein für eine der größten und kostbarsten Gemäldesammlungen der Welt.

All diese unermüdlichen Anstrengungen (und viele weitere) in verschiedensten Bereichen ihrer herrscherlichen Tätigkeit über fast vier Jahrzehnte waren von einer gemeinsamen Grundabsicht getragen: Gedanken und Errungenschaften der westeuropäischen gemäßigten politischen Aufklärung und aufgeklärter Kultur nach Russland zu bringen. Wenn Peters Reformen zu Beginn des Jahrhunderts primär militärisch-technischen und administrativ-fiskalischen Zwecken diente, dann bemühte sich Katharina nun darum, dieser verkürzten nutzenorientierten Rationalität einen sozialen Gehalt und Geist einzuflößen. Der praktischen Europäisierung, die sich notgedrungen auf den Staat und durch ihn kontrollierbare Bereiche beschränkte, folgte in der zweiten Jahrhunderthälfte die *kulturelle* Europäisierung unter Einschluss einer ständisch-korporativen Neugliederung der Gesellschaft als Voraussetzung für die Entfaltung inneren Lebens. Diese Absicht sei an einigen zentralen Reformen Katharinas illustriert.

Als erste ist ein umfangsmäßig bescheidenes Gesetz von 1775 zu erwähnen, das äußerlich als bloße Änderung der Besteuerung von Kaufleuten erschien, faktisch aber *Gilden* neuer Art schuf. Dabei knüpfte die Kaiserin, wie bei fast allen ihren bedeutenden Neuerungen, an erste analoge Maßnahmen Peters des Großen an. Dieser hatte im Zuge der Einführung der Magistratsverfassung 1721 auch zwei Kaufmannsgilden geschaffen, eine erste für Großkaufleute, Bankiers, Schiffseigner und andere «erstrangige»

Stadtbürger, und eine zweite für kleinere Kaufleute und Händler. Nach seinem Tod durch eine dritte Gilde ergänzt, waren sie jedoch in der Realität mit den überkommenen «Rängen» innerhalb der städtischen «Beisassengemeinde» (*posadskaja obščina*), verschmolzen, wie sie zuletzt 1649 in der «Landordnung» (*uloženie*) von Aleksej Michajlovič fixiert worden war.

Als eine Erhebung der «Kommerzkommission», die Katharina 1763 eingerichtet hatte, auch statistisch vor Augen führte, dass nach wie vor mehr als ein Drittel (38,8%) der «Beisassen» weder einem regelmäßigen Handel noch einem Gewerbe nachging («untätig» war), gab dieser Befund den Anstoß zu einem neuen Versuch, dies zu ändern. Mittel zum Zweck sollte nun die Einrichtung eines – in westeuropäischer Terminologie gesagt – «Dritten Standes» sein, der Adel und Bauernschaft als historisch tradierte Großgruppen der russischen Gesellschaft ergänzen würde.

Dazu erschien es zuallererst nötig, die städtische Oberschicht aus der Masse der armen Stadtbewohner, die von einfachsten Dienstleistungen (Türschließer, Straßenfeger u. a.) lebten oder sich als Tagelöhner durchschlugen, herauszulösen. Dies geschah durch die Vorschrift vom März 1775, ein bestimmtes Mindestkapital zu erklären und die entsprechende Steuer dafür zu zahlen. Wer dazu in der Lage war, durfte sich fortan «Kaufmann neuer Art» nennen. Ausführungsbestimmungen ergänzten dieses Dekret ein Jahr später, indem sie das zu deklarierende Kapital differenzierten und drei nach Vermögen unterschiedene Gilden schufen, denen jeweils Handel und Gewerbe in bestimmtem Umfang und von bestimmter Art erlaubt waren. Zugleich gewährten diese Maßnahmen zwei wichtige rechtlich-fiskalische Privilegien: Alle Gildenmitglieder waren von der diskriminierenden, als Stigma der Unfreiheit geltenden Kopfsteuer befreit und konnten sich gegen Zahlung einer zusätzlichen Summe von

der besonders verhassten Rekrutenpflicht (auch für ihre Söhne)
freikaufen. Obwohl vermutlich nicht wenige «Kaufleute» der
dritten Gilde im beruflichen Sinn keine waren, sondern sich nur
Geld liehen, um das erforderliche Mindestvermögen zusammen-
zukratzen und dem (damals lebenslänglichen) Militärdienst zu
entgehen, bewirkten diese frühen Dekrete doch eines: Sie begründeten eine *Korporation*, die sich durch fiskalisch-wirtschaftliche
Leistung definierte – nicht wie bei den übrigen Stadtbewohnern,
nun *meščane* genannt, durch Geburt –, und gewährten ihr erste
soziale Vorrechte. Schon darin kam eine Grundidee der Sozial-
reformen Katharinas zum Ausdruck: Leistung zum Nutzen des
Staates durch Gewährung von (primär rechtlich-korporativen)
Privilegien anzuspornen. Die ideale Gesellschaftsverfassung, die
dies garantieren sollte, erkannte sie dabei in der Ständeordnung
westeuropäischer Prägung. Deren rechtlich-formaler Import
nach Maßgabe dessen, was ihr in Russland möglich und angemessen schien, betrachtete Katharina als Gebot der Stunde. Dass
diese Ordnung in Europa aus dem späten Mittelalter stammte
und hier ihren Zenit längst überschritten hatte, tat dem keinen
Abbruch.[11]

Mit der Aussonderung echter Kaufleute und Gewerbetreibender
aus der alten Beisassengemeinde war indes nur der erste Schritt
getan. Die Resonanz dieser Maßnahme blieb bescheiden (nur
11,5 % der Berechtigten erklärten ein Kapital). Dies bestärkte
Katharina und den Regierenden Senat in der Einsicht, dass es
den Gilden noch an Attraktivität fehle. Dabei erkannten sie den
Mangel weniger in wirtschaftlichen als in sozialen Rechten. Ehre
und «Schätzung» waren die Werte, die sie ihnen als Kern eines
neuen Standes, dessen Angehörige nun «Bürger» (*graždane*)
hießen, anzuheften suchten. Entsprechende Vorschläge des Senats mündeten 1785 in eine «Gnadenurkunde», die der russi-

schen *Stadt* eine neue *Verfassung* gab, Rechte und Pflichten aller ihrer Bewohner neu definierte und fast ein Jahrhundert (bis 1870) gültig blieb.

Der Statuserhöhung diente bereits die Einführung eines «Bürgerbuchs», in das alle Mitglieder der Stadtgemeinde eingetragen werden sollten. Als Kriterium für die Zuordnung diente dabei eine Mischung aus fiskalischen (Immobilienbesitz), beruflichen (Handel und Gewerbe bei den drei Gilden), allgemein meritokratischen (bei den «namhaften Bürgern» aus Wirtschaft und Wissenschaft) und geburtlichen (bei den *meščane*) Merkmalen. Dies lief auf die Absicht hinaus, die traditionelle Zugehörigkeit zur Beisassengemeinde qua Vererbung mit Gesichtspunkten von Leistung und Verdienst zu verbinden. Sicher lag das eigentliche Interesse Katharinas bei solchen meritokratischen Kriterien bzw. den durch sie konstituierten Rängen. Nur konnte ihr Versuch einer Gesamtreform die andersartige Tradition nicht ignorieren: Weil der neue, «Dritte Stand» sonst eine *quantité négliable* geblieben wäre, sollten *alle* Untertanen zwischen Adel und Bauern zu seinen Mitgliedern und «Bürgern» werden. Neben den einzelnen Kategorien verlieh der Gnadenbrief daher auch allen gemeinsam bestimmte Rechte.

Dieser Gesamtheit garantierte er Rechts- und Eigentumssicherheit. «Kein Bürger» sollte «ohne Urtheil und Recht seines guten Namens, seines Lebens, oder seines Vermögens beraubt werden». Jeder besaß einen Anspruch darauf, nur vor einem «bürgerlichen Gericht» Rechenschaft ablegen zu müssen. Zwar endete die eigene Standesgerichtsbarkeit schon bei der nächsthöheren Instanz, weil hier der Adel dominierte. Desgleichen stand der «Stadtvogt» (Polizeichef), der vom Gouverneur ernannt wurde, außerhalb der Stadtgemeinde, so dass es um den Schutz der Bürger vor staatlicher Willkür in der Praxis durchaus anders bestellt war, als das neue Gesetz verkündete. Dennoch formulierten solche Sätze eine Wertschätzung, die mit dem untergeordneten Status der altrussischen Beisassengemeinde brach: Erstmals wurde die Ehre eines Kaufmanns und sogar eines *meščanin* durch Androhung einer Geldbuße für Beleidigungen unter Schutz gestellt.[12]

Ausdrücklich schloss das Stadtprivileg wirtschaftliche Befugnisse in den Kanon der allgemeinen persönlichen Rechte des mittleren Standes ein. «Jedem Bürger» sollte es freistehen, «allerhand Werck-Stühle und Manufakturen zu errichten», ohne dazu um weitere Erlaubnis bitten zu müssen. Kaufleute erhielten je nach Gildenzugehörigkeit weitere, spezielle Rechte, von der Erlaubnis, «Fabriken» und «Hüttenwerke» samt in- und ausländischem Großhandel zu betreiben, bis hinunter zum Kleinhandel mit «allerhand Kram-Waaren» und Lizenzen für Wirtshäuser, Herbergen oder öffentliche Badestuben.

Bezeichnender für Katharinas Anliegen war indes der Umstand, dass diese Wirtschaftsrechte durch *soziale* Ehrenzeichen ergänzt wurden. Die Gnadenurkunde bestätigte *allen* Gildenmitgliedern die Möglichkeit, «anstatt der Stellung würklicher Rekruten … eine Summe Geldes zu zahlen». Und sie kam auch einem weiteren, oft geäußerten Wunsch nach, indem sie die Last der staatlichen Dienste (wie den Verkauf zarischer Monopolwaren oder die Erhebung von Abgaben für den Fiskus) von ihren Schultern nahm. Darüber hinaus verteilte sie Prestigesymbole gemäß der Vermögensstufung: Kaufleuten der ersten Gilde wurde erlaubt, «in der Stadt» mit einer zweispännigen «Kutsche» zu fahren; solche der zweiten Gilde mussten sich mit einer «Kalesche», wenn auch von zwei Pferden gezogen, begnügen; solche der dritten Gilde durften sich in gar keiner Kutsche zeigen und nie mehr als ein Pferd vor ihre einfachen Wagen spannen. Kaufleute der ersten beiden Gilden wurden (wie Adelige) von der Körperstrafe befreit; die der dritten nicht. Noch großzügigere Privilegien gewährte die Urkunde schließlich der neuen Kategorie der «namhaften Bürger». Sie durften nicht nur Unternehmen aller Art, Manufakturen und «Hütten» eingeschlossen, betreiben, sondern sogar in einer vierspännigen Kutsche fahren und außerhalb der Stadt «Höfe und Gärten» besitzen.[13]

Nicht zuletzt gewährte das Stadtprivileg dem neu konstituierten Bürgerstand auch begrenzte *Selbstverwaltungsrechte.* Alle «niedergelassenen» Einwohner erhielten das Recht, sich zu versammeln und eine «Stadt-Gemeinde» zu bilden. Diese sollte ein «Haus» und ein «Archiv» unterhalten sowie einen «Schreiber» beschäftigen und dafür freiwillige Beiträge einziehen dürfen. «Alle drey Jahre» sollte sie auf «Befehl und Erlaubniß» des Gouverneurs zusammentreten und ein «Haupt der Bürgerschaft» (*gorodovoj golova*), einen «Richter des mündlichen Gerichts» sowie einen «Gemeinen Stadtrat» wählen. Dieser entsandte seinerseits je einen Vertreter der sechs Einwohnerkategorien in den «Sechsstimmigen Stadtrath» als permanentes, für alle Tagesgeschäfte (vom Bauwesen über die Markt- und Gewerbeaufsicht bis zur Fürsorge für die «Gute Ordnung und Wohlanständigkeit» generell) zuständiges Exekutivgremium. Zwar wurden Wahlrecht und Wählbarkeit für alle diese Ämter an einen hohen Steuerzensus gebunden; und selbstredend blieb die jederzeitige Kontrolle durch den Gouverneur unangetastet. Dennoch markierte gerade auch diese Neuerung der Stadturkunde einen völligen Bruch mit den bisherigen Zuständen in Russland: Die überkommene «Dienststadt» sollte selbständig werden und sich in Grenzen sogar selbst verwalten.[14]

So lassen sich hinter all diesen Bestimmungen zwei *Kerngedanken* erkennen: zum einen ein gleichsam pädagogischer, in vieler Hinsicht zeittypischer: die Prämierung von *Leistung*, bemessen an Engagement, Vermögen und Steuerkraft, durch rechtliche Vergünstigungen und/oder äußere Symbole sozialen Prestiges. Wer sich bemühte, der sollte belohnt werden. Zum anderen die Ermutigung *ständischer Eigentätigkeit* und partieller innerer Autonomie. Persönlicher Einsatz sollte auch der eigenen Korporation dienen und mit öffentlichen Funktionen und Rechten, die von sozialem Prestige nicht zu trennen waren, vergütet werden. Genau besehen, war dies – trotz des formalen Rückgriffs auf die alteuropäische Ständeordnung – ein durchaus ‹bürgerlicher› Gedanke, weil er in Westeuropa von den Advokaten einer neuen, auf Leistung und nicht auf Geburt gegründeten Gesellschaft verfochten wurde. Ganz sicher hatte Katharina solche politischen Weiterungen nicht im Sinn. Aber sie borgte sich gleichsam das Prinzip, um in dem allzu lethargischen Reich, dessen Kaiserin sie geworden war, Engagement und Tüchtigkeit anzuspornen – zum Nutzen der «Bürger» und Städte, aber auch und nicht zuletzt des Fiskus und des Staates insgesamt.

Demselben Geist, wenn auch mit unterschiedlicher Zielrichtung, entsprang die andere große Reform des Jahres 1785, die Gnadenurkunde für den *Adel*. Nicht zufällig zeitgleich mit dem Stadtprivileg verkündet, begründete sie den ersten Stand des Staates zwar nicht neu, kodifizierte aber erstmals die Gesamtheit seiner Rechte und verbriefte ihm einige – etwa das Recht auf Eigentum oder die adelige Würde – als unverlierbare, die künftige Herrscher nicht einfach kassieren konnten. Darf man schon in dieser Beschränkung der zarischen Allgewalt durch ‹Grundgesetze› eine Annäherung an westeuropäische Verhältnisse sehen, so galt das erst recht für die Konstituierung einer *adeligen Korporation*. Was zum Teil schon in einer anderen bedeutenden Reform, der Gouvernementsordnung[15] von 1775 vorweggenommen worden war, wurde nun ergänzt und in gleicher Weise wie bei den «Bürgern» zu einer, wie immer auch begrenzten, *Selbstverwaltung* erweitert.

Fortan durfte sich der Adel nicht mehr nur in den zehn Jahre zuvor als Untereinheit der Gouvernements neu geschaffenen «Kreisen» (*uezdy*) zusammenschließen, sondern auch auf Gouvernementsebene. Es wurde ihm erlaubt, eine «Gesellschaft» (in der ursprünglichen Wortbedeutung) zu bilden, ein Adelshaus samt Archiv und Sekretär zu unterhalten und dafür eigene Abgaben zu erheben. Alle drei Jahre durften sich die registrierten Wohlgeborenen eines Gouvernements dort versammeln, um «Beysitzer» zu mehreren, gleichfalls 1775 begründeten Gerichten auf Kreis- und Gouvernementsebene zu wählen sowie vor allem zwei Kandidaten für das Amt eines «Gouvernements-Adelsmarschalls», von denen der Gouverneur einen ernannte. Auch für die erstgenannten Personen galt, dass der Gouverneur sie bestätigen musste; allerdings war er bei ihnen gehalten, dies zu tun, wenn sich die Nominierten «keinem öffentlichen Tadel ausgesetzt» sahen. Darüber hinaus durften sich die versammelten Adeligen «wegen ihrer gemeinsamen Bedürfniße» an den Gouverneur wenden. Umgekehrt gehörte es auch zu den Geschäften der Adelsversammlung, «Vorschläge» des Gouverneurs anzuhören und ihnen entweder beizupflichten oder eine «anständige Antwort» zu erteilen.[16]

Ähnlich wie in der Stadtordnung gaben solche Regelungen die Absichten der gesamten Neuerung recht genau wieder. Vorrangig wollte Katharina – an die Gouvernementsordnung anknüpfend – die chronisch ineffektive staatliche Verwaltung der Regionen weiter verbessern. Zu diesem Zweck versuchte sie, das Interesse des Adels an den lokalen Angelegenheiten, die er als seine eigenen erkennen sollte, zu wecken und räumte ihm dafür begrenzte Mitwirkungsrechte ein. Zugleich sorgte sie dafür, dass die autokratische Zentralgewalt dadurch nicht ernstlich gefährdet wurde. Die Kontrolle des Gouverneurs blieb unangetastet. Insofern brachte sie eine Kooperation zwischen staatlicher

Bürokratie und adeliger Beteiligung auf den Weg, deren volle Entfaltung man für eine spätere Epoche als «Auftragsverwaltung» bezeichnet hat.

Doch offenbar hatte sich der Reformeifer der Zarin darin noch nicht erschöpft. Die Ausstattung des Adels mit *korporativen Rechten* ging deutlich darüber hinaus. Sie verfolgte in Übereinstimmung mit dem reformabsolutistischen Ideal einer wohlregulierten Gesellschaft gesamtstaatliche und, in einem modernen Sinne, soziale Ziele. Zum einen verwandelte sie den Adel aus einer zwar privilegierten, aber doch in starkem Maße vom Herrscher abhängigen Schicht in einen dauerhaft bevorrechtigten, mit unverlierbaren Ansprüchen ausgestatteten und zunehmend freien Stand. Diesem fehlte es, gemäß dem üblichen westeuropäischen Verständnis des Begriffs, eigentlich ‹nur› an ererbten, zumindest auf regionaler Ebene breiteren politischen Rechten und an einer entsprechenden Tradition.

Zum anderen legte Katharina den Grundstein für ein völliges Novum im russischen Reich: eine *Provinzgesellschaft*. Die Wahlversammlungen, begleitet von Bällen, Empfängen und sonstigen Festlichkeiten, wurden zur Begegnungsstätte des gesamten Adels der Region. Weitere Anlässe folgten und machten viele Gouvernementszentren in der ersten Hälfte des 19. Jahrhunderts zu kleinen Hauptstädten: Hier traf man sich, hier tauschte man seine Meinungen aus, hier lud man zum Amüsement, hier arrangierte man Ehen, hier entstanden Adelsklubs und hier verbrachte man eventuell den ganzen Winter (nur die großen Grundbesitzer konnten sich Residenzen in St. Petersburg und/oder Moskau leisten). Vor allem der mittlere und niedere Adel, dessen Besitzungen sich nicht über mehrere Gouvernements verstreuten, schlug tiefere regionale Wurzeln (ohne je eine *gentry* zu werden), wuchs sozial zusammen und entfaltete mit der Zeit jene Eigentätigkeit, die das Adelsstatut eigentlich schon voraussetzte.

Wenn man nach den Ursprüngen der «Adelsnester» sucht, denen Turgenev 1869 ein literarisches Denkmal setzte, und des regionalen Engagements, das die 1864 begründete gouvernementale Selbstverwaltung (*zemstva*) zur erfolgreichsten Reform der ausgehenden Zarenzeit machte, dann wird man sie in dieser Neuordnung durch Katharina finden und in jenem mitteleuropäischen Geist der moderaten Aufklärung, von dem sie sich leiten ließ.

Als letztes Beispiel sei ein Gesetzeswerk von ähnlicher Bedeutung und langfristiger Wirksamkeit genannt, dessen Herkunft noch eindeutiger zu identifizieren ist, weil es weniger autochthone Voraussetzungen gab: die Einrichtung eines *säkularen Schulsystems* 1786. Auch in diesem Fall wies die Gouvernementsordnung die Richtung, indem sie in den Regionen ein «Collegium allgemeiner Fürsorge» vorsah, zu dessen Aufgaben es unter anderem gehören sollte, «öffentliche Schulen» zu gründen und zu unterhalten. Für die konkrete Umsetzung dieser Selbstverpflichtung hätte es nahegelegen, sich in Preußen umzuschauen, wo 1763 eine General-Landschulordnung eingeführt worden war. Doch verschiedene Gründe – sei es ein internes Gutachten, das zu diesem Ergebnis kam, oder ihr gespanntes Verhältnis zu ihrem einstigen Mentor Friedrich II. – gaben ihr Anlass, sich für das österreichische «Normalschulsystem» des Piaristenpaters Johann Ignaz Felbiger zu entscheiden. Auf ihre Bitte hin schickte der neue Wiener Kaiser Joseph II. im Spätsommer 1782 den Kroaten Janković de Mirievo nach St. Petersburg, weil dieser das System Felbigers in «Illyrien» eingeführt und viel praktische Erfahrung gesammelt hatte. Schon wenige Tage später richtete die Kaiserin eine Schulkommission ein, die alle Vorbereitungen treffen sollte. Neben der genaueren Planung der Schultypen und der Ausarbeitung der Lehrpläne war vor allem das Problem fehlender Lehrkräfte und Schulbücher zu lösen. Um ihm ansatzweise abzuhelfen, schuf man schon im Februar 1783 ein Lehrerseminar, dessen Mitglieder zum größten Teil – obwohl die Kirche ansonsten bewusst außen vor blieb – aus den Priesterseminaren und der Geistlichen Akademie in Moskau kamen. Viele der Schulbücher ließ man übersetzen, bei schwierigen Fachfragen griff man auf die Expertise der Akademiemitglieder in St. Petersburg und der Professoren der Moskauer Universität (gegr. 1755) zurück.

Danach konnte die Reform selbst beginnen. Per Dekret vom August 1786 ordnete Katharina den Aufbau eines zweigliedrigen Schulsystems an. In allen größeren Städten sollte eine Hauptvolksschule mit vier Klassen entstehen, in kleineren Orten und Dörfern eine zweiklassige Elementarschule. In den einfachen Schulen sollte sich der Unterricht auf Lesen, Schreiben, Rechnen, den kleinen Katechismus und etwas russische Grammatik beschränken. In den Hauptvolksschulen waren zusätzlich russische und allgemeine Geschichte, Geographie und Physik vorgesehen. Beide Schultypen standen Kindern aus *allen* Ständen offen, Leibeigenen allerdings nur mit Erlaubnis ihrer Herren. Bedürftigen sollten die Unterrichtsmaterialien zu Lasten eines Beitrags Wohlhabender erlassen werden. Die Prügelstrafe wurde untersagt; stattdessen verwies man die Lehrer, die auch hohen moralischen Anforderungen genügen sollten, auf ihre pädagogischen Fähigkeiten. Für die Bedeutung, die Katharina ihnen zumaß, spricht ihre Aufnahme in die Beamtenhierarchie. Auch wenn sie sich – je nach Schultyp – mit den beiden untersten Rängen begnügen mussten, hatten sie sogar Aussicht, nach vielen Dienstjahren (wie es die petrinische Rangordnung seit 1722 vorsah) in den Adel aufzusteigen. Im Übrigen sollte der Schulbesuch *freiwillig* bleiben. Anders als Peter verzichtete seine Nachfolgerin darauf, einen Schulzwang zu verfügen.

Mit solchen Maßgaben begann die Schulgründung zunächst in 25 Gouvernements. Ende des Jahres wurden der Aufsichtsbehörde, in die sich die Schulkommission verwandelt hatte, höchst erfreuliche Vollzugsdaten gemeldet. Gut zwei Dutzend Hauptvolksschulen und 140 kleinere Schulen mit 10 000 Schülern gaben der Kaiserin Anlass, die Fortsetzung der Reform in weiteren 16 Gouvernements anzuordnen (1788), darunter zwei sibirischen. In der Tat kam der Aufbau im verbleibenden Jahrzehnt der Herrschaft Katharinas zügig voran. Allerdings gestaltete er sich sehr uneinheitlich. In Moskau blieben die Schüler weg; nicht nur der Adel, auch Kaufleute und *meščane* mieden die neuen Einrichtungen. In St. Petersburg mit seinem Heer an Beamten dagegen wuchs der Zuspruch stetig. Die Entwicklung in der Provinz ließ sich kaum auf einen Nenner bringen. An den meisten Schulen schwankte die Zahl der Schüler stark. Alle waren unterfinanziert, viele Klagen über den maroden Zustand der Gebäude und die schlechte Ausstattung waren fraglos begründet. Dennoch nahm ihre Zahl im restlichen Jahrzehnt der Herrschaft Katharinas (bis 1796) kontinuierlich zu. Insgesamt gab es zu Beginn des neuen Jahrhunderts (1801) 48 Hauptvolksschulen mit 268 Lehrern und 7010 Schülern sowie 239 kleine Volksschulen mit 491 Lehrern und 15 199 Schülern. Die jüngste einschlägige Monographie kommt daher zu dem überzeugenden Ergebnis, dass die Schulen dort, wo sie von der lokalen Elite unterstützt wurden, ‹funktionierten›.[17]

Auch die spärlichen Angaben über die Verbreitung der Schreib- und Lesefähigkeit, die sich für die zweite Hälfte des 18. Jahrhunderts finden lassen, verweisen auf eine deutliche Zunahme vor allem in den Städten.[18] Dennoch lag nicht darin der eigentliche Erfolg begründet, den man der Bildungsreform von 1786 inzwischen attestiert. Das Bemerkenswerteste an ihr bestand vielmehr in der Tatsache selber: dass es überhaupt gelang, in fast allen Gouvernements eines so riesigen und armen Landes ein Netz an säkularen Schulen zu errichten, die anders als ihre ersten Vorläufer unter Peter dem Großen auch Bestand hatten. Insofern legt dieser Befund den Rückschluss nahe, dass die Zeit reif war für eine solche Reform und sich als ihr Fundament eben jene aktive Provinz-«Gesellschaft» tatsächlich formierte, deren Grundlage Katharinas große Statuten von 1775/85 gelegt hatten.

Was sich in dieser Perspektive am Ergebnis der Schulreform ablesen lässt, verweist auf eine allgemeinere Erscheinung: auf die *Verwestlichung des russischen Adels*. Die Verwandlung, die Peter symbolisch begonnen hatte, als er seinen altrussischen Bojaren nach der Rückkehr von der Großen Gesandtschaft eigenhändig die Bärte abschnitt, die aber lange äußerlich blieb, war deren Enkeln und Urenkeln am Ende des 18. Jahrhunderts in Fleisch und Blut übergegangen. Das «teutsche», i. e. westeuropäische Kleid war auch mental zur Selbstverständlichkeit geworden. Viele Faktoren trugen dazu bei.

(1) An erster Stelle ist sicher die wiederholte Ermunterung durch die Zaren und das *Vorbild des Hofes* zu nennen. Peter hatte bekanntlich die Niederlande bewundert, damals neben England Inbegriff der Modernität. Er ließ sich in der neuen Hauptstadt ein «Häuschen» im holländischen Stil errichten, der auch sein bevorzugtes Sommerschlösschen (Monplaisir) mit seinen niedrigen, holzgetäfelten Zimmern und blau-weißen Kachelöfen vor ihren Toren in Peterhof prägte. Die Verheiratung seines Sohnes Peter mit einer Prinzessin von Braunschweig-Wolfenbüttel und seiner ältesten Tochter Anna mit dem Herzog von Holstein-Gottorf brachte einige Angehörige dieser Häuser an den zarischen Hof, dazu generell deutschen Geschmack, Accessoires der materiellen Kultur und deutsche Gewohnheiten einschließlich der Sprache, die im Übrigen dank vieler weiterer deutscher Hei-

raten fast anderthalb Jahrhunderte im Wortsinn Muttersprache der Romanov-Zaren blieb.

Danach gewann in dem Maße, in dem sich die russischen Herrscher entsprechend dem neuen Gewicht ihres Staates als Großmacht nicht nur mit Fürsten-, sondern auch mit Königshäusern und dem kaiserlichen Hof messen wollten, der in Westeuropa dominierende französische Einfluss auch in Russland die Oberhand. In diesem Geist ließ Elisabeth das Hauptschloss von Peterhof, von ihrem Vater einst recht bescheiden begonnen, zu einem «Großen Palast» ausbauen, der umgeben von Wasserspielen, mächtigen Fontänen und einem weitläufigen Park zu ihrem Versailles werden sollte. Auch der schon mehrfach erweiterte Winterpalast in St. Petersburg selber reichte ihr nicht mehr. Bartolomeo Rastrelli, der bedeutendste Architekt der nachpetrinischen Ära, erhielt den Auftrag, den fünften Umbau vorzunehmen, der ihm die heutige barocke Gestalt samt der riesigen Dimension gab. Diesem Prunk entsprach allem Anschein nach das höfische Leben. Elisabeth liebte – wie schon ihre Vorgängerin Anna – Bälle, Maskeraden und luxuriöse Vergnügungen aller Art. Sie machte den russischen Hof endgültig zu einem der prächtigsten in Europa – nach dem französischen Geschmack der Zeit.

Auch der Palast von Carskoe Selo, der meist mit ihrer Nachfolgerin verbunden wird, entstand schon im letzten Jahrzehnt der Herrschaft Elisabeths. Katharina hielt ihn dann für altmodisch, obwohl er im Innern bereits die typischen Ornamente des Rokoko als nächsten Import aus Westeuropa zeigte. Bewunderung fand aber (neben der langen, prachtvollen und eindrucksvoll symmetrischen Fassade) vor allem ihre eigene Zutat: ein überaus weitläufiger, mit allen Attributen dieses neuen Genres, von Sichtachsen, aufgeschütteten Hügeln, künstlichen Teichen, tempelähnlichen Teehäuschen bis zum türkischen Bad versehener, englischer Landschaftsgarten. Ein Anbau am Winterpalast für ihre «Ermitage» schließlich ließ außen wie innen den klassizistischen Stil erkennen, den Katharina am ehesten als ihren eigenen betrachtete (und der seine Vollendung im Palast für ihren Sohn und Thronfolger Paul in Pavlovsk fand), auch er aus Westeuropa entliehen und in Russland besonders von einem schottischen Architekten (Charles Cameron) umgesetzt. Es waren vor allem diese Elemente, die sich «in erstaunlich kurzer Zeit» als äußeres Symbol für den Wandel des russischen Adels von einer privilegierten Dienstklasse zu einer erblichen Herrenschicht in die Weite der Provinz diesseits des Ural ausbreitete. Die typischen «Adelsnester» des besser gestellten Provinzadels und erst recht die üppigen Paläste, die sich die Mitglieder der hohen Aristokratie für die Sommerfrische auf ihren ausgedehnten Gütern bauen ließen – wie die Šeremetevy in Kuskovo und Ostankino, die Golicyny in Archangel'skoe oder die Černyševy in Jaropolec –, entstanden im klassizistischen Stil und waren unweigerlich von einem englischen Landschaftsgarten umgeben. Sie wurden zum Erkennungszeichen des neuen, *europäischen* Adels russischer Nation.[19]

Weitere Faktoren lassen sich in ihrer Wirksamkeit nicht abschätzen, gehören aber sicher zu den zentralen Triebkräften der Verwandlung. Wer nicht so arm war, dass er sich in seiner Lebensweise kaum von seinen wenigen Bauern unterschied, zeigte dies durch (2) *Bildung*. Ein Adeliger neuer Art besuchte höhere Schulen in den Gouvernementshauptstädten und bald auch eine Universität. Für ‹höhere Töchter› entstanden adelige Pensionate, deren Prototyp und prestigereichstes Katharina selber in den 1760er Jahren errichten ließ (das Smol'nyj-Institut). Bessergestellte Wohlgeborene konnten sich eine Bibliothek leisten; Bücher und Journale zogen, wie langsam auch immer, in die Provinz ein. Wenn man die Zahl des Lesepublikums für die zweite Jahrhunderthälfte (1762–1800) auf ca. 8500 Personen geschätzt hat, dann dürfte bei ca. 70 000 Grundherren, die man für 1777 im europäischen Reichsteil insgesamt annehmen kann, ein nicht unerheblicher Teil jenseits der beiden Hauptstädte in der Provinz zu finden gewesen sein.[20] Nicht zufällig fällt auch die Tätigkeit N. I. Novikovs, des ersten russischen Verlegers und *homme de lettre*, in die 1770er und 1780er Jahre. Ein kleiner Markt für Druckerzeugnisse entstand, aus denen sich der gebildete neue Adelige über Vorgänge außerhalb seiner Region informieren und überhaupt an der entstehenden Öffentlichkeit in den Hauptstädten und darüber hinaus teilnehmen konnte.

Zur Bildung zählte (3) die *Bildungsreise*. Was in Europa als «Kavalierstour» schon länger zum Erziehungsprogramm eines jungen Adeligen gehörte, begann auch in Russland erstrebenswert zu werden. Allerdings war eine solche Unternehmung teuer. Wenn ein Denis Fonvizin sie sich 1777/78 leisten konnte, so reiste nicht irgendwer, sondern ein bekannter Schriftsteller und Regierungsbeamter, der hohe Protektion genoss. Für andere, die Aufzeichnungen hinterlassen haben, wie V. N. Zinov'ev, der Mitte der 1780er Jahre durch Deutschland und England reiste, F. V. Rostopčin, der Ende der 1780er Jahre als Student nach Preußen kam, oder Graf A. R. Voroncov, der zu Beginn des neuen Jahrhunderts Wien, München und Paris besuchte, spielte Geld keine Rolle, da sie aus der überaus schmalen (ca. 1% aller Adeligen ausmachenden) aristokratischen Oberschicht[21] stammten. Insofern verkörperte eher Nikolaj Karamzin den kultivierten Adeligen neuen Typs. Aus dem mittleren Adel eines Wolga-Gouvernements hervorgegangen und noch unbekannt, krönte er seine gute Erziehung im Frühsommer 1789 mit einer Reise nach Deutschland und Frankreich. Man mag eine Korrespondenz zwischen der wachsenden Verbreitung solcher Touren und den Eindrücken beobachten, die die Reisenden ihrem Tagebuch anvertrauten.

Denn bei allen Unterschieden ist ihnen im Vergleich zu den Aufzeichnungen aus der petrinischen Zeit deutlich mehr Kritik gemeinsam, sei es, dass man den schlechten Zustand der Straßen in Frankreich beklagte (nicht einmal die Prachtstraße von Lyon halte den Vergleich «mit unseren Seitenstraßen» aus), die «Verwahrlosung» und die Laster hinter den glitzernden Fassaden von Paris anprangerte, an der «Unreinlichkeit» hier ebenso wie in Berlin («haben die Berliner keinen Geruchssinn?») Anstoß nahm oder sich über die Trägheit, Unfreundlichkeit und Bestechlichkeit preußischer Postillione beschwerte und überhaupt wenig Lobenswertes in diesem Land fand. Offenbar hatte man vom Westen mehr gesehen oder gehört als zuvor und urteilte nun differenzierter. Auch wachsender, patriotischer Stolz auf die eigenen Errungenschaften ist nicht zu übersehen.[22]

Nachgerade identisch mit der Verwestlichung war schließlich (4) ein weiterer Faktor, der nicht nur als ihr Ausdruck, sondern auch als eine ihrer Triebkräfte gelten kann: *neue Formen der Geselligkeit*, eingebettet in ein *neues materielles Ambiente*. Dem Adel das Tanzen und ‹höfische› Umgangsformen beizubringen und die Frauen aus ihren getrennten Gemächern (*terem*) herauszuholen, wie Peter der Große dies für nötig gehalten hatte, erübrigte sich am Ende des Jahrhunderts. Das taten die kultivierten neuen Herren nun selber. Am zarischen Hof, der wie in allen absolutistischen Monarchien die Normen des Angemessenen und Erstrebenswerten vorgab, wurden seit Anna Ivanovna eher zu viele und zu verschwenderische Bälle, Maskeraden und gesellige Vergnügungen verschiedenster Art veranstaltet. Nicht nur die schöne, lebenslustige Elisabeth setzte diesen Reigen fort, sondern auch Katharina. Gerade weil sie klug war und die Funktionsmechanismen «symbolischer Herrschaft» begriff, scheute sie keinen Aufwand der Selbstinszenierung, zu dem neben Zeremonien nicht zuletzt höfische Prachtentfaltung bei Galadiners und Bällen gehörte.

Gewiss konnte sich ihr Adel überwiegend wenig davon leisten. Dennoch exportierten nicht nur die fürstlichen und gräflichen Aristokraten der Hauptstädte die Grundformen dieses Lebensstils in ihre großenteils herrschaftlichen Provinzresidenzen. Auch kleine Adelige gaben sich Mühe, die altrussische Unbequemlichkeit und Kargheit selbst der Gutshäuser hinter sich zu lassen, und ersetzten das ererbte Gebäude – wie der Verfasser der ausführlichsten Autobiographie der frühen Katharinazeit – durch ein neues, mit einem Mindestmaß an europäischem Komfort ausgestattetes und von einem ‹natürlichen› Garten umgebenes Herrenhaus.[23] Und wenngleich die verfügbaren Mittel höchst begrenzt waren, scheinen sie doch in zunehmendem Maße für neue Attribute adeligen Lebens wie eine Bibliothek und einfache Formen provinzialer Geselligkeit noch ausgereicht zu haben. So gesehen, verwandelten sich Gutshäuser und Herrensitze in «Enklaven» westlicher Lebensart.[24]

Zugleich stand Rostopčin mit seiner xenophoben, von frühem Nationalismus geprägten Klage über «das russische Leiden», das an der Grenze zu Preußen beginne, nicht allein. Im Gegenteil, die wachsende Kenntnis Westeuropas und die Übernahme seiner materiellen Kultur, Mode und Sozialformen schärften geradezu den Blick für das Eigene. Aufgeschlossenheit und sogar Bewunderung für Westeuropa gingen nahtlos mit dem Bewusstsein eigener Andersartigkeit einher. Wenn man den Nationalismus, der die Jahrzehnte nach 1812 maßgeblich prägte, nicht allein auf den Triumph über Napoleon zurückführen will, sollte man solche Wurzeln in Gestalt einer russischen Identität ebenfalls in Betracht ziehen; sie wuchs mit und neben der Übernahme westlicher Lebensart und Werte, eventuell sogar *durch* sie. Es gab eine nationale Identifikation sozusagen *avant la lettre.* So gesehen spricht vieles dafür, das Ergebnis der einhundertjährigen Transformation des Adels nicht allein in seiner Verwestlichung zu sehen, sondern zugleich ihre Ambivalenz zu erkennen. Am Ende stand ein Doppelbewusstsein als eine «spezifische Art von Hybridität». Ein neuer Adeliger katharinäischer Prägung war beides zugleich: Kosmopolit nach Maßstäben der Zeit, i. e. Europäer, *und* Russe.[25]

IV. Das 19. Jahrhundert: Identitätssuche und neuer Aufbruch zum Westen

1. Höhepunkt liberaler Reformen und ihr Ende: Alexander I.

Im Rückblick drängt sich die These geradezu auf, dass diese Gespaltenheit zu Beginn des neuen Jahrhunderts unter *Alexander I.* (1801–1825) ihren Höhepunkt und zugleich ihre Peripetie erreichte. Dabei verteilten sich liberaler, proeuropäischer Reformeifer und autokratischer, mit neuem Selbstbewusstsein auf eigene, russische Traditionen gestützter Zentralismus nicht, wie meist zu lesen ist, sequentiell auf die erste und die zweite Hälfte seiner Herrschaftszeit. Vielmehr waren beide sowohl vor dem Triumph über Napoleon 1812, der zu Recht als Wendepunkt gilt, als auch nachher präsent – nur in unterschiedlicher Dosis.

In den Anfangsjahren schien sich geradezu eine Schleuse für den aufgeklärten Geist zu öffnen, in dem der neue Herrscher von seinem Schweizer Tutor Frédéric de La Harpe erzogen worden war. Alexander sammelte in einem «Inoffiziellen Komitee» Jugendfreunde um sich, die den Idealen von 1789 nicht fern standen. Es herrschte eine Aufbruchsstimmung, die auf den verschiedensten Gebieten zu Reformplänen Anlass gab. Einige der Ideen blieben auch nach der fatalen Invasion der *Grande armée* präsent. So ließ der Zar 1819 auch für Russland über eine Verfassung nach dem Vorbild derjenigen nachdenken, die er zuvor dem wiedererstandenen, vom Wiener Kongress aus der Taufe gehobenen und mit seinem Territorium in Personalunion ver-

bundenen «Königreich Polen» gegeben hatte. Aber solche Pläne
hatten nun noch weniger Chancen als zuvor, verwirklicht zu
werden, obwohl auch kaum eines der Projekte des «Jakobiner-
klubs», wie Konservative den Freundeskreis verunglimpften,
Gesetzeskraft erlangte. Der freidenkerische Zar, der so viel Hoffnungen geweckt hatte, blieb den Anhängern seiner frühen Jahre
vieles schuldig. Dennoch setzten einige seiner Reformen die Annäherung an Europa im Geist seiner Großmutter fort. Die wichtigsten seien kurz skizziert.

Bestand hatte ein Dekret vom Herbst 1802, das erstmals *Ministerien* in Russland einführte. Formal beseitigte es ein zweites
Mal die petrinischen Kollegien, die schon Katharina abgeschafft,
ihr Sohn Paul I. (Alexanders Vater) in seiner kurzen Regierungs-
zeit (1796–1801) aber wieder eingeführt hatte. Faktisch war die
Kontinuität jedoch erheblich größer, als das Gesetz erkennen
ließ. Denn unter dem Etikett der Kollegien hatte Paul bereits
eine Zentralisierung eingeleitet, die das hierarchische Prinzip
der Ministerien nur fortzusetzen brauchte. Ohnehin dürfte die
kollegiale Entscheidung, die Peter einst hatte verankern wollen,
weitgehend ein leeres Ideal geblieben sein, da die alten Kanz-
leien mit ihrer hergebrachten obrigkeitlichen Struktur auch im
18. Jahrhundert als Kern der Behörden fortbestanden. Neu war
aber nun die paradoxe Erscheinung, dass ausgerechnet der aktuelle Zeitgeist im Namen der *Effizienz* zur Wiederbelebung des
altrussischen Zentralismus antrieb.

Woher die Ideen genau kamen, die Alexanders Reform speisten, bleibt unklar. Memoranden deuten vor allem auf Frankreich
als Vorbild hin, und im «Inoffiziellen Komitee» scheinen sie
Konsens gewesen zu sein. Dem dürfte nicht nur die proeuropäi-
sche Orientierung seiner Mitglieder zugrunde gelegen haben,
sondern auch ein sachlicher Zwang. Denn die Rückkehr des

Zentralismus (soweit er überhaupt verschwunden war) verdankte sich letztlich dem simplen Umstand der quantitativen Expansion der ‹Bürokratie› besonders unter Katharina: Es war schlicht (abermals) nötig geworden, die Kompetenzen neu zu sortieren. Zugleich stand selbst bei Anhängern einer Gewaltenteilung außer Frage, dass die Exekutive ausschließlich dem Zaren gebührte, so dass die Ministerien ihm allein zugeordnet blieben. Hoffnungen einiger Aristokraten, die zentralisierten Behörden würden faktisch eine gewisse Selbständigkeit gewinnen und dadurch Kontrolle ausüben können, zerstoben schnell. Gerade seine Freunde im «Inoffiziellen Komitee» drängten ihn, jedem Machtverlust zu widerstehen, um sich volle Freiheit für Reformen zu bewahren. So ergab sich im Endresultat, dass der Zar die neue Zentralisierung mit der ungeschmälerten Beibehaltung der hergebrachten autokratischen Allgewalt verband. Auch das mag zur Dauerhaftigkeit dieser Maßnahme beigetragen haben.[1]

Erheblich größerer Widerstand war bei einer weiteren Reform der frühen Jahre zu überwinden, dem Eingriff in die überkommene *Leibeigenschaftsordnung*. Kaum der Erläuterung bedarf, warum der neue Zar ein solches Projekt sofort auf die Tagesordnung setzte. Außer manifester Tyrannei gab es wenig, was dem aufklärerischen Ideal politisch-sozialer Ordnung so sehr entgegenstand wie die institutionalisierte Knechtung der Bauern. Leibeigene waren zwar formalrechtlich nicht unfrei, aber an den grundherrlichen Boden gebunden, den sie ohne Zustimmung nicht verlassen durften. Obendrein mussten sie für die Erlaubnis, dieses Land bearbeiten zu dürfen, Geldzins oder Frondienste (oder beides) leisten. Seit der Mitte des 17. Jahrhunderts waren sie außerdem zu einer erblichen Korporation verschmolzen worden, der erhebliche steuerliche Lasten (darunter auch sog. naturale wie Fuhrdienste oder die Rekrutenpflicht) aufgebürdet wurden. All dies zusammen näherte den Status der Leibeigenen faktisch doch weitgehend an den unfreier Sklaven an, die man verkaufen oder beim Glücksspiel verwetten konnte. Naturrechtliches Denken wie das ‹aufgeklärte› hatte gute Gründe, darin einen groben Verstoß gegen die menschliche Würde und das Geburtsrecht auf Freiheit zu sehen. Grundsätzlich hatte auch Katharina solche Ansichten geteilt. Nur war es ihr nie gelungen, ihr Bekenntnis zu den fortschrittlichen Ideen der Zeit (vor 1789) mit ihrer tatsächlichen Politik zu vereinbaren. Denn in der Praxis dämmte sie die Leibeigenschaft nicht ein, sondern sorgte im Gegenteil für ihre Ausbreitung, indem sie Hunderttausende von Bauern an ihre aristokratischen Günstlinge verschenkte. Dies alles sollte sich nach dem Willen des jungen Zaren nun ändern und die «Schande Russlands», wie er wenige Jahre zuvor als Thronfolger notiert hatte, beseitigt werden.

Indes machte ihm die Realität schnell deutlich, welch großen Widerstand gerade dieses Projekt hervorrief. Die Leibeigenschaft war kein beliebiges Attribut des Adels, sondern sein ökonomisches Fundament. Wer sie beschränken oder gar beseitigen wollte, bedrohte seinen Wohlstand und im Fall der vielen kleinen Grundherren, die nur wenige Bauern besaßen, auch seine schiere Existenz. Da die Autokratie ihrerseits vom Adel abhing, der sie (historisch gesehen als Gegenleistung für die Auslieferung der Bauern) trug und ihr bei der Beherrschung und Verwaltung des Landes half, bedrohte jede Reform der Leibeigenschaft auch ihre eigene Stabilität. Sogar im «Wohlfahrtsausschuss», wie der Zar sein «Inoffizielles Komitee» spöttisch nannte, erhoben sich Stimmen, die ihn an diesen Zusammenhang erinnerten. Hinzu kam die Furcht vor Aufständen, die eine abrupte Änderung der bestehenden Sozial- und Herrschaftsordnung auf dem Lande hätte hervorrufen können. Sie tat ein Übriges, um ihn zur Vorsicht zu bewegen.

So verwundert es wenig, dass vom großen Plan der Aufhebung der Leibeigenschaft wenig übrigblieb. Eine einfache Maßnahme wurde zwar noch im Jahr des Thronwechsels, im Dezember 1801, umgesetzt. Darin verkündete Alexander, der aus seiner Skepsis gegenüber den großzügigen Privilegien des Adels kein Hehl machte, dass fortan auch Angehörige anderer Stände, vor allem Kaufleute, aber auch Staatsbauern und einfache Stadtbürger, besiedeltes Land kaufen durften. *De jure* war dies ein durchaus radikaler Schritt, der einer klaren Bestimmung der Adelscharta entgegenstand. Faktisch bewirkte das Dekret allerdings wenig, weil die «Bürger», die schon zu dieser Zeit so reich waren, dass sie sich den Kauf eines ‹Ritterguts› hätten leisten können, beinahe ausnahmslos in den Adel strebten und dieses Ziel meist auch erreichten. Sie wollten auch sozial anerkannt werden und nicht Untertanen zweiter Klasse, wenngleich mit Grundbesitz, bleiben.

Aber auch das einschlägige Hauptgesetz vom Februar 1803 fiel sehr bescheiden aus. Nachdem eine obligatorische Freilassung der Leibeigenen längst ausgeschieden und auch der Vorschlag verworfen worden war, das zahlreiche Gesinde der adeligen Stadtpaläste auf Kosten der Staatskasse loszukaufen, einigte man sich auf den kleinsten gemeinsamen Nenner: den Grundherren nur *anheimzustellen*, ihre Leibeigenen mit Land gegen einen auszuhandelnden Preis freizulassen, ohne sie dazu zu zwingen. Diesem Angebot stimmte auch die aristokratische Partei am Hof zu, weil die große Zahl an Leibeigenen, die in schlechten Zeiten auch ernährt werden mussten, manchen Besitzern schon zur Last geworden war. Nur zeigte sich bald, dass Freiwilligkeit und bloßer Appell das Problem nicht annähernd lösten. Ganze 47 153 männliche Seelen (von ca. 13,6 Mio. 1834) traten bis zum Tod Alexanders Ende 1825 in den neu geschaffenen Stand der «freien Ackerbauern» über.

Zu größerer Konsequenz entschloss sich der Zar lediglich auf fremdem, nicht russisch besiedeltem Territorium, als er die Bauern in Estland 1816 und 1820 in Livland aus der Leibeigenschaft entließ. Nur war dies ein ambivalentes ‹Geschenk›, denn die Bauern erhielten kein Land und keinen Schutz. Was aufgeklärten Ideen entsprochen haben mochte, entpuppte sich für die Mehrzahl der Betroffenen als Entlassung in bittere Armut und ökonomische Vogelfreiheit.[2]

Viel spricht dafür, der *Bildungsreform* Alexanders die größte Breitenwirkung zu attestieren. Sie betraf nicht nur das Schulsystem, das 1803 durch einen weiteren Typus ergänzt wurde, sowie die Universitäten, die ein neues Statut erhielten (1804) und deren Zahl man erhöhte. Darüberhinaus trug sie maßgeblich zur Qualifizierung der Beamtenschaft bei und legte generell die Grundlage für die Entstehung eines gebildeten Publikums, das eine wachsende Zahl von Journalen las, sowie einer literarischen Intelligenz, die ihre Debatten in eben diesen neuen Foren austrug. Wenn nach der Jahrhundertmitte erstmals von einer *publizistischen Öffentlichkeit* die Rede sein konnte und «aufgeklärte Bürokraten» eine grundlegende Modernisierung von Staat, Wirtschaft und Gesellschaft auf den Weg brachten, dann war das nicht zuletzt diesen Neuerungen vom Jahrhundertbeginn zu verdanken.

Im Bildungsbereich lässt sich auch die Herkunft der leitenden Ideen besonders deutlich erkennen. La Harpe, der zur Krönung Alexanders aus der Schweiz zurückgekehrt war, legte ein Memorandum vor, das erkennbar von Kerngedanken des französischen Philosophen und (gemäßigten) Revolutionärs Condorcet inspiriert war. Bildung galt auch ihm als Voraussetzung einer aufgeklärten Gesellschaft und als unverzichtbare Grundausstattung eines jeden aufgeklärten Bürgers oder Untertanen. Daraus ergab sich der Plan eines neuen, landesweiten und einheitlichen Bildungssystems, das *allen* Ständen offenstehen sollte und einer Hierarchie von Schultypen mit wachsender Fächervielfalt bis hinauf zu den Universitäten, denen eine Aufsichtsfunktion zugewiesen wurde. Zur Koordination all dieser Einrichtungen war an der Spitze – auch dies ein Zeichen für den besonderen Stellenwert seines Zuständigkeitsbereichs – ein neues, programmatisch so benanntes «Ministerium für Volksaufklärung» vorgesehen. Einigen Mitgliedern des «Inoffiziellen Komitees» war dieses schon im ersten Herrschaftsjahrs Alexanders diskutierte Projekt allerdings zu egalitär. Ein konservativ-aristokratischer Gegenvorschlag, der auch in den Gouvernements rein adelige Eliteschulen vorsah, schien wiederum zu elitär. Zum schließlich gefundenen Kompromiss gehörte die tatsächliche Gründung des genannten Ministeriums und einer bei ihm ressortierenden Kommission. In deren Arbeit flossen dank des besonderen Gewichts des Fürsten Adam Czartoryski, Jugendfreund des Zaren und Außenminister, Grundsätze der polnischen, 1773 von der Edukationskommission in aufgeklärtem Geist auf den Weg gebrachten Bildungseinrichtungen ein.

Im Ergebnis entstand ein dreigliedriges Schulsystem, das die überkommene Zweiteilung in Volks- und Hauptvolksschulen ersetzte. Auf der untersten Ebene war die Gemeindeschule (*prichodskoe*) vorgesehen, die meist nur eine Klasse umfasste. Ihr folgte eine zweiklassige Kreisschule (*uezdnoe*), der sich in den Gouvernementsstädten ein vierjähriges Gymnasium anschloss. An der Spitze der Pyramide standen die Universitäten. Die Schulen sollten aufeinander aufbauen. Grundsätzlich durfte die nächsthöhere Stufe nur beginnen, wer die jeweils tiefere erfolgreich durchlaufen hatte; allerdings hatten Kinder aus besseren Häusern, die sich einen Hauslehrer leisten konnten, die Möglichkeit, eine Eingangsprüfung abzulegen, um nicht ganz unten anfangen zu müssen. Letztlich prägte ein solcher Kompromiss die gesamte neue schulische Praxis. Denn prinzipiell standen die Schulen gemäß dem aufklärerischen Vorrang für Begabung und Leistung zwar tatsächlich allen Ständen offen. Dennoch war die institutionelle Hierarchie realiter meist auch eine soziale: Die Gemeindeschulen richteten sich vor allem an Bauern; die Kreisschulen waren für «Kinder verschiedener Stände», nicht zuletzt *meščane* und kleine Kaufleute, gedacht, und bei den Gymnasien lag auf der Hand, dass der Nachwuchs der alten Elite aus Adel und höherer Kaufmannschaft vorherrschen würde.

Der Hierarchie entsprach der Lehrplan. Die einklassige Schule konnte kaum mehr als elementare Lese- und Schreibkenntnisse vermitteln. Schon die zweiklassige Kreisschule aber sollte ein bemerkenswert breites Spektrum an Fächern anbieten, darunter neben Geschichte, Geometrie und Physik auch eine Art Politikkunde mit dem Hauptinhalt der obligatorischen Lektüre von Katharinas Traktat über die «Pflichten des Menschen und Bürgers (!)». Umso eher stand das Curriculum der Gymnasien primär im Zeichen ‹zweckfreier› Bildung. Dazu gehörte neben weiteren Fächern wie Logik, Mechanik, Ökonomie und Landwirtschaft nicht zuletzt der Erwerb dreier Fremdsprachen (Latein, Französisch, Deutsch) – zweifellos nicht nur ein ehrgeiziges, sondern auch ein modernes Programm.

Aufbau, Unterhalt und Verwaltung dieses Systems in sechs neu eingerichteten «Lehrbezirken» kosteten viel Geld, zumal arme Kinder keine Gebühren bezahlen mussten und ihre Lehrbücher gratis erhielten. Fraglos lag vieles im Argen: Das System war unterfinanziert und Schulen konnten nicht überall eingerichtet worden. Die Zahl der Schüler aus den niederen sozialen Schichten, besonders den Leibeigenen, hielt sich in engen Grenzen. Dennoch fällt die Bilanz insgesamt positiv aus. Gegen Ende der Herrschaftszeit Alexanders (1824) gab es unter der Aufsicht des Ministeriums für Volksaufklärung in 54 Gouvernments 1410 Schulen, darunter drei Elite-«Lyzeen» und 57 Gymnasien, mit 4562 Lehrern und 69 452 Schülern. Dies war im Vergleich zu 317 Schulen mit knapp 20 000 Schülern zu Beginn seiner Regierung (1801) zweifellos ein beachtlicher Fortschritt.[3]

Zu Recht gilt das *Universitätsstatut* vom 5. November 1804 als Meilenstein in der Entwicklung der russischen Hochschule und Wissenschaft. Diese hohe Wertschätzung hat eine reale Grundlage darin, dass das Statut einen völlig neuen Grundsatz verankerte: akademische Selbstbestimmung und weitgehende Freiheit der Wissenschaft. Beide passten so wenig in den autokratischen Staat und seine Gesellschaft, dass darin nicht nur ein Moment der Sensation lag. Zugleich zeigen sie besonders deutlich ihre andere, *westliche* Herkunft an, die sich in diesem Fall recht genau lokalisieren lässt: Es waren vor allem Göttinger Professoren, die konsultiert wurden, und deutsche Universitäten, die der einschlägigen Kommission als Vorbild dienten. Zwar ließ sich die Staatsferne, die der berühmte Staatsrechtler August Ludwig von Schlözer und andere Berater als Voraussetzung echter Unabhängigkeit empfahlen, schon deshalb nicht auf Russland übertragen, weil die russischen Universitäten unter der Aufsicht zentral ernannter ‹Kuratoren› hoheitliche Aufgaben übernehmen sollten. Diese wurden an die Spitze der neuen Lehrbezirke gestellt, sollten einen Schulrat ernennen, dem die Schulinspektoren Bericht zu erstatten und dessen sechs professorale Mitglieder auch selber die Gymnasien zu ‹visitieren› hatten. Daneben übertrug ihnen das Gesetz auch die Zensur für den jeweiligen Bezirk einschließlich der eigenen Publikationen.

Für die Wahrnehmung dieser Fremdaufgaben aber wurden die Universitäten mit einem im Zarenreich singulären Ausmaß an Selbstverwaltung belohnt. Zu ihrem höchsten Gremium bestimmte das Statut eine Versammlung aller Professoren. Diese

wählte den bisher vom Regierenden Senat ernannten Rektor
zwar nicht selber, sondern legte eine Dreierliste vor; der Minister
bestätigte jedoch in aller Regel den Erstplatzierten. Desgleichen
wurden die Dekane, in diesem Fall direkt, von den Professoren
der jeweiligen Fakultät gewählt. Und auch das zweite Kardinal-
recht der Autonomie blieb den russischen Universitäten nicht
vorenthalten: Sie durften sich selbst ergänzen. Neue Professoren
wurden nicht von oben ernannt, sondern kooptiert. Nicht genug
damit, ging das Gesetz noch über solche Unabhängigkeit hinaus
und gewährte den Hochschulen nach altem europäischem Vorbild auch eine eigene Gerichtsbarkeit. Für gut zwanzig Jahre waren sie von der normalen staatlichen Jurisdiktion weitgehend
ausgenommen.

Ungeachtet des aufklärerischen Idealismus tat der Staat all dies
freilich nicht ohne ein lebhaftes Eigeninteresse. Er hoffte nicht
nur von der allgemeinen Hebung des Bildungsniveaus seiner
Bürger zu profitieren. Darüber hinaus verfolgte er das spezielle
Ziel, für eine bessere Qualifizierung seiner allzu oft unfähigen
Beamten zu sorgen. Deshalb beeilte er sich, die Schulen und
Universitäten mit der Rangtabelle zu verknüpfen und ihnen in
einer Gesellschaft, in der ein *čin* (Rang) alles war, eine attraktive
Stellung zu sichern. So erhielt jeder Student, der ein Dreijahres-
programm erfolgreich absolviert hatte, gleichsam als Prämie den
12. Rang (Gouvernementssekretär oder Leutnant), ein Gymna-
siallehrer den 9. Rang, Professoren und Gymnasialdirektoren
den 7. Rang, der sie zu erblichen Adeligen machte, und ein Rektor sogar den 5. Rang, der einem «Staatsrat» entsprach und nur
eine Stufe unter der Generalität lag.[4]

Indes geriet auch die Bildungsreform nach 1812 in Misskredit.
Die nationalkonservative Wende der Politik und des dominan-
ten Zeitgeists insgesamt traf gerade sie hart. Die nächsten Mi-

nister für «Volksaufklärung» machten der Bezeichnung ihres Amtes wenig Ehre, indem sie das «Volk» zumindest von den Gymnasien und Universitäten fernzuhalten suchten. Ihre Maßnahmen folgten der ehrwürdigen Meinung, dass die niederen Schichten durch zu viel Wissen zur Aufsässigkeit verleitet würden und die höhere Bildung besser der traditionellen Elite, dem Adel, vorbehalten bleiben solle. Auch die Selbständigkeit der Universitäten war ihnen ein Dorn im Auge, so dass sie in zwei prominenten Fällen inneruniversitäre Konflikte nutzten, um die Kuratoren zum Durchgreifen zu animieren und eine der neuen Universitäten sogar schlossen. Diese Wende verband sich mit xenophoben Ressentiments samt neuer Hochschätzung orthodoxer Religiosität, unter denen nicht zuletzt die vielen, von Alexander als ‹Erstausstattung› der neuen Universitäten ins Land geholten Ausländer (zumeist Deutsche) zu leiden hatten.

Dennoch blieb eines aus: eine wirkliche Korrektur oder gar ein Widerruf der Reformen von 1803/04. Und da auch der bedeutendste Bildungsminister der ersten Jahrhunderthälfte, Sergej Uvarov, der die geistig-kulturelle Entwicklung Russlands unter Alexanders Nachfolger Nikolaus I. (1825–1855) maßgeblich prägte, trotz entschieden konservativer Anschauungen sein Studium der klassischen Philologie in Göttingen sowie seine generelle Sympathie für deutsche Gelehrsamkeit nicht vergaß, hielt auch das neue Universitätsstatut von 1835 an den Säulen der akademischen Unabhängigkeit fest: der (weitgehenden) Selbstverwaltung und der Kooptation. Universität und Wissenschaft blieben bis zum Ende des Zarenreichs in besonderem Maße vom *deutschen Vorbild* geprägt.

2. Dezemberputsch

Obwohl der dilettantische Putschversuch hochrangiger Garde-offiziere vom 14. Dezember 1825 (a. St.) im Wortsinne kontrapro-duktiv war, weil er das Gegenteil von dem bewirkte, was er zu er-reichen suchte, sollte er in keiner Übersicht über Russlands Verhältnis zur westlichen Kultur und Gesellschaft fehlen. Denn zum einen brachen sich in ihm die großen Erwartungen, die Alexander und die Reformpläne seiner frühen Jahre geweckt und enttäuscht hatten, eruptiv Bahn. Zum anderen liegt auf der Hand, dass sowohl seine geistige Inspiration als auch die konspi-rative Organisation seiner Akteure aus Westeuropa stammten. Und drittens markierte er insofern den Beginn einer Politisie-rung und Radikalisierung importierter Ideen, als diese nun nicht mehr, gleichsam gezähmt, als Reform von oben verkündet, sondern kaum gefiltert von Intellektuellen übernommen und in ihren Zirkeln weitergegeben wurden. Zugleich gilt aber auch, dass der Dezemberaufstand in der Art seiner Ausführung als (versuchter) Umsturz durch hauptstädtische Garderegimenter deutlich in der Tradition jener ‹Palastrevolten› des 18. Jahrhun-derts stand, die Elisabeth I., Katharina II. oder auch Alexander I. auf den Thron gebracht hatten. Der Aufstand war eben beides: Ende des Alten und Anfang des Neuen zugleich.

Was am Tag der Rebellion im Einzelnen geschah, mag hier außer Betracht bleiben. In unserem Zusammenhang sind ledig-lich die ideellen und sonstigen Einflüsse von Interesse, die West-europa auf die Akteure des Dezember ausübte. Die unmittelbare Vorgeschichte und die grundlegenden Antriebe der Bewegung fasste einer der Hauptbeteiligten während des Verhörs in der Formel zusammen, dass sie alle «Kinder von 1812» seien. Dies bezog sich weniger auf die Zurückschlagung der *Grande armée* in Russland selbst als vielmehr auf die anschließende Verfolgung durch halb Europa. Viele Dekabristen kamen aus adeligen Familien, ihre führenden Köpfe sogar aus den angesehensten des Reiches. Sie waren mit der westlichen, neben der deutschen vor allem der französischen, Kultur vertraut. Sie sprachen Französisch, das sie von ihren Gouvernanten gelernt hatten und das in ihren Salons vorherrschte. Nicht wenige sympathisierten, wie einst einige Jugendfreunde des Zaren, mit den Idealen von 1789, und gleichfalls nicht wenige kannten den Westen aus eigener Erfahrung. Man hat geschätzt, dass etwa ein Drittel von ihnen (bezogen wohl auf die 289 im Prozess von 1827 Verurteilten) jene 30 000 Mann russischer Truppen als Offiziere befehligten, die nach Napoleons Niederlage (1814–1818) in Frankreich stationiert waren. Diese Offiziere kehrten nun zurück – um enttäuscht festzustellen, dass sich in Russland nichts verändert hatte, dass Autokratie und Leibeigenschaft fortbestanden und sogar ein neuer nationalkonservativer und antiliberaler Geist die Politik der Regierung bestimmte. Dies wollten sie und Gleichgesinnte ändern.[5]

Da an eine öffentliche Diskussion nicht zu denken war, fanden sich solche Stimmen im Geheimen zusammen. Als Vorbild im weiteren Sinn dienten Freimaurerlogen und konspirative Bünde aller Art, die sich parallel in Westeuropa im Kontext des nationalen Aufbegehrens gegen die napoleonische Herrschaft ausbreiteten. Dabei war der Übergang zu literarischen, allgemein künstlerischen und philantropischen Bünden anfangs noch fließend. Erst der «Rettungsbund», den einige Gardeoffiziere im Februar 1816 gründeten, sowie vor allem der «Wohlfahrtsbund», der zwei Jahre später aus ihm hervorging (beide am preußischen «Tugendbund» orientiert) vollzogen eine deutliche Politisierung. Das kam unter anderem in der Unterscheidung zwischen allgemeinen Mitgliedern und Kernmitgliedern sowie der Wahl eines Lenkungsgremiums zum Ausdruck. In diesem inneren Kreis wurde auch erstmals intensiv über den Charakter eines neuen Staates und den Weg dorthin gestritten. Dabei konnte man sich in der erstgenannten Frage auf die Kompromissformel einigen, dass er «demokratisch» sein sollte. Dagegen blieb die taktische Frage offen, *wie* man die bestehende Ordnung stürzen könne und ob dafür sogar ein Zarenmord legitim sei. Weil seine Entdeckung drohte, löste sich der Wohlfahrtsbund 1821 bei diesem Stand der Meinungsbildung in der Absicht auf, die Geheimpolizei zu täuschen. Die geplante Neugründung blieb indes aus, weil sich moderate und radikale Kräfte nicht mehr einigen konnten. Anstelle einer neuen Einheitsorganisation entstanden zwei getrennte Bünde – ein Nordbund in St. Petersburg um Nikita Murav'ev und ein Südbund im russischen Südwesten, wohin Pavel Pestel', führender Kopf der Radikalen und hochrangiger Offizier, abkommandiert worden war.

Beide gingen nun daran, ihre Vorstellungen zu präzisieren. Zu diesem Zweck verfassten ihre Sprecher Entwürfe der Verfassung jenes Staates, der die Autokratie ablösen sollte. In der Tat brachten beide Dokumente die Unterschiede in aller Klarheit zum Ausdruck. Zugleich zeigten sie mit derselben Deutlichkeit, wie tief westliche Ideen in ihre Köpfe eingedrungen waren – spiegelten sie doch im Kern die beiden Varianten des westlichen politischen Aufklärungsdenkens, die ‹praktisch› geworden waren: die französische und die amerikanische.

Pestel's Niederschrift, die er im Rückgriff auf den Gesetzeskodex des Kiever Reichs programmatisch *Russkaja pravda* (Russisches Recht) überschrieb, wird zu Recht meist mit dem Adjektiv «jakobinisch» belegt. Das trat schon darin zutage, dass sie als «Instruktion» für eine provisorische revolutionäre Regierung gedacht war, die den neuen Staat während einer langen Übergangszeit mit diktatorischer Vollmacht auf den Weg bringen sollte. Auch der Charakter der neuen Struktur entsprach diesem Denken voll und ganz. Das postrevolutionäre Reich sollte eins und «unteilbar» sein. Pestel' lehnte eine Föderation partiell autonomer Provinzen entschieden ab, da er fürchtete, regionale Interessen würden nationale in den Hintergrund drängen. Stattdessen sah er eine strenge Hierarchie der administrativ-territorialen Gliederungsebenen vor, von Großregionen über Gouvernements bis hinunter zu den Kreisen.

Alle Gewalt sollte in diesem ‹rational› gegliederten Staat vom Volk ausgehen und gemäß der Montequieu'schen Lehre auf drei Säulen verteilt werden. Die Legislative wurde ausschließlich der «Volksversammlung» (*Narodnoe veče)* auf nationaler Ebene zugewiesen, die nur aus *einer* Kammer bestehen sollte. Die Wahl sollte bei gleichem Wahlrecht für alle zweistufig sein, zunächst zu einem Gouvernementsparlament, dessen Mitglieder dann aus ihrer Mitte Vertreter in die «Volksversammlung» zu delegieren hatten. Die Exekutive übertrug Pestel' einem auffallend kleinen Gremium aus fünf Personen, die von der «Volksversammlung» zu bestimmen waren. Ihnen oblag die Oberaufsicht über die Ministerien, die nur als oberste Verwaltungsbehörden gedacht waren. Zur Überwachung der Rechtmäßigkeit der Gesetze war eine Art Aeropag aus 120 Mitgliedern vorgesehen, die das *Narodnoe veče* auf Vorschlag der Regionalparlamente wählen sollte. Ein Monarch war nicht vorgesehen; Pestel's Staat war entschieden *republikanisch*.

Auch bezüglich der Leibeigenschaft, die ein Kernproblem für jede künftige Verfassung bildete, schlug Pestel' eine radikale Lösung vor. Nach dem Vorbild der Französischen Revolution sah er nicht nur die Freiheit aller Staatsbürger, sondern auch ihre rechtliche *Gleichheit* vor. Die ständische Gesellschaft sollte ohne Kompromisse der Vergangenheit angehören. Dabei beließ er es aber nicht bei der bloßen persönlichen Befreiung der Bauern,

wie sie Alexander im Baltikum gewährt hatte. Freiheit ohne
Land hielt er für wertlos. Zwar sah er vor, den erforderlichen
Landfonds überwiegend aus den bäuerlichen Parzellen zu bilden; aber abgesehen davon, dass auch sie rechtlich als Eigentum
des Adels galten, hätten sie nicht ausgereicht. Sicher wäre Pestel'
darüber nicht traurig gewesen: Auch die Enteignung der Grundbesitzer im Zuge einer veritablen Agrar*revolution* gehörte zu seiner Vorstellung vom Ende der Autokratie.

Solche Ideen lehnten die aristokratischen Revolutionäre der
Hauptstadt entschieden ab. Nikita Murav'ev, der die Arbeit an
seinem Entwurf etwa zeitgleich 1821 begann, orientierte sich im
Gegenteil so deutlich am amerikanischen Modell, dass manche
Einrichtungen und Bestimmungen als Plagiat erscheinen. Dies
galt insbesondere für die Grundentscheidung zugunsten einer
Föderation. Murav'ev zog aus der Kritik an der Autokratie die
Lehre, dass schon in der Staatsform selber ein Hindernis gegen
eine allzu große Machtansammlung im Zentrum eingewirkt sein
müsse. Ein solches Regulativ erkannte er in starken Regionen.
Dementsprechend sollte das Gesamtreich in mehr als ein Dutzend «Staaten» (*deržavy*) eingeteilt werden, die jeweils über eine
eigene Regierung mit Gesetzgebungskompetenz für ihr Territorium verfügen würden. Auch für das nationale Parlament, das
wie bei Pestel' auf eine bestimmte Zeit vom Volk gewählt werden
und bei dem die oberste Souveränität im Gesamtstaat liegen
sollte, sah Murav'ev daher *zwei* Kammern vor: ein «Oberhaus»
und ein «Volksrepräsentantenhaus». Ersteres sollte wie der amerikanische Senat aus Delegierten der Staaten bestehen, Letzteres
im Verhältnis zur Bevölkerungszahl gewählt werden. Beide zusammen waren für die Gesetzgebung und internationale Verträge zuständig.

An der Spitze der Exekutive beließ Murav'ev in einem weiteren deutlichen Gegensatz zu Pestel' den Monarchen. Allerdings

wurde dieser jeder eigenständigen Macht entkleidet und musste im Parlament als «oberster Beamter der russischen Regierung» einen Eid auf die Verfassung leisten. Zu seinen vorrangigen Aufgaben gehörte es laut Murav'evs Entwurf, Gesetze des Parlaments durch seine Unterschrift in Kraft zu setzen; dabei sollte ihm ein suspensives Veto zustehen. Daneben ernannte der konstitutionelle Monarch die Minister, die aber vom Parlament zum Rücktritt gezwungen werden konnten. Neben diesen Säulen sah Murav'ev als dritte Gewalt eine Hierarchie von Gerichten vor, deren Zusammensetzung in der Verbindung von Wahl und Unkündbarkeit ebenso für Unabhängigkeit wie für demokratische Rückbindung sorgen sollte.

Während über diese Grundstruktur des neuen Staates im «Nordbund» Konsens herrschte, stießen Murav'evs Vorschläge zum Wahlrecht und zur Bauernfrage auch in den eigenen Reihen auf Kritik. Denn beim Wahlrecht sah er einen beträchtlichen *Vermögenszensus* vor. Schon das aktive Wahlrecht knüpfte er an einen Besitz, der die große Mehrheit der Bevölkerung, besonders die Adelsbauern, ausschloss. Beim passiven Wahlrecht unterschied er sogar vier Vermögensklassen, die höchste Ämter allein Aristokraten oder reichen Kaufleuten vorbehalten hätten. Noch restriktiver verfuhr Murav'ev in der Leibeigenschaftsfrage; hier musste er sogar nachbessern. Anfangs wollte er den hörigen Bauern nur die persönliche Freiheit gewähren. Eine zweite Fassung gestand ihnen schon Haus und Hof als dauerhaftes Eigentum zu, die dritte von 1824 auch einen Teil des von ihnen genutzten Landes. Allerdings war dieser so gering bemessen, dass er nicht ausgereicht hätte, um die Leibeigenen wirtschaftlich auf eigene Füße zu stellen. Eine solche Freiheit, für die es in der Französischen Revolution kein Vorbild gab – eher war es in Preußen nach dem Oktoberedikt von 1807 zu suchen –, hätte einen schalen Beigeschmack gehabt. Sie belegte ein weiteres Mal, dass Murav'ev und der Nordbund vor allem eine *politische* Revolution anstrebten, eine *soziale* aber, anders als der Südbund, in Grenzen zu halten suchten.

Dem entsprach auch der große Stellenwert, den Murav'evs Entwurf den Menschen- und Bürgerrechten einräumte. Alle Errungenschaften der europäischen Revolutionen des 17. und 18. Jahrhunderts, vom *Habeas corpus*-Prinzip und der ‹ständelosen› Rechtsgleichheit aller Bürger über die Unverletzlichkeit der Person und den Eigentumsschutz bis zur Freiheit des Wortes und des Gewissens sollten ausdrücklich – und ohne irritierende Einschränkungen wie in der *Russkaja pravda* – garantiert werden. Kurz, dieser Verfassungsentwurf war keinem jakobinischen Zentralismus verpflichtet, sondern dem englischen konstitutionellen Denken von *checks and balances* und dem freiheitlich-demokratischen Föderalismus amerikanischer Prägung.[6]

3. Erste Identitätsdebatten

An der hohen Herkunft vieler führender Dekabristen lässt sich bereits ablesen, dass ein Riss durch die russische Elite ging. Sicher bildeten sie eine Minderheit und gewiss auch eine kleine. Dennoch spricht manches dafür, dass der gewaltige Schreck, der dem neuen Zaren Nikolaus I. (1825–1855) angesichts dieser Rebellion durch die Glieder fuhr, nicht unbegründet war. Denn das Ausmaß seiner Erschütterung und die Art der Therapie – fortan jegliche öffentliche Kritik zu verbieten, auch die geringste Opposition durch eine neue Geheimpolizei (die «Dritte Abteilung») im Keim zu ersticken, auf Reformen weitestgehend zu verzichten und unabweisbare ausschließlich in abgeschirmten Sonderkomitees der hohen Verwaltung diskutieren zu lassen – werden am ehesten begreifbar, wenn man annimmt, dass ihm als Diagnose die Anfälligkeit eines Großteils der Elite für dekabristisches Gedankengut zugrunde lag. Offenbar hatte die hybride Identität, die man ihr als Folge der Verwestlichung im 18. Jahrhundert zuschrieb, die Grenze ihrer Belastbarkeit und Integrationskraft erreicht.

Unter den zentralen Ursachen dafür steht der erwähnte Aufschwung national-patriotischer Emotionen, der sich vor allem seit der Zurückschlagung Napoleons 1812 Bahn brach, an vorderster Stelle.[7] Sich mit dem «Vaterland» einschließlich seiner spezifischen Traditionen zu identifizieren, gehörte fortan zum innersten Kern nicht nur der Loyalität des Adels. Die bald von Uvarov zum programmatischen Glaubensbekenntnis des neuen konservativen Regimes erhobene Wertetrinität von Autokratie, Orthodoxie und Bekenntnis zur Nation (*narodnost'*)[8] verpflichtete besonders den Adel – wie europäisch er auch immer erzogen sein mochte. Zugleich verschwand die eher westliche Orientierung, die im Dezemberaufstand explodiert war, nicht wirklich, sondern wurde nur in den Untergrund gedrängt. Im Ergebnis hatten sich die beiden Hälften der Herrschaftsjahre Alexanders an deren Ende ideologisch verdichtet und in Gestalt entstehender, noch überwiegend adeliger Intelligenzzirkel gleichsam gesellschaftlich-politisch konkretisiert. Denken und Kultur der folgenden Jahrzehnte waren gespalten.

Dieser Befund bleibt auch dann gültig, wenn man sich den paradoxen Tatbestand vergegenwärtigt, dass der neue russische Nationalismus samt dem stolzen Bekenntnis zum zarischen Absolutismus, zur Leibeigenschaft und zu einer gefügigen Gesellschaft, genau besehen, nur die russische Variante politisch-sozialer Aspekte des (spät)*romantischen* Denkens war, das Deutschland und andere vor allem mitteleuropäische Länder in diesen Jahrzehnten ergriff und prägte. Besonders die Ideen des Berliner Philosophen Friedrich Wilhelm Schelling, der mit meh-

reren führenden Köpfen des Zarenreichs auch in persönlichem
Kontakt stand, entfalteten großen Einfluss auf die russische
Geisteswelt einschließlich der Wissenschaft. Anders gesagt:
Form und Art des Denkens, die neue Bedeutung der historischen Dimension, seine Absicht und seine Gegenstände, entlehnte man weiterhin aus dem Westen, nur Inhalt und Anwendung waren russisch.[9]

Dieser Wandel lässt sich nachgerade exemplarisch am Werk
eines Mannes ablesen, der zu Recht meist als Einzelgänger und
Übergangsfigur dargestellt wird. In der Tat war *Petr Čaadaev*
eher ein Produkt der Vergangenheit, der Ära Alexanders. Das
galt sowohl sozial als auch mit Blick auf seine Bildung. Als Ab-
kömmling einer alten, hocharistokratischen Familie (er war ein
Enkel des Fürsten Michail Ščerbatov) genoss er das Privileg
der denkbar besten Erziehung, trat in die Offizierslaufbahn ein,
zeichnete sich 1812 bei der Abwehr der napoleonischen Invasion
aus und reiste 1813–16 ins europäische Ausland. Nach seiner
Rückkehr geriet er unter den Einfluss des damals «modischen
Katholizismus»[10], besonders der ‹ultramontanen›, antiaufkläre-
rischen Anschauungen von Joseph de Maistre, der seit 1805
im St. Petersburger Exil lebte. Zugleich stand er zu dieser Zeit
aber auch (noch) liberalen Anschauungen nahe, die sein Freund
Alexander Puschkin in bekannten Versen («An Čaadaev») pries.
Geistreich, von dandyhafter Eleganz und erlesenen Manieren
war er ein bekannter und gern gesehener Gast der hauptstädti-
schen Salons, dessen plötzliche Demission am Beginn einer viel-
versprechenden Karriere im Februar 1821 großes Aufsehen erregte. Čaadaev zog sich ins Privatleben zurück und widmete sich,
unterbrochen von einer zweiten, langen Europareise 1822–26,
während der er Schelling traf, weiteren philosophischen und
religiösen Studien. Diese gaben ihm nicht nur Anlass, definitiv

zum katholischen Glauben übertreten. Vor allem mündeten sie
in die Formulierung seiner neuen Anschauungen in Gestalt von
acht «Philosophischen Briefen». 1828–31 verfasst, blieben diese
unveröffentlicht, so dass Čaadaev in die «Gesellschaft» zurückkehren und an seinen früheren Glanz anknüpfen konnte. *Einen*
Brief, den ersten, ließ er dann aber 1836 in einer wagemutigen
neuen Zeitschrift doch drucken – mit ungeahntem, wenn auch
höchst ambivalentem Erfolg.

Denn dieser «Brief» wirkte, so die vielzitierte Formulierung
Alexander Herzens, wie «ein Schuss … in dunkler Nacht»; ganz
gleich, ob man der Analyse zustimmte oder nicht, «auf jeden Fall
hieß es aufwachen». Čaadaev argumentierte mit unerhörter Radikalität: Weil die gesamte Kultur einer Nation auf «Geschichte
und Tradition» als ihrem «ideellen Erbgut» beruhe, weil sie die
«wunderbare Kontinuität» von Ideen über Jahrhunderte voraus-
setze, weil diese Weitergabe «übertragbarer Ideen» aber an die
Existenz einer allumfassenden, übergreifenden Einheit gebunden sei, wie sie allein das katholische Christentum darstelle, sei
Russland dazu verdammt gewesen, in isolierte Geschichtslosigkeit abgedrängt zu werden. Anders als Europa habe Russland
«keine Bildungstradition» und könne an nichts anknüpfen; es
bewege sich «auf so sonderbare Weise in der Zeit», dass ihm die
«unmittelbare Vergangenheit unwiederbringlich in den Händen» zerrinne, wie es natürlich sei bei einer «Kultur, die von der
Übernahme und Nachahmung» lebe. Die «Vorsehung» habe
Russland vergessen:

> «Indem sie uns von ihrer wohltätigen Einwirkung auf die mensch-
> liche Vernunft ausschloß, überließ sie uns völlig uns selbst und ver-
> zichtete auf jede Einmischung in unsere Angelegenheiten und auf
> jede Belehrung. Geschichtliche Erfahrung kennen wir nicht, Zeit-
> alter und Menschenalter sind fruchtlos für uns vorübergegangen.

Man könnte sagen, das allgemeine Gesetz der Menschheit sei in unserem Falle widerrufen worden. Einsam stehen wir da in der Welt, haben ihr nichts gegeben, haben sie nichts gelehrt; wir haben keine einzige Idee zur Gesamtheit der menschlichen Ideen beigetragen; wir haben nichts zum Fortschritt des menschlichen Geistes beigesteuert, und alles, was von diesem Fortschritt zu uns kam, haben wir entstellt. Seitdem wir als Volk existieren, ist nichts von uns ausgegangen, was dem Wohl der Menschheit hätte dienen können, kein einziger brauchbarer Gedanke erwuchs auf dem unfruchtbaren Boden unseres Vaterlandes; keine große Wahrheit hat sich aus unserer Mitte erhoben; wir haben uns nicht die Mühe gemacht, eigene Vorstellungen zu entwickeln, und von dem, was die anderen hervorbrachten, haben wir den trügerischen Glanz und den unnützen Tand übernommen. ... Einst wollte uns ein großer Mann die Kultur bringen, und um uns einen Vorgeschmack der Aufklärung zu geben, warf er uns den Mantel der Zivilisation um; wir trugen den Mantel, aber Kultur erwarben wir nicht. Dann verband uns ein anderer großer Fürst seiner ruhmreichen Sendung und führte uns siegreich von einem Ende Europas bis zum anderen; als wir von diesem Triumphzug durch die kulturreichsten Länder der Welt nach Hause zurückkehrten, brachten wir nichts mit als Ideen und Bestrebungen, die uns um ein halbes Jahrhundert zurückwarfen. Wir haben irgendetwas im Blut, das jeden wahren Fortschritt verhindert ... Heute sind wir ... in der Welt des Geistes ein unbeschriebenes Blatt.»[11]

Kein Zeitgenosse konnte ernsthaft darüber erstaunt sein, dass ein derart schonungsloses Verdikt über Russland und die Orthodoxie eine ebenso heftige Reaktion hervorrief. Der Zar persönlich erklärte den Verfasser für «verrückt», ließ die Zeitschrift schließen und ihren Herausgeber nach Sibirien verbannen. Aber nicht nur die Verteidiger der «offiziellen Nationalität» waren entsetzt, auch die angehenden Slavophilen protestierten. Čaadaev traf sie genauso ins Mark, da er auch ihre Kernannahmen gnadenlos zertrümmerte. Allerdings kam er ihnen schon bald ein Stückweit entgegen. Denn der Westen enttäuschte ihn. Die liberale Revolution vom Juli 1830 in Frankreich und der beginnende deutsche Vormärz machten deutlich, dass eine katholische Restauration in weite Ferne rückte. In der «Apologie eines Wahnsinnigen» (1837) räumte Čaadaev daher ein, zu hart mit der russischen Vergangenheit ins Gericht gegangen zu sein. Es sei eine «Übertreibung» gewesen, «gegen ein großes Volk eine Anklage zu erheben, dessen einzige Schuld darin bestand, an die Grenzen aller Zivilisation der Welt verbannt zu sein …, nicht anzuerkennen, daß wir auf einem Boden zur Welt gekommen sind, der von den vorangehenden Geschlechtern weder bebaut noch befruchtet wurde» und vor allem «die Bedeutung dieser demütigen, dieser zuweilen heldenhaften Kirche nicht anzuerkennen, die allein inmitten der Leere unserer Annalen einen Trost bietet und der die Ehre jeder mutigen Tat, … jeder schönen Seite unserer Geschichte gebührt.»

Solche Wortwahl ließ aufhorchen. Čaadaev hielt zwar an seiner Diagnose der wurzellosen Isolation und des Mangels an Schöpfergeist fest. Aber er sah in dieser Geschichtslosigkeit nun auch einen Vorteil und eine *Chance*. Man könne Vergangenheit nicht mehr ändern, aber aus ihr lernen: «Es wäre … ein sonderbares Mißverständnis der uns zugefallenen Rolle, wollte man uns anweisen, nun die ganze lange Reihe der Fehler, die die anderen, weniger begünstigten Völker begangen haben, bei uns zu wiederholen, alle ihre Kalamitäten wieder durchzumachen. Ich finde, daß unsere Lage eine bevorzugte ist, vorausgesetzt, daß wir sie richtig einzuschätzen verstehen», denn es sei «ein schöner Vorzug, die Welt von der ganzen Höhe einer leidenschaftslosen Idee aus zu betrachten, frei von den elenden Interessen, die anderswo den Blick des Menschen trüben ...» Wenn Russland «*nach* den andern gekommen» sei, so liege darin die Aufforderung, «*besser* als sie zu handeln, um nicht in ihre Fehler, in ihre Irrtümer und ihren Aberglauben zu verfallen.» Es sei deshalb geradezu «berufen», «die Mehrzahl der sozialen Probleme zu lösen» und «die Mehrzahl der in den alten Gesellschaften entstandenen Gedanken zu verwirklichen.» Er verheiße seiner «Heimat» daher keine «dürftige», sondern als «Resultat» eben jener «besonderen Natur des russischen Volkes», die er beschrieben habe, ganz im Gegenteil eine «große Zukunft».[12]

Man mag darüber streiten, ob diese «Apologie» nicht doch einem Widerruf sehr nahekam. In jedem Fall baute sie nicht nur eine Brücke zu nationalen Positionen. Zugleich enthielt sie einen Gedanken, der Karriere machen sollte: die Idee vom *Vorz*ug des *Nach*zugs. Im Kern hatte schon Leibniz zu Beginn der ‹aufgeklärten› Reformen nach westlichem Vorbild (als er Peter den Großen bei der Planung einer Akademie der Wissenschaften beriet) 1708 in barocken Worten ganz ähnlich formuliert: «Ich stehe auch in den Gedanken, nachdem es [Russland] meist allda noch *tabula Rasa* ist und als ein neuer Topf, so noch nicht frembden Geschmack in den Studien angenomen, es werden viele bey uns eingeschlichene fehler verhütet und verbessert werden können,... gleich einer auff einmahl und nach einem Eigen Riß neu erbauten Statt, dahingegen die alten Städte, so allmählich anwachsen, insgeheim unordentlich gebauet werden.» Es war diese Idee, Russland könne «mit ander Schaden klug werden und durch guthe Anstalt in Studien dem übrigen Europa selbst mit gutem Exempel vorleuchten»,[13] der Čaadaev nun geschichtsphilosophischen Rang und allgemeine Geltung verlieh.

Damit bereicherte er die Debatte über Russlands Selbstverständnis und seine Identität um eine neue Variante: weder bloße

Nachahmung noch völlige Ablehnung, sondern Akzeptanz vergangener ‹aufgeklärter› Reformen und Anerkennung vieler westlicher Errungenschaften bei gleichzeitiger Vision einer *anderen, eigenen Zukunft*, die aus negativen Erfahrungen des Westens würde lernen können. Es war sicher kein Zufall, dass dieser Gedanke vom *Privileg der Rückständigkeit*, wie die Geschichtswissenschaft des 20. Jahrhunderts ihn taufte, in Russland auf besonders fruchtbaren Boden fiel – bot er doch nicht nur eine ‹Schnittstelle› zu slavophilen Positionen, sondern auch zu allen nachfolgenden *revolutionären* Theorien, die in der russischen Zukunft nicht nur eine Wiederholung der westlichen Gegenwart sahen, sondern etwas Eigenständiges, Neues.

Auf andere Weise radikal gingen Denker mit dem hybriden Erbe der europäisierten russischen Elite um, die seit dem Ende der 1830er Jahre für eine entschiedene Abkehr vom westlichen Weg plädierten. Diese sog. *Slavophilen* stehen zwar in einer Darstellung, die sich auf den gegenteiligen Zusammenhang konzentriert, nicht im Vordergrund; sie verdienen aber auch in diesem Kontext zumindest in zweierlei Hinsicht Aufmerksamkeit. Zum einen sollte die erwähnte ausgeprägte Ähnlichkeit ihrer Ideen mit der ‹politischen Romantik› nicht vergessen werden – zeigt er doch, dass inhaltlich Konträres auf einer höheren Ebene in enger Wechselwirkung stehen konnte. Russland lag zwar geographisch am Rande Europas, gehörte aber auch in dieser Marginalität zu ihm; es nahm, und sei es nur reaktiv, am politischen und geistigen Wandel jenseits seiner Westgrenze teil. Zum anderen hoben die Slavophilen zur Begründung ihrer weltanschaulichen Positionen Aspekte der russischen Geschichte hervor, die in der Folgezeit auch von revolutionären Theoretikern aufgegriffen wurden. Diese ‹Erbfolge› galt besonders für alle Spielarten der populistischen Bewegung, vom klassischen *narodničestvo* der 1860er und

1870er Jahre bis zu den Sozialrevolutionären nach der Jahrhundertwende samt der ihnen nahestehenden Kleinparteien.

Vom Freund des Westens zu seinem Gegner entwickelte sich als einer der Ersten und Prominentesten *Ivan Kireevskij*. Seine Gedanken kreisten daher auch häufig um das Verhältnis zwischen Russland und Europa und eignen sich in besonderem Maße als Beispiel für jene ‹konträre Ähnlichkeit›, die sich aus der Zugehörigkeit zum gesamteuropäischen Geistesgeschehen bei gleichzeitiger Distanzierung infolge der neuen nationalen Selbstbesinnung ergab. Wie einst Karamzin, dessen «Memorandum über das alte und neue Russland» von 1811 als Gründungsmanifest des politischen Konservatismus im 19. Jahrhundert gelten kann, wuchs auch er unter dem prägenden Eindruck aufgeklärt-liberaler Anschauungen heran. Und wie jener konnte sich auch Kireevskij, aus wohlhabender adeliger Familie stammend, eine Bildungsreise leisten, die ihn 1830 nach Deutschland führte, wo er Hegel in Berlin und Schelling in München hörte. Nach seiner Rückkehr übernahm er 1832 die Herausgabe einer Zeitschrift mit dem programmatischen Namen «Der Europäer», die jedoch wegen seines Beitrags über Forderungen nach einer Verfassung für Russland bald geschlossen wurde.

Spätestens seit dieser Zeit nahm er am beginnenden philosophisch-historischen Streit über den Charakter der russischen Zivilisation teil, der die intellektuelle Elite des Landes ergriff, unter anderem in Auseinandersetzung mit Čaadaev, dessen «Briefe» er kannte und den er in den Moskauer Salons traf. Gegen Ende des Jahrzehnts scheint er dabei seine Kernanschauungen so weit entwickelt zu haben, dass er sie für publikationswürdig hielt. Jedenfalls geht sein offener Brief «über das Wesen der europäischen Kultur und sein Verhältnis zur russischen» von 1852, der als ihre prägnanteste Formulierung gilt, auf einen kürzeren Essay aus dieser Zeit zurück. Darin sah Kireevskij die westliche Kulturentwicklung durch drei historische Eigentümlichkeiten charakterisiert: das römische Christentum, das antike, ebenfalls römische Erbe, und eine «gewalttätige Staatlichkeit». Sozialbeziehungen seien auf dieser Grundlage «von bloßem Zwang» geprägt worden und «äußerlich» geblieben. Erweiterung habe die Gestalt von Eroberung angenommen. Statt Gemeinschaftlichkeit habe sich ein Individualismus entwickelt, dessen Träger höchstens durch materielle Interessen verbunden gewesen seien. Dem entsprach als Denkform ein ins Extrem getriebener Rationalismus, der bestenfalls abstrakt begreifen, ansonsten nur sezieren könne und gemäß Kants eigener Argumentation in der ‹Kritik der reinen Vernunft› nicht in der Lage sei, «höhere Wahrheiten» zu begründen.

Dem setzte Kireevskij als Grundprinzipien russisch-slavischer Kultur Gemeinschaftlichkeit des Soziallebens und intuitive Ganzheitlichkeit der Erkenntnis entgegen. Der russische Mensch verfolge kein Eigeninteresse, sondern das der Familie oder eines höheren Kollektivs. Die Kirche mische sich nicht in weltliche Geschäfte ein und gründe keine eigenen «Institutionen», sondern konzentriere sich auf das Wesentliche – Glaube und Gebet.

«In Westeuropa stellt sich das Staatswesen als ein Produkt gewaltsamer Eroberung dar, in Rußland als Folge einer von der Einheitlichkeit der Grundüberzeugung durchdrungenen Entwicklung des volkstümlichen Lebens. Dort [in Europa] finden wir eine feindliche Abgrenzung der Stände, hier ihre Solidarität bei aller natürlichen Verschiedenheit; dort ein künstliches Gefüge einzelner Staatswesen …, hier in dem Einvernehmen aller Volksgruppen den geistigen Ausdruck für die unauflösliche Zusammengehörigkeit des ganzen Landes; … dort eine Neigung zur äußeren Rechtlichkeit, hier eine Bevorzugung der inneren Gerechtigkeit; dort das Streben nach logischer Kodifizierung des Rechts, hier ein solches nach innerer

Verbindung des Rechtsbewußtseins mit dem Glauben und der volkstümlichen Tradition; … dort ein Hin- und Herwogen des Parteigeistes, hier die Unerschütterlichkeit einer gemeinsamen Grundüberzeugung.»

Dem entsprach auf geistig-intellektueller Ebene

«dort … eine Spaltung der Vernunftkräfte – hier ein Streben zu deren lebendiger Zusammenfassung; dort ein Streben des Verstandes, die Wahrheit durch logische Verkettung der Begriffe zu erreichen — hier der Drang, sie durch eine gesteigerte Verinnerlichung der Selbsterkenntnis [und] durch Verschmelzung der Kräfte des Gemüts zu erfassen; dort das Suchen [nach] einer äußeren toten Einheit, hier das Streben nach einer inneren lebendigen.»

Mithin lasse sich der prinzipielle Gegensatz zwischen der europäischen und der russischen Kultur in der Formel zusammenfassen: «Zersplitterung gegen Ganzheit, Rationalismus gegen Intellektualismus.»[14]

Natürlich warf dieser Befund vielfacher Überlegenheit der russischen Kultur die Frage auf, warum sich diese dann nicht «vollständiger als die europäische» entwickelt, warum «Rußland Europa nicht überholt» habe. Als Antwort hatte Kireevskij nur «fragwürdige Vermutungen» parat und flüchtete sich dabei in noch größere Abstraktheit. Die russische Kultur habe ihre «höchste Kraft» aus der «Fülle und Reinheit» der christlichen Lehre geschöpft; hier aber habe zugleich auch die «größte Gefahr für ihre Weiterentwicklung» gelegen, weil man den «inneren Sinn» mit der «äußeren Form» verwechselt habe. So habe allzu große Achtung vor Letzterer die Oberhand gewonnen, seien die Klöster innerlich verfallen, die Beziehungen im Adel

zu einem «verwickelten Streit um eine formale Rangfolge» ent-
artet und sei jene «Einseitigkeit» entstanden, die zu Ivan dem
Schrecklichen und zum kirchlichen Schisma geführt habe. Aber
die «Wurzel der russischen Kultur» lebe noch im Volk und, was
«noch wichtiger» sei, in der «heiligen orthodoxen Kirche». Man
müsse sie nur – dies die Botschaft und geistig-politische Forderung Kireevskijs wie aller führenden Slavophilen (zu dieser Zeit
namentlich Aleksej Chomjakov und die Brüder Ivan und Konstantin Aksakov) – freilegen, um «auf diesem Fundament» einen
«dauerhaften Bau der russischen Kultur» aufzuführen.[15]

Als historischen Beleg für jene «Ganzheit» und jenen ursprünglichen Kollektivismus, durch die sich die slavische Kultur
auszeichne, verwiesen die Slavophilen besonders auf die *dörfli-
che Genossenschaft*. Dabei kamen ihnen die Beobachtungen des
konservativen preußischen Barons und Agrarexperten August
von Haxthausen entgegen, der Anfang der 1840er Jahre das
europäische Russland bereiste. Seine dreibändigen Aufzeichnungen, die als Gegendarstellung zum kurz zuvor erschienenen
äußerst kritischen Reisebericht des Marquis de Custine verstanden wurden, hoben vor allem die Vorzüge dieser Dorfgemeinde (*obščina* oder auch *mir*) als einer weitgehend eigenständigen, sich selbst verwaltenden und regulierenden Welt im
Kleinen hervor. Die Dorfgemeinschaft erschien hier nicht nur
als Zweckgemeinschaft zur gerechten Verteilung von Boden und
Steuerlast, sondern auch als Ur- und Vorbild staatlicher und
sozialer Organisation auf kommunaler Basis. Es bot sich für
die Slavophilen nachgerade an (und war durchaus im Sinne
Haxthausens), diese idealisierte Beschreibung als institutionelle
Verkörperung eines urslavischen Wesenszugs in ihre Geschichtsphilosophie einzufügen, die immer auch die Gegenwart
und nahe Zukunft im Blick hatte.[16]

Dasselbe tat aber zur gleichen Zeit auch ein Literat, Publizist und politischer Akteur, der völlig entgegengesetzte Positionen vertrat: *Alexander Herzen.* Dieser illegitime Sohn eines reichen Grundbesitzers aus hohem Adel (und einer Beamtentochter aus Stuttgart) hatte sich noch während des Studiums einem geheimen Diskussionszirkel angeschlossen, in dem man westliche philosophische Werke las, war von Saint-Simon und anderen Frühsozialisten begeistert, hatte nach seiner Rückkehr aus der Verbannung (1840) Kontakt zu Moskauer Hegelianern aufgenommen und gehörte mit deren Mehrheit zu den bekanntesten «Westlern» in den intellektuellen Kontroversen der nachfolgenden Jahre. Aufgrund des Zwangs zur Konspiration und stets drohender Verhaftung ging er nach dem Tod seines Vaters 1847 ins westliche Exil, wo er im Frühjahr und Sommer 1848 die revolutionären Unruhen in Paris aus nächster Nähe erlebte.

Die Niederlage der Aufständischen enttäuschte ihn tief und wirkte wie eine Bekehrung. Herzen blieb zwar Revolutionär, wandte sich aber von Westeuropa ab, das er für verrottet und unfähig zu jeglicher Erneuerung erklärte. Stattdessen setzte er alle Hoffnung auf die ‹Entdeckung› der Slavophilen und Haxthausens, den er aufmerksam gelesen hatte: auf den russischen Bauern und die *obščina* mit ihrem vermeintlich ‹genetischen› Kollektivismus. Wie die Slavophilen sah er in ihr den Keim einer Wiedergeburt Russlands – nur in anderer Gestalt: ohne Autokratie, Ständegesellschaft, Leibeigenschaft und orthodoxe Kirche, als Gemeinschaft von freien, gleichen und mündigen Bürgern einer postrevolutionären Gesellschaft. Aus dieser Verbindung von Kritik am «unvorstellbaren moralischen Verfall» des Westens und neuer Hoffnung auf die «Russen, die man – auf Grund von Haxthausens Buch – jetzt für Sozialisten aus Tradition (!) halten soll», wie Herzen schon Ende 1848 schrieb, erwuchs die Utopie vom «*russischen Sozialismus*».

Bezeichnenderweise verband sich diese Idee abermals mit der

Vorstellung einer besonderen Berufung Russlands. Dabei griff Herzen zum einen den erwähnten, von Leibniz und Čaadaev geäußerten Gedanken auf, es könne aus der Erfahrung anderer *lernen*. Zum anderen fügte er eine neue, zeittypische, nämlich die organizistische Vorstellung vom Absterben ‹alter› Staaten und vom Aufstieg ‹junger› hinzu: «Im Gegensatz zu Europa, das von einem langen Leben abgezehrt ist», schrieb er im August 1849 an den deutschen Dichter und Revolutionär Georg Herwegh,

> «erscheint ein Volk, dessen Wesen noch nicht ein einziges Mal involviert war, welches unter der harten äußern Rinde des Zarismus und des Kaisertums wuchs … Es ist wahr, daß bis jetzt das russische Volk gar nicht an die Regierung dachte; es glaubte kindisch und unterwarf sich passiv. Nur *eine* feste Burg bewahrte es durch alle Zeiten, seine ländliche Kommune, und damit steht es einer sozialen Umwälzung näher als einer politischen. Rußland erscheint als das letzte Volk noch voll von jugendlichen Forderungen ans Leben zu einer Zeit, wo die anderen Völker Ruhe wollen, es erscheint im Übermut seiner wilden Kräfte zu einer Zeit, wo die anderen sich müde und abgelebt fühlen. Seine Vergangenheit war arm, seine Gegenwart ist monströs; freilich gibt das noch keine Rechte. Viele Völkerrassen traten vom Schauplatze der Geschichte ab, ohne in ganzer Fülle gelebt zu haben; aber sie hatten nicht, wie Rußland, solche kolossale Ansprüche auf die Zukunft. Sie wissen: in der Geschichte *tarde venientibus* nicht *ossa*, sondern die besten Früchte, wenn sie fähig sind, dieselben zu assimilieren.»[17]

Ganz ähnlich antwortete Herzen sechs Jahre später in einer Rede zum Gedenken an die Pariser Februarereignisse von 1848 auf die selbstgestellte Frage, wodurch Russland die Weltgeschichte bereichern könne:

«Vergesst außerdem nicht, dass Rußland die drei Plagen fast nicht gekannt hat, die den Westen so stark gehemmt haben: den Katholizismus, das römische Recht und die Herrschaft der Kleinbürger. Das vereinfacht die Frage sehr. Wir werden Euch beim kommenden Umsturz entgegengehen; wir brauchen dafür nicht jene Sümpfe zu durchqueren, durch die Ihr gegangen seid; wir brauchen unsere Kräfte nicht im Halbdunkel jener staatlichen Formen aufzuzehren, die … nirgends etwas Großes und Starkes hervorgebracht haben außer dort, wo sie vom Volk getragen waren. Wir haben ganz und gar keinen Grund, das lange, große Epos Eurer Befreiung zu wiederholen, das Euch den Weg mit Ruinen der Vergangenheit so vollgestellt hat, daß Ihr kaum noch einen Schritt nach vorn tun könnt. Eure Mühen, Eure Leiden sind unsere Lehren. Die Geschichte ist überaus ungerecht, *den Nachzüglern* gibt sie nicht die abgenagten Knochen, sondern das Vorrecht der Erfahrung. Die gesamte Entwicklung der Menschheit ist nichts anderes als [der Ausdruck] diese[r] chronologische[n] Undankbarkeit.»[18]

Alle Bewegungen des ausgehenden Zarenreichs, die als «russischer Sozialismus» oder Agrarsozialismus zusammengefasst werden, standen bewusst oder unbewusst in der Tradition dieser Idee eines ‹prämordialen› slavischen Urkommunismus. Dieser erlaube es, aus den Fehlern der westeuropäischen Entwicklung zu lernen und auf direktem Wege unter Vermeidung der Übel des Kapitalismus in den Sozialismus zu springen.

Und auch eine dritte, später als politische Bewegung bedeutsame, sozialphilosophische und allgemein weltanschauliche Geistesströmung hatte in diesen Kontroversen der 1840er und 1850er Jahre, die wie eine Art von ideologischer Wasserscheide wirkten, ihren Ursprung: die *liberale*. Man muss bei diesem Adjektiv allerdings die üblichen, aus der westeuropäischen Geschichte entlehnten Attribute ausblenden. Entschiedene Forderungen nach bürgerlichen Freiheitsrechten und demokratischer Mitwirkung wurden implizit höchstens im revolutionären Lager laut. Die Liberalen argumentierten dagegen moderat und pragmatisch. Ihr bald prominentester Vertreter, Boris Čičerin, Rechtslehrer an der Moskauer Universität, wies dem Staat sogar die maßgebliche Rolle in der russischen Geschichte zu. Die Autokratie, nicht das Volk habe die entscheidenden Weichen gestellt. Besonders hart traf seine slavophilen Gegner dabei der Nachweis, dass die von ihnen verklärte *obščina* nicht als Erbe einer uralten, angeborenen Gemeinschaftlichkeit der russisch-slavischen Kultur gelten könne. Vielmehr sei sie im Laufe des 16. und 17. Jahrhunderts als Produkt administrativer Anordnungen des Staates zur Sicherung seiner fiskalischen Ansprüche entstanden. Die Dorfgemeinschaft als ganze sollte für die Steuern geradestehen, um es den Behörden zu ersparen, sie von den einzelnen Höfen bzw. später: Personen einzutreiben. Erst auf dieser Grundlage sei der gemeinschaftliche Besitz des Landes samt der Praxis seiner ausgleichenden Umteilung entstanden. Beide Befunde Čičerins haben sich in der historischen Forschung weitestgehend bestätigt.[19]

Dem ‹strukturellen› Konservatismus, der in diesem Postulat staatlicher Dominanz lag, wirkten bei Čičerin und anderen bekannten Liberalen, namentlich bei dem etwas älteren Konstantin Kavelin (ebenfalls Rechtsprofessor in Moskau), aber andere Kernelemente ihres Denkens entgegen, vor allem ihre Orientierung an Westeuropa und an dessen bedeutendster soziokultureller Errungenschaft, dem Schutz des Individuums. Denn daraus ergaben sich Wünsche nach einer «Volksvertretung», die sich mit unbeschränkter Autokratie nicht vereinbaren ließen. Čičerin untersuchte ihre westeuropäischen Varianten in einer umfangreichen vergleichenden Studie, machte aber zugleich deutlich,

dass er parlamentarische Mitsprache nicht überall und zu jeder
Zeit für angemessen halte. Er blieb moderat, trat aber für Reformen, nicht zuletzt für die Aufhebung der Leibeigenschaft, ein.
Dies folgte auch aus seiner These von der überragenden historischen Bedeutung des russischen Staates, der eine Verantwortlich-
keit entsprechen sollte. Er engagierte sich in der Moskauer Stadt-
verwaltung, wo er es bis zum Stadtoberhaupt brachte. Insofern
sich später die allermeisten der – anachronistisch formuliert –
‹Kommunalpolitiker› des russischen Reiches dem liberal-konsti-
tutionellen Lager anschlossen, verdient auch der Liberalismus
der Jahrhundertmitte als wesentlicher und nachhaltiger ideell-
politischer Einfluss des Westens auf die Entwicklung des ausgehenden Zarenreichs Beachtung.

4. Die Großen Reformen

Konkreter und zeitnäher lässt sich die Wirksamkeit europäischer Vorbilder am Beispiel einiger grundlegender Neuerungen
demonstrieren, die der ersten Hälfte der Herrschaft Alexanders II. (1855–1881) ihr Gepräge gaben und als «Große Reformen» in die Geschichtsschreibung eingingen. Dabei war der Zusammenhang teilweise wieder so eng, dass er an den direkten
Import aufgrund eigener Anschauung während der Großen
Gesandtschaft Peters I. oder an die spätere ‹Spionage› speziell
ausgesandter Späher (Heinrich von Fick nach Schweden) unter
diesem Zaren erinnert. Denn in einigen Fällen studierte man die
entsprechenden Institutionen und Verfahren Westeuropas vor
Ort, um diejenigen auszuwählen, die für das eigene Land am ge-
eignetsten zu sein schienen. Dies sei an den Beispielen illustriert,
bei denen die Übernahme westlicher Muster, wie selektiv auch
immer, besonders ins Auge fällt: der Justizreform von 1864, der

Stadtreform von 1870 und der Militärreform von 1874. Außer Betracht sollen dagegen die Aufhebung der Leibeigenschaft von 1861 und die Einführung einer begrenzten Selbstverwaltung, der Zemstva, 1864 bleiben. Denn sie gingen insofern in höherem Maße auf *endogene* Antriebe zurück, als sie – sowohl in Gestalt der naturrechtlichen Kritik an der bäuerlichen Unfreiheit als auch in Gestalt der Begründung von Adelskorporationen und ihrer Heranziehung zur Lokalverwaltung – im ausgehenden 18. Jahrhundert wurzelten. Knapp erwähnt sei ferner die Universitätsreform von 1863, weil sie im Kern zwar ‹nur› Maßnahmen Alexanders I. erneuerte, aber wie die nachfolgenden Schulreformen in besonders deutlicher Weise von Europa, in diesem Fall: von Preußen-Deutschland, inspiriert war.

a. Justizreform. Zur grundlegenden Doppelgesichtigkeit der Herrschaft Nikolaus' I. gehörte es, dass sie zwar jede öffentliche Kritik untersagte und Reformdiskussionen bestenfalls in inneradministrativen Geheimkomitees zuließ, zugleich aber Entwicklungen förderte, die den Reformbedarf immer deutlicher machten. Diese Paradoxie zeigte sich – als ein Aspekt des kulturellen Wandels, der die beginnende gewerblich-industrielle Entwicklung begleitete – nicht zuletzt im Rechtswesen. Zur Wendezeit wurden dabei die 1830er Jahre, als den meisten Universitäten eine Rechtsabteilung angegliedert und in St. Petersburg eine kaiserliche Rechtsschule gegründet wurde, die den wachsenden Bedarf an juristischen Experten im Reich decken sollten. Was hier – oft von ausländischen Professoren – gelehrt wurde, entsprach dem Stand *europäischer* Jurisprudenz und europäischem Rechtsdenken.

Zugleich *widersprach* diese akademische Lehre der bestehenden Rechtsordnung in besonders krasser Weise. Denn im Zarenreich gab es noch ein «Inquisitionsverfahren» aus petrinischer

Zeit, bei dem anonym angeklagt und ermittelt wurde. Die Polizei wurde von sich aus aktiv, ermittelte und legte die Ergebnisse einem Gericht vor. Das Verfahren war schriftlich, mündliche Verhandlungen gab es nicht. Der Beklagte wurde weder beteiligt noch über den Stand der Ermittlungen informiert, sondern musste oft lange Zeit in Untersuchungshaft verbringen, ohne dass Beweise gegen ihn vorgelegt worden wären. Unter solchen Umständen waren Missbräuchen Tür und Tor geöffnet. Beweismittel und Zeugenaussagen wurden manipuliert. Sekretäre entschieden über deren Bewertung und Verwendung. Bei ihnen lag die «eigentliche Macht», ihre ‹Fallsammlungen› füllten die Lücken des kodifizierten Rechts. Keiner Erläuterung bedarf, dass Gunstbezeugungen aller Art unter diesen Bedingungen Wunder wirkten und dass mit empfindlichen Strafen zu rechnen hatte, wer nicht in der Lage war, Geld oder Einfluss zur Bestechung einzusetzen. Sicher konnten solche Verfahren auch zu fairen Urteilen führen; aber allzu häufig galt, dass die Wahrheit eher «ein zufälliger Gast» war.[20]

Alexander II. signalisierte recht bald nach dem Ende des Krimkriegs (1853–1856), der dem Zarenreich eine herbe Niederlage und einen schmachvollen Frieden (von Paris) bescherte, dass er diese Katastrophe als ultimative Aufforderung zu einer umfassenden Erneuerung des Reiches verstehe. So lag auf der Hand, dass neben der Aufhebung der Leibeigenschaft als drängendstem gesamtstaatlichem Problem auch eine *Reform des Rechtswesens* auf der Tagesordnung stand. Im Streit um ihre Ausgestaltung rangen, wie eigentlich immer, konservative und liberale Kräfte miteinander. Erstere konzentrierten sich in der Zweiten Abteilung der ‹höchsteigenen› Kaiserlichen Kanzlei (einer Art von privater Nebenregierung des Zaren), Letztere im Reichsrat (*Gosudarstvennyj sovet*) und im zuständigen Ministerium. Es war ein weiterer Aspekt der erwähnten Ambivalenz der

Ära Nikolaus' und verdient gerade in unserem Zusammenhang besondere Beachtung, dass sich die noch unter seinem Zepter ausgebildeten Fachleute der höheren Verwaltung nun besonders engagiert dafür einsetzten, die Kernprinzipien der *europäischen* Rechtsverfassung endlich auch in Russland einzuführen.

Diese neue Generation professioneller «aufgeklärter Bürokraten», wie man sie getauft hat,[21] oft Absolventen der Kaiserlichen Rechtsschule, hielt die Öffentlichkeit des Verfahrens, die Unabhängigkeit der Untersuchung, einen mündlichen Prozess, einen eigenen Anwaltsstand und vor allem unabhängige Richter für selbstverständlich. Um die Varianten eines solchen Systems selber im Einzelnen zu studieren, unternahm Sergej Zarudnyj, enger Gehilfe des ersten Sekretärs des Reichsrats und bald Vordenker der Reform, 1858 eine Erkundungsreise nach Europa, wo er sich besonders in Frankreich und Italien umschaute. Auch andere Befürworter einer radikalen Erneuerung der russischen Rechtsordnung ließen sich vor allem vom französischen System inspirieren. Zarudnyj erhielt freie Hand, als der Zar die Grundprinzipien der Reform akzeptierte und Ende Oktober 1861 eine Kommission einsetzte, die ihre Details ausarbeiten sollte. Freilich bedurfte es nicht nur guter Argumente, um dies zu erreichen, sondern auch einflussreicher politischer Unterstützung. Sie kam nicht nur in dieser Frage vor allem vom Zarenbruder Konstantin Nikolaevič, der dem Reichsrat vorsaß. Als auch noch die Leitung des Gesetzesdepartements im Reichsrat und das Justizministerium in die Hände von Liberalen gerieten, stand einer tiefgreifenden Reform nach westeuropäischem Vorbild nichts mehr im Weg.

Ein umfangreiches Gesetz vom November 1864 vollzog diesen Kraftakt. Zweifellos rief es ähnlich gravierende langfristige Konsequenzen hervor wie die Aufhebung der Leibeigenschaft oder die Einrichtung der Zemstva. In ihrem Innovationspotential übertraf es diese Reformen sogar, insofern als die Bauernbefreiung in mancher Hinsicht durch die Gesetze Alexanders I. und die regionale Selbstverwaltung durch die Regularien von 1775/85 vorbereitet worden waren. Im Justizwesen dagegen gab es außer der schieren Existenz der Gerichte nichts. Hinzu kam, dass die neuen Regularien stärker in die bestehende Herrschaftsverfassung eingriffen, als manchen ihrer Urheber bewusst gewesen sein mag. Denn genau besehen unterzeichnete der Zar erstmals ein Gesetz, das durch die rechtliche Verankerung der Unabhängigkeit der Justiz seine *eigene* Macht beschnitt. Bekannt ist die Anekdote eines Memoirenschreibers, dass Alexander Ende 1866 einen regierungskritischen Senator entlassen wollte – und sich von seinem Justizminister darüber belehren lassen musste, dass er das nicht länger dürfe. Seine ungläubige Replik, ob er denn einen «solchen Unsinn» tatsächlich unterschrieben habe, verweist auf den wahren Kern des Jubels liberaler Enthusiasten, die im neuen Gerichtsstatut die ‹erste Verfassungsurkunde› des Zarenreichs sahen. Buchstäblich und streng genommen, ging die ‹unbeschränkte› Selbstherrschaft bereits 1864 zu Ende.[22]

Denn fortan lag die «judikative Gewalt» in anderen Händen: denen der «Friedensrichter» in den Kreisen *(uezdy)* und Städten, der «Bezirksgerichte» *(okrugi)* in den Gouvernements, der Gerichtskammern in größeren Regionen und des Senats als höchster Kassationsinstanz. Der *Friedensrichter* unterschied sich nicht nur durch seine Einzeltätigkeit von den übrigen, kollegialen judikativen Einrichtungen. Wichtiger war, dass er vom Kreis-Zemstvo bzw. der Stadtduma auf drei Jahre gewählt wurde und bei allen Rechtskenntnissen, über die er verfügen sollte, kein hauptberuflicher Jurist sein musste. Nach französischem und englischem Vorbild modelliert, sollte er eine Art Scharnier zwischen Bauernschaft und Staat bilden und mit dem dörflichen Gewohnheitsrecht vertraut sein. Gleichsam als Verkörperung ihres Sieges über die konservativen Kräfte betrachteten die Reformer gerade den Friedensrichter mit besonderem Stolz. Entsprechend «beeindruckend» war die Phalanx der gewählten Persönlichkeiten, und entsprechend heftig wurde in den 1880er Jahren, als die Kritik an den Mängeln dieser Institution anschwoll und ein konservativer politischer Wind wehte, um ihn gestritten.

Über den Friedensrichtern, die aufgrund ihrer Wahl und speziellen Aufgaben eine Sonderstellung einnahmen, begann die eigentliche jurisdiktionelle Hierarchie mit den Bezirksgerichten. Ihre Mitglieder wurden, wie die der übergeordneten Instanzen auch, auf Vorschlag des Justizministers vom Zaren auf *Lebenszeit* ernannt. Die Vorauswahl nahm dabei eine *Richter*versammlung vor, die dem Minister eine Kandidatenliste unterbreitetete. Wer ernannt worden war, konnte nur aufgrund einer strafrechtlichen Verurteilung aus seinem Amt entlassen werden. Bloße disziplinarische Verstöße reichten dafür nicht aus. Damit genossen die russischen Richter eine Unabhängigkeit, die in Europa ihresgleichen suchte.[23]

Aber nicht nur sie entzogen sich fortan dem Zugriff des Staates; daneben begründete die Reform eine völlig neue Institution: die *Advokatur*. Zu den regulären Prozessbeteiligten rechnete das Gesetz – als Pendant zu den Staatsanwälten – nun auch Rechtsanwälte. Zwar war diese Funktion ebenfalls nicht unbekannt. Auch beim Inquisitionsverfahren waren «Besorger» hilfreich gewesen, die Klage- oder Verteidigungsschriften verfassten und sich um den Prozess kümmerten. Allerdings lag ihre Qualifikation sehr im Argen, da es keine geregelten Zugangsvoraussetzungen gab. Jedem stand es frei, diese Tätigkeit auszuüben, mit der Folge, dass sich allzu viele Stümper und Betrüger darunter fanden, die ihre Auftraggeber nur ausplünderten. Diesem Treiben schob das Statut nun einen Riegel vor. Vor allem nach deutschem Vorbild formulierte das Gesetz die gleichen Anforde-

rungen wie bei den «Prokuratoren»: Anwälte mussten ein ab-
geschlossenes Rechtsstudium und eine fünfjährige Ausbildung
bei einem niedergelassenen Standesgenossen nachweisen. Nur
wenn diese Voraussetzungen gegeben waren, konnten sie von
der zuständigen Gerichtskammer vereidigt werden. Im Regelfall
wählten die solchermaßen approbierten Anwälte einen eigenen
Rat, der die Dienstaufsicht innehatte und für alle inneren Angelegenheiten zuständig war. Somit verwaltete sich der neue Be-
rufsstand weitgehend selber und genoss eine Unabhängigkeit,
die der richterlichen nicht nachstand.[24]

Solche Bewegungsfreiheit kam aber erst durch neue *Prozess-
regeln* zu voller Geltung. Zu den bemerkenswerten Errungenschaften der Justizreform gehörte eine entsprechende Ordnung,
die wie die Advokatur aus dem Nichts nach westeuropäischem
Modell geschaffen wurde. Sie verankerte zum einen weitere
Grundsätze der Rechtstaatlichkeit, indem sie das Untersuchungs-
verfahren vom Hauptverfahren ablöste, das Amt eines Unter-
suchungsrichters einführte und erstmals das *Habeas corpus*-
Prinzip unmissverständlich mit kurzer Befristung festschrieb:
Verhaftete mussten binnen 24 Stunden dem Untersuchungsrich-
ter vorgeführt oder freigelassen werden. Zum anderen erneuerte
die Prozessordnung die Form des Hauptverfahrens von Grund
auf und entfaltete vor allem dadurch eine enorme außerjuristi-
sche Wirkung. Sie legte nämlich fest, dass die Verhandlungen
mündlich und *öffentlich* zu sein hatten. Dabei deutete man die
letztgenannte Forderung so buchstäblich, dass Wortprotokolle
der Verhandlungen in den Tageszeitungen gedruckt wurden.

Keiner Erläuterung bedarf, dass diese Neuerung nach der
drückenden Zensur und Allgegenwart der Geheimpolizei unter
Nikolaus I. als «geradezu revolutionär»[25] empfunden wurde. Sie
eröffnete vor allem rhetorisch begabten Anwälten ungeahnte
Möglichkeiten der Breitenwirkung und Einflussnahme auf die

kommunale Meinungsbildung. Dies sollte besonders in den politischen Prozessen der 1870er Jahre zutage treten, als sich die Gerichtssäle in Tribünen regierungskritischer Reden oder sogar revolutionärer Agitation verwandelten und die stenographischen Berichte für ihre Verbreitung sorgten. So gesehen ist es sicher berechtigt, die neue Advokatur als «legale Opposition» zu bezeichnen.[26] Das konnte auch, wie die Liberalen unter den Reformern wussten, kaum anders sein: In der Autokratie war jeder Freiraum ein Gegenbild des Bestehenden; ihn auch politisch zu nutzen, um konstitutionelle Veränderungen voranzutreiben, lag nahe.

Schließlich sah die Justizreform eine Institution vor, die besonders charakteristisch und umstritten zugleich war – *Geschworenengerichte*. Liberale und slavophile Sympathien kamen dabei in ihrer Befürwortung, ob als Umsetzung ‹bürgerlicher› Mitwirkung oder Würdigung des «gesunden Menschenverstandes»[27]auch der Bauern, leicht zusammen. Beide Motive gaben Anlass, sie mit Nachdruck durchzusetzen. Dabei ging das russische Gesetz besonders weit. Anders als in ihrem Ursprungsland Frankreich oder in Deutschland nach 1848, wo diese Art der Laienjustiz ihren Zenit schon überschritten hatte und sich wachsender Kritik ausgesetzt sah, aber ähnlich wie in den USA, waren Schwurgerichte bei strafrechtlichen Delikten die Regel. Sie kamen häufig zum Einsatz, so dass der Bedarf an entsprechenden Personen groß war. Auch dies trug zu den Problemen bei, die sich schon bald zeigten und nach Abhilfe verlangten.

Mehrere Faktoren verstärkten sich dabei zu einem erheblichen Effekt. Als ein Kernübel kann die Entscheidung gelten, den Geschworenen keine Aufwandsentschädigung zu zahlen; ihr Dienst wurde zu einer weiteren lästigen und teuren, dem Staat geschuldeten Pflicht, von denen es ohnehin genug gab. Wer immer konnte, versuchte sich ihr zu entziehen. Übrig blieben arme Kaufleute oder Dorfbewohner, die nicht in der Lage waren, entsprechende Bestechungsgelder zu zahlen bzw. sonstwie Einfluss auf die Listen zu nehmen. Das aber war nicht die Klientel, die sich die Reformer vorgestellt hatten. Verwaltungsbeamte, Lehrer, Ärzte, Anwälte und sonstige Angehörige der ‹Gesellschaft› fanden sich nur ausnahmsweise unter den Gewählten.

Solchen Geschworenen waren die importierten europäischen Rechtsvorstellungen fremd. Vor allem die bäuerlichen urteilten oft nach ihrer eigenen Tradition, die manches anders wertete. Sie waren geneigt, Totschlag bei Raufereien oder physische Gewalt gegen Frauen als lässliches Vergehen zu betrachten (erst recht, wenn Alkohol im Spiel war), dafür aber Viehdiebstahl drakonisch zu bestrafen. Zwischen diesen geistigen Welten gab es kurzfristig keine Verständigung. Die These ist daher sicher begründet, dass manche Probleme der Justizreform im «Spannungsverhältnis zwischen moderner Rechtsförmigkeit und vormodernen Sozialstrukturen» zu suchen seien. Nur folgt daraus nicht, dass man besser daran getan hätte, ganz auf sie und die Einführung rechtsstaatlicher Verfahren zu verzichten. Vielmehr verweisen die Schwierigkeiten auf ein Grunddilemma jeder Art von Importen jenseits einfacher technischer Ausrüstungen: dass es darauf ankam, sie anzupassen. Dazu bedurfte es nicht selten sowohl einer gewissen Toleranz gegenüber Dysfunktionen als auch schlichter Geduld. So wie die Adelskorporationen und die provinziale ‹Gesellschaft›, die Katharina II. in der zweiten Hälfte des 18. Jahrhunderts auf den Weg brachte, erst allmählich Realität wurden, so brauchte es einige Jahrzehnte, bis die modernen Rechtsnormen in der Bauernschaft ankamen. Spätestens zu Beginn des 20. Jahrhunderts war dies der Fall.[28]

b. Stadtreform. In die Ära Nikolaus' I. reichte auch die Vorbereitung einer neuen Stadtreform zurück. Zwar hatte die große Kaiserin gerade den Städten die erwähnte völlig neue sozial-administrative Gestalt gegeben; aber ihre Erwartung, ihnen dadurch zu wirtschaftlicher Blüte zu verhelfen, ging nicht in Erfüllung. Auch in den Jahren des Wiederaufbaus nach der Zurückschlagung Napoleons entstand kein prosperierender, handel- und gewerbetreibender «Dritter Stand», der mit seiner Finanzkraft die ewig klamme Staatskasse hätte füllen können. Der Misserfolg scheint in dieser Hinsicht ausgeprägter und schmerzlicher gewesen zu sein als bei der Heranziehung des Adels zur Lokalverwaltung. Jedenfalls gab selbst der ängstlich-konservative Nikolaus schon in seinem zweiten Herrschaftsjahr und erneut 1842 sein Plazet zur Vorbereitung eines weiteren Versuchs, den kläglichen Zustand der Städte zu verbessern. Als treibende Kraft trat bereits hier Nikolaj Miljutin hervor, der zwanzig Jahre später zu einem der führenden Reformer in der hohen Verwaltung werden sollte. Ihm war 1846 ein neues Statut für St. Petersburg zu verdanken, dem nach dem Herrscherwechsel 1862 ein ähnliches für Moskau folgte. Wenngleich für Moskau schon in aufgeweichter Form, hielten beide aber noch am überkommenen Prinzip ständisch definierter Wahlkurien fest, die der traditionellen Kaufmannschaft und dem (außerhalb der Hauptstädte wenig interessierten) Adel weiterhin die Vorherrschaft sicherten.

Eine solche Verfassung genügte den liberalen Fachleuten nicht mehr. Wirkliche Besserung war ihrer Meinung nach nur durch einen Systemwechsel zu erreichen. Zur Schlüsselfigur entsprechender Aktivitäten avancierte dabei der Abteilungsdirektor im Innenministerium Aleksandr Šumacher. Auf der Grundlage der Stellungnahmen von mehr als 500 lokalen Sonderkomitees, deren Einrichtung das Innenministerium im April 1862 verfügt hatte, formulierte dieser ehemalige Schützling Miljutins einen Entwurf für eine Gesamtnovelle, der sich durch ein neues Prinzip leiten ließ: die Bindung der städtischen Selbstverwaltung *ausschließlich* an Besitz und Vermögen. Korporativ-ständisch

konstituierte Wahlkörperschaften waren nicht mehr vorgesehen. An ihre Stelle sollten drei Kurien anderer Art treten, die
sich allein auf *Steuerleistung* gründeten. Man darf davon ausgehen, dass auch dieser Kernidee westliche Vorbilder zugrunde
lagen, da Šumachers Mitarbeiter Nikolaj Vtorov um diese Zeit
während einer Rundreise durch Mittel- und Westeuropa Mate-
rialien über die dortige städtische Selbstverwaltung sammelte
und eine vergleichende Studie darüber anfertigte (1864). Vor allem ihre Nähe zum preußischen Dreiklassenwahlrecht liegt auf
der Hand.[29]

Widerstand gegen eine solch radikale Abwendung vom adels-
freundlichen Korporativprinzip blieb nicht aus. Er äußerte sich
auch hier in Einwänden der Zweiten Abteilung der Kaiserlichen
Kanzlei, der Alexander II. 1862 das Recht übertragen hatte, alle
Gesetzesentwürfe vor der Weitergabe an den Reichsrat zu prü-
fen. Deren Stellungnahme blieb aber insofern moderat, als sie
das neue Kriterium nicht rundweg ablehnte, sondern einen
Kompromiss vorschlug. Nach alter Art sollten sich die Kurien
nach Grundbesitz und Gilden konstituieren, sich dabei aber
nach Vermögen unterscheiden. Allerdings konnte Šumacher
diese Aufweichung seines neuen Paradigmas verhindern. Dafür
wurde eine weitere Anregung in den Gesetzentwurf aufgenommen, die zeigt, dass es auch bei der Stadtreform keine klaren
Fronten gab. Der Zweiten Abteilung missfiel, dass die oberste
Kontroll- und Anweisungsbefugnis immer noch allein beim
Gouverneur liegen sollte. Stattdessen schlug sie vor, den Stadtverwaltungen nach dem Vorbild der Zemstva das Recht zur *selb-
ständigen Amtsführung* zu geben. Nur in Streitfällen sollte der
Gouverneur aktiv werden, und dies auch nicht allein, sondern
als Vorsitzender einer neuen Behörde, der auch Vertreter der
Städte, des Adels, der Gerichte und des Kameralhofes angehören
sollten. In dieser Form fand der Entwurf Ende 1866 seinen Weg

in den Reichsrat. Hier blieb er lange liegen, weil die politische Gesamtlage nach einem Attentat auf Alexander II. für weitere Reformen nicht günstig war. Er wurde aber drei Jahre später wieder aufgegriffen und im Juni 1870 ohne nennenswerte Änderungen als Gesetz verkündet.

Zu Recht galt die neue *Stadtordnung* in der liberalen Öffentlichkeit als entscheidender Fortschritt. Sie gewährte den russischen Kommunen ein nie dagewesenes Maß an Eigenständigkeit und Selbstverantwortung. Dabei blieb ihre breite Zuständigkeit für die städtische Infrastruktur (Instandhaltung der Straßen und Plätze, Errichtung öffentlicher Gebäude, Bauplanung und anderes mehr) sowie für die gute Ordnung im weitesten Sinne einschließlich der Handels- und Gewerbeaufsicht und gesundheitspolizeilich-sanitärer Vorkehrungen erhalten. Zur Finanzierung all dieser Aufgaben wurde den Kommunen sogar erstmals das Recht zuerkannt, in begrenztem Maße eigene Steuern zu erheben. Obgleich auch alte, obrigkeitlich verfügte Pflichten wie die Einquartierung von Soldaten und der Unterhalt der Polizei fortbestanden, eröffnete sich der erneuerten Selbstverwaltung damit ein so breites Betätigungsfeld, dass sie für engagierte Bürger attraktiv wurde. Zu diesen zählten zunächst in erster Linie Vertreter der jüngeren Kaufmannsgeneration (im korporativen Sinn), die mehr und mehr zu Fabrikanten, Bankiers und modernen Unternehmern aller Art wurden, nach der Jahrhundertwende zunehmend auch Angehörige der neuen akademisch qualifizierten Intelligenz, namentlich Juristen, Lehrer, Ärzte oder Ingenieure. Insofern war es maßgeblich dem neuen Stadtstatut zu verdanken, dass im Zarenreich so etwas wie eine *Kommunalpolitik* samt einer neuen Schicht von Personen entstand, die sich ihr hauptsächlich widmeten.

Bei noch genauerer Betrachtung spricht alles dafür, dass innerhalb der generellen Neuregelung vor allem die Änderung des

Wahlrechts zu dieser Entwicklung beitrug. Denn das Innenressort setzte seine Vorstellungen in dieser Frage fast ungeschmälert durch. Eine Stimme konnte jeder (mindestens 25 Jahre alte) männliche Einwohner abgeben, der innerhalb der Stadt ein «besteuertes Immobil als Eigenthümer» oder ein Handels- und Gewerbepatent besaß und beim Fiskus nicht in der Kreide stand. Alle Berechtigten wurden nach ihrer Steuerleistung in eine Liste eingetragen und in drei Klassen aufgeteilt. Jede Klasse wählte ein Drittel der Mitglieder der neuen Stadtverordnetenversammlung. Damit fand, in der *longue durée* gesehen, die katharinäische Stadtorganisation nun erst ihr Ende: Das Wahlrecht wurde vom Ständerecht getrennt, die Identität von administrativer und ständischer Verfassung endgültig aufgelöst. Ständische Korporationen verloren ihre konstitutive Funktion für die Bildung der «Stadtgesellschaft» als administrativer Einheit und für die Zusammensetzung der Wahl- und Exekutivkörperschaften. An ihre Stelle trat als dominantes Definitions- und Gliederungsprinzip die *Steuerleistung*, die zwar auch zuvor Art und Ausmaß der Partizipationsrechte wesentlich bestimmt hatte, aber nur vermittels der Zugehörigkeit zum Adel, zur Kaufmannschaft oder zum *meščanstvo*. Dies hatte zur Folge, woran sich bald Kritik entzündete, dass zwar kleine Krämer, die kaum lesen und schreiben konnten, Wahlrecht genossen, viele mittellose Gebildete aber ausgeschlossen blieben. Zumindest *de jure* wurde die städtische Selbstverwaltung deutlicher als zuvor zur Angelegenheit der Vermögenden.

Bei alledem blieb das genaue Verhältnis der Selbstverwaltung zum Staat ungeklärt. Sie erhielt keine so weitgehende Unabhängigkeit, wie sie die reguläre Justiz dank der Unabsetzbarkeit der Richter und der Selbständigkeit der Advokatur genoss. Vielmehr gehörte sie weiterhin zur Gesamtverwaltung und handelte lediglich im Auftrag. Dies trat unter anderem in der Bestimmung, dass die gewählten Stadtoberhäupter in den Hauptstädten durch den Zaren, ansonsten durch die Gouverneure zu bestätigen seien, deutlich zutage. Zugleich beschränkte man aber deren Interventionsbefugnis grundsätzlich, wie bei den Zemstva, auf die bloße Rechtsaufsicht. Konflikte zwischen Staat (einschließlich der Polizei) und Stadtduma entschied nicht mehr der Gouverneur allein, sondern eine neue «Gouvernementsbehörde für städtische Angelegenheiten», die sich – dem Vorschlag der Zweiten Abteilung folgend – unter seiner Leitung aus Vertretern der Provinzialverwaltung, dem Vorsitzenden des Gouvernements-Zemstvos und dem Bürgermeister der Gouvernementshauptstadt zusammensetzte. Allerdings konnte erst die Praxis zeigen, wie sich das Verhältnis zwischen städtischer Selbstverwaltung und autokratischem Staat konkret entwickeln würde. Bis zur Jahrhundertwende achtete die zarische Verwaltung peinlich genau darauf, dass kein Stadtoberhaupt es wagte, sich mit anderen in Verbindung zu setzen, um so etwas wie ein überregionales Koordinationsgremium von parlamentarischer Qualität auf den Weg zu bringen. Dies änderte sich erst nach der Jahrhundertwende und ganz besonders in der Ausnahmesituation des Weltkriegs. Dennoch gilt, dass die Voraussetzungen dafür durch die ‹westlich› inspirierte Stadtreform von 1870 geschaffen wurden.

c. Armeereform. Noch deutlicher als beim Stadtstatut und vergleichbar evident wie im Fall der Justizreform lag der westeuropäische Ursprung bei der Einführung der allgemeinen Wehrpflicht zutage. Diese Reform kam spät (1874), gehört aber in ihrer Motivation noch ins Jahrzehnt des großen Aufbruchs. Genau besehen, ging sie sogar auf die allerersten, nach der Niederlage im Krimkrieg angestellten Überlegungen zu einer grundlegenden Erneuerung von Staat und Gesellschaft zurück. Denn schon vom Vortag jener ‹Adresse› Alexanders II. Ende

März 1856, die als vorsichtige Ankündigung der hochbrisanten Bauernbefreiung gilt, datiert ein Memorandum des späteren Urhebers der Reform Dmitrij Miljutin (Bruder des erwähnten Nikolaj), das auf den engen Zusammenhang zwischen beiden hinwies. Die alte, schmählich besiegte Armee war ein Spiegelbild der Leibeigenschaftsordnung. Ihre Soldaten kamen ganz überwiegend vom Dorf, aus dem sie ausschieden, weil sie grundsätzlich lebenslang, seit 1834 immerhin noch für zwanzig Jahre dienen mussten. Soweit sie nicht zu den staatlichen Bauern gehörten, waren sie von den Gutsbesitzern und Dorfältesten ausgewählt worden, die dabei ihren eigenen Kriterien folgten. Diese gaben bevorzugt diejenigen weg, die ihnen und der Dorfgemeinschaft ein Dorn im Auge waren, darunter nicht wenige Kriminelle, Arbeitsunwillige, Querulanten und ähnlich Auffällige. Miljutin machte deutlich, dass eine solche Negativauslese eine der wichtigsten Ursachen für die erlittene Blamage gewesen sei. Eine moderne, gut ausgebildete und darum schlagkräftige Armee bedurfte eines anderen personellen Grundstocks – und eines neuen, nicht mehr an die Leibeigenschaft gebundenen Rekrutierungsverfahrens. Ohne Bauernbefreiung, so war daraus zu schließen, konnte es keine Gesundung der Armee geben, zumal diese nicht nur besser, sondern auch kleiner werden musste, weil der Staat angesichts steigender Anforderungen an die Ausrüstung nicht in der Lage war, sie in der alten Größe angemessen zu unterhalten.

Als Abhilfe bot sich jenes System an, das sich in der ein oder anderen Form in den meisten Staaten Westeuropas durchgesetzt hatte: eine relativ kurze Ausbildung vieler Rekruten und ihre Überführung in eine große Reserve. Ein solches Verfahren hatte man im geschlagenen Preußen nach der Katastrophe von Jena und Auerstedt 1806 erfunden. Um die Auflage, nur eine kleine Armee aufzustellen, zu erfüllen und sie zugleich zu unterlaufen, ersann man den Ausweg der Rotation. Deren Vorteile waren so überzeugend, dass sie Anlass gaben, sie 1813–15 in Gestalt der *allgemeinen Wehrpflicht* zur Grundlage einer dauerhaften Ordnung zu machen. Prinzipielle Einwände, allem voran der Ruch des ‹Demokratischen›, hatten sich mit der Restauration der absoluten Monarchie in Preußen und dem engen Verhältnis zum Zarenreich verloren. Auch im Revolutionsjahr 1848 hatte dieses Heer seine Zuverlässigkeit bewiesen, so dass aus Sicht der Reformer alles dafür sprach, das moderne Rekrutierungsprinzip auch nach Russland zu übertragen.[30]

Miljutin, nun zum Kriegsminister aufgerückt, legte dem Zaren denn auch bald nach der Bauernbefreiung, im Januar 1862, eine Denkschrift vor, die zum Leitfaden der Reform wurde. Allerdings war der Widerstand des Adels erheblich, und nach einem Attentat auf den Zaren im April 1866 gewannen konservative Kräfte so weit Oberhand, dass auch die Armeereform auf Eis gelegt wurde. Es bedurfte eines neuen Impulses, um den Stillstand zu überwinden. Dieser Anstoß kam von außen und von weit her: von den Siegen der preußischen Armee schon in den ersten Wochen des Krieges gegen Frankreich im Sommer 1870, die den Triumph über Dänemark und Österreich (1864, 1866) wiederholten und ihr den Nimbus konkurrenzloser Überlegenheit verschafften. Obwohl Russland nicht bedroht war (sondern im Gegenteil außenpolitischen Gewinn aus der Lage zog), konnte dieses Lehrstück militärischer Schlagkraft nur Sorgen um die eigene hervorrufen und die Suche nach Wegen beschleunigen, sie zu erhöhen.

So fielen «Gedanken eines Zivilisten über unsere militärischen Kräfte» auf fruchtbaren Boden, die der ehemalige Innenminister Petr Valuev nach einem Preußen-Besuch im Frühherbst 1870 aufschrieb und – mit Unterstützung Miljutins – dem Zaren vorlegte. Angesichts der doppelten Notwendigkeit, einerseits die russische Armee auf das Niveau seiner europäischen Rivalen zu heben, andererseits mit den verfügbaren finanziellen Mitteln haushälterisch umzugehen, kam der Verfasser darin zu dem Schluss, dass beiden Imperativen nur nach preußischem Vorbild zu entsprechen war, d. h. durch Ausbildung vieler Rekruten bei gleichzeitig relativ kurzer Verweildauer in der Armee selber. Valuev erkannte das Geheimnis der preußischen Erfolge im enormen Mobilisierungspotential, zugleich aber auch im Leistungsniveau dieser großen Reserve. Der Militärdienst sei hier eine Form «elementarer Volksbildung». Dass ausgerechnet ein verdienter Staatsmann, der ansonsten eher zur konservativen Fraktion zu rechnen war, zu derselben Grundempfehlung kam wie der liberale Kriegsminister, dürfte die Wirkung seines Memorandums verstärkt haben. Jedenfalls gab der Zar beinahe umgehend, Anfang November 1870, die definitive Anweisung, eine Reform solchen Inhalts auszuarbeiten.

Zur Vorbereitung wurden noch im selben Monat Arbeitsgruppen eingerichtet. In den folgenden Beratungen, die sich trotz des kaiserlichen *ukaz* noch drei Jahre hinzogen, waren vor allem Vergünstigungen in Gestalt verkürzter Dienstzeiten umstritten. Einflussreiche Korporationen und Institutionen wie die Kaufmannschaft, die Kirche oder das Finanzministerium versuchten, Nachlässe für sich bzw. ihre Klientel zu erwirken. Generell warnten die Konservativen vor dem verderblichen Einfluss der unteren Bevölkerungsschichten und besonders der Intelligenz. Dabei fanden sie ein starkes Argument in der revolutionären Gärung, die Russland in diesen Jahren ergriff und in Versuche mündete, die Bauern gegen die Autokratie aufzuwiegeln. Die allgemeine Wehrpflicht, so ihr Haupteinwand, werde Unruhestiftern Tür und Tor öffnen und den bewaffneten Arm des Reiches in eine Gefahr für die innere Sicherheit verwandeln. Belastbare Loyalität erwarteten sie, wie immer, nur vom Adel.

Besonders heftig prallten solche Meinungen in einer abschlie-
ßenden Kommission aufeinander, die der Zar Mitte Januar 1873
berief und seinem Bruder Konstantin Nikolaevič anvertraute.
Nicht zuletzt dank der Hilfe des Großfürsten, der dem liberalen
Anliegen abermals unschätzbare Dienste leistete, konnte sich
Miljutin jedoch erneut behaupten. Dabei half, dass auch er großzügige Erleichterungen vorsah – allerdings standes*unabhängig*
für *Bildung*. Einlenken musste der Kriegsminister nur in der
Vorkehrung, ‹Intelligenzler› zwecks leichterer Überwachung in
städtischen Sondereinheiten zusammenzufassen. Mit dieser Ergänzung trat das Gesetz Anfang Januar 1874 in Kraft.[31]

Was damit verfügt wurde, stellte die russische Armee zweifellos auf eine neue Grundlage. Nun erst ging die Ära des absolutistischen stehenden Heeres aus lebenslang dienenden bäuerlichen Soldaten und adeligen Offizieren auch im Zarenreich zu
Ende. Die Dekorporierung als einer der fundamentalen, von der
Französischen Revolution angestoßenen sozialen Prozesse des
19. Jahrhunderts kam auch in Russland ein weiteres Stück voran.
Wie in der Stadtordnung diente die Standeszugehörigkeit nicht
länger als Aufnahme- und Zuweisungskriterium. Dies war systematisch konsequent: Wo es keine Leibeigenen mehr gab, konnte
man sie nicht mehr als solche unter die Soldaten stecken. Wer
die «heilige Sache des Schutzes … von Thron und Vaterland» auf
sich nehmen sollte, musste nach anderen Kriterien bestimmt
werden. Dabei avancierte letztlich, wie in Westeuropa, die Staats-
angehörigkeit zum entscheidenden Gesichtspunkt. Zu Recht gab
sich das Gesetz aber Mühe, jeden Anklang an gleiche und allgemeine Pflichten zu vermeiden. Stattdessen sprach es von «all-
ständischem» Militärdienst.

Denn genau besehen war dieser Tribut an Staat und Obrigkeit
alles andere als gleich. Die Reformer gestalteten ihn im Gegenteil bewusst unterschiedlich. Dabei differenzierten sie im We-

sentlichen nach Familienstand und Bildung. Rücksichtnahme auf die Lebensfähigkeit der Familie, die im Regelfall zugleich eine ökonomische, meist landwirtschaftliche Betriebseinheit war, gehörte zu den angestammten Verfahrensweisen. Es hatte eine lange Tradition in Russland, dass einzige Söhne, aber auch Brüder bereits Eingezogener ‹Nachlässe› erhielten. Völlig neu aber war das zweite Kriterium. Vergünstigungen konnte in Anspruch nehmen, wer ein bestimmtes Bildungsniveau nachwies. Alle Lehranstalten des Reiches, von den Universitäten bis zu Dorfschulen, wurden vier hierarchischen Gruppen zugeordnet. Jede Stufe dieser Leiter erbrachte einen Bonus. Regulär waren 15 Jahre zu dienen, davon sechs in der Armee und neun als Reservist. Wer eine Elementarschule besuchte hatte, wurde nach vier, wer eine ‹niedere› Bildung genossen hatte nach drei, wer einen ‹mittleren› Abschluss vorweisen konnte, nach anderthalb Jahren – und wer gar eine Hochschule besucht hatte, bereits nach kurzen sechs Monaten entlassen. Christliche Geistliche brauchten gar nicht zu dienen; Ärzte und Lehrer unterlagen zwar grundsätzlich der Dienstpflicht, wurden aber faktisch sofort in den Reservistenstatus versetzt.

Man darf eine solch ausgeprägte *Privilegierung von Bildung* als gezielte Richtungsentscheidung werten, gehörte es doch zu den Grundeinsichten Miljutins, dass es der russischen Armee nicht zuletzt an Qualifikation mangelte. Natürlich profitierte vor allem der Adel von solchen Korrekturmaßnahmen; dies mag ihm die Versöhnung mit dem neuen Statut erleichtert haben. Aber auch bildungsbeflissene Aufsteiger aus niederen Schichten erhielten eine Chance. Nicht zuletzt deshalb war die ironische Umtaufe des Kriegsministers zum «eigentlichen Bildungsminister» durchaus gerechtfertigt. Nur hatte die gute Absicht der Reformer, ob bedacht oder nicht, auch eine Kehrseite. Denn zugleich *entzog* die Privilegierung von Bildung durch verkürzte Dienst-

zeiten der Armee eben jene Qualifikation, die sie eigentlich gebraucht hätte.[32]

d. *Bildungsreform*. Und auch neue Regelungen für die Bildungs-
anstalten des Reiches orientierten sich an einem westeuropäischen Vorbild, das hier das alte war, weil es seine Leuchtkraft seit
Humboldt noch gesteigert hatte – an Preußen-Deutschland. Sie
kulminierten in zwei Statuten, die ihre Prinzipien *in nuce* formulierten. Ein erstes vom Juni 1863 galt den *Universitäten*. Die
übliche Kennzeichnung trifft sicher seine Kernabsicht, dass es
in allen wesentlichen Bestimmungen die strenge Staatskuratel
von 1835 aufhob und die liberalen Regelungen von 1804 wieder-
herstellte. Zentraler Streitpunkt war und blieb dabei die Hoch-
schulautonomie. Das Prinzip, das Alexander I. von der deutschen Aufklärungsuniversität übernommen hatte, dass Vernunft
und Wissenschaft zu ihrer Entfaltung der Selbstbestimmung be-
dürften, kam wieder zu Ehren. Es gab Anlass zu seiner erneuten
prozeduralen Umsetzung: der freien Wahl der Dekane und Rektoren durch den Fakultätsrat als Versammlung aller vollberech-
tigten Professoren. Darüber hinaus sollte sich auch der Kurator
eines Lehrbezirks nicht mehr einmischen dürfen. Die Universitäten erhielten das Privileg, direkt mit dem Ministerium zu verhandeln. Zugleich beließ man die Professoren im Staatsdienst
und erhöhte ihre Bezüge erheblich. So konnten sich die Hochschulen über das Reformstatut nicht beklagen. Sie erhielten die
«erlesensten Gaben», die in der Autokratie zu vergeben waren:
«akademische Freiheit, berufliche Selbstbestimmung und sozia-
les Prestige».[33]

Demselben Geist entsprang das Statut für die «mittleren» Bildungseinrichtungen in russischer Terminologie, also für Gymnasien und vergleichbare Schulen, vom November 1864. Zwar
stritt man heftig über die Lehrinhalte, weil sich die Frage, ob

eher humanistisch-klassische Fächer oder naturwissenschaft-
lich-praktische im Vordergrund stehen sollten, weltanschaulich
auflud. Aber man fand einen Ausgleich, indem man zwei Schulen in einer vorsah: Ein 7-jähriges Gymnasium sollte eine breite,
sprachlich und historisch fundierte Allgemeinbildung vermitteln, ein 4-jähriges Pro- bzw. Realgymnasium mehr Physik und
Mathematik anbieten. Bei der Schulorganisation kam man sogar
ohne einen solchen Kompromiss aus. Hier ließ man eine ähnliche Liberalität walten wie in den Universitäten. Zwar blieb die
Oberaufsicht beim Ministerium. Aber dieses gab nicht nur zahlreiche Kompetenzen an die regionalen Kuratoren ab; darüber
hinaus installierte man in den Schulen selber einen «pädagogischen Rat», der die höchste Autorität vor Ort ausübte und den
ihm vorsitzenden Direktor als bloßen *primus inter pares* sogar
überstimmen konnte.[34]

So bemerkenswert eine solche Dezentralisierung war, so wenig Zeit blieb ihr in der praktischen Erprobung. Denn der Atten-
täter, der im April 1866 auf den Zaren schoss, war ein Student.
Kaum zufällig vollzog sich die konservative Wende, die sein An-
schlag auslöste (obwohl er sein Ziel verfehlte), daher zuallererst
in der Bildungspolitik. Nur zehn Tage nach dem Attentat wurde
der zuständige Minister entlassen, dem man vorwarf, eine Universität geschaffen zu haben, in der eine solche Tat gedeihen
konnte. An seine Stelle trat ein Mann, der zur Verkörperung obrigkeitlicher Regulierung und jener antiliberalen Bildungspolitik wurde, die faktisch bis zur Revolution von 1905 Bestand
hatte: Dmitrij Tolstoj. Allerdings muss offen bleiben, in welchem
Maße ihm dieser Ruf gerecht wurde. Tatsächlich ging er nicht so
weit, die Selbstverwaltung auszuhebeln und förmliche Stände-
barrieren zu errichten. Das hinderte ihn aber nicht daran, der
Wahrung von Stabilität entschieden Vorrang einzuräumen. Dabei verdient in unserem Zusammenhang Beachtung, dass sich

auch der konservative Inhalt der neuen Politik großenteils am *preußisch-deutschen Vorbild* orientierte. Tolstoj besaß einen Doktortitel der Universität Leipzig und blieb zeit seines Lebens ein Anhänger des deutschen Bildungssystems. Nicht nur die liberalen Rezepte des Jahrundertbeginns stammten aus Deutschland, sondern auch die konservativen Tolstojs.[35]

Vielleicht hinderte ihn dieses Vorbild daran, der Universität gleich ein neues autoritäres Statut zu verschreiben. Jedenfalls ließ er sich damit Zeit. Es reichte ihm, durch eine engere Kooperation mit der Polizei die Aufsicht über die Studenten zu verschärfen (1867) und auf dem Höhepunkt der revolutionären Angriffe, im November 1879, sogar «Führungsbücher» einzuführen, in denen Inspektoren das ordnungsgemäße Verhalten bzw. Unbotmäßigkeiten ihrer Aufsichtsbefohlenen (auch außerhalb der Universität) festzuhalten hatten. Angesichts aufsehenerregender Attentate sah Tolstoj in ihnen den Hauptfeind, nicht in den Professoren, die Staatsdiener blieben und seiner disziplinarischen Gewalt unterstanden. Andererseits konnte ihm die weitgehende Autonomie der Universtitäten letztlich ebenfalls nicht gefallen. Sein Gegenentwurf passte aber nicht mehr zur vorübergehend wieder konzilianten Innenpolitik des neuen starken Mannes M. T. Loris-Melikov («Diktatur des Herzens» wurde sie genannt), als er dem Reichsrat nach langjähriger Vorbereitung schließlich im Februar 1880 vorgelegt wurde. Es bedurfte erst der erneuten und entschiedenen konservativen Wende nach der Ermordung Alexanders II., bevor das neue Statut im August 1884 in Kraft treten konnte. Wie zu erwarten, beseitigte dieses Gesetz nun auch den Kern dessen, was man ein Dreivierteljahrhundert zuvor vom deutschen Vorbild übernommen hatte. Die Rektoren wurden wieder vom Ministerium ernannt, Dekane auf Vorschlag des Kurators gewählt, und der Minister konnte eigene Kandidaten ernennen.[36]

Eiliger hatte es Tolstoj mit der «mittleren» Bildung. Zu Recht erkannte er hierin den Schlüssel für den Zugang zu den Universitäten und damit zu ihrer langfristigen Beruhigung. Sein Rezept bezog er dabei ebenfalls vom deutschen Bildungswesen, das er für den Zweck der Schulreform eigens noch einmal vor Ort inspizierte. Nur suchte er anderes als seinerzeit die Experten Alexanders I. Tolstoj war (darin seinem Gönner Uvarov verwandt) angetan von altphilologisch-klassischer Bildung, der er in konservativer Manier – anders als den praktischen Wissenschaften – eine geistig disziplinierende und vor allem eine ‹entpolitisierende› Wirkung zuschrieb.

Mithin plante er, das Gymnasium ganz in ihren Dienst zu stellen und die naturwissenschaftlich-technische Unterweisung in einen neuen Schultyp, die Realschule nach deutschem Vorbild, auszulagern. Anders als das bestehende Kurzprogramm der Pro-Gymnasien sollte der Unterricht an den neuen Schulen ebenfalls sieben Jahre dauern. Tolstoj beruhigte seine Gegner mit der Zusicherung, dass sich der Lernstoff in den ersten vier Jahren kaum vom klassischen Kanon der Gymnasien unterscheide; erst danach sollte die Spezialisierung einsetzen. Er hielt aber an seiner Absicht fest, den Absolventen der Realschule keinen allgemeinen Universitätszugang zu gewähren, sondern sie nur für einige Fachhochschulen zuzulassen. Das Ziel dieser neuen, institutionellen Zweiteilung lag auf der Hand: Gymnasien sollten auf ein akademisches Studium vorbereiten, Realschulen das technisch-praktische Wissen vermitteln. Obwohl der Reichsrat, der einen Mangel an qualifizierten Kräften befürchtete, gegen den Ausschluss von Realschulabsolventen vom Studium votierte, setzte sich Tolstoj mit Hilfe des furchtsam gewordenen Zaren durch. Zwei Statuten brachten im Sommer Juli 1871 und im Mai 1872 eine Zweiteilung des «mittleren» Bildungssystems im Zarenreich auf den Weg, das bis zu seinem Untergang 1917 Bestand hatte.

Bei alledem war Tolstoj zugute zu halten, dass die Zweigliedrigkeit keine förmliche ständische Zuordnung einschloss. Er erhöhte zwar die Anforderungen der gymnasialen Aufnahmeprüfung. Aber auch er hielt den Zugang (ebenfalls nach deutschem Vorbild?) für *alle* soziale Gruppen offen, weil ihm bewusst war, dass der Adelsnachwuchs allein den Bedarf an akademischer Bildung nicht mehr decken konnte.[37]

5. Russland in Europa

Zur Absicht vor allem der Bauernbefreiung, aber implizit auch der meisten anderen Reformen hatte es nicht zuletzt gehört, eine neue wirtschaftliche Dynamik zu erzeugen. Wenn der Hemmschuh der Leibeigenschaft beseitigt sei, so hoffte man, werde Russland in der Lage sein, den technisch-industriellen Abstand zu England und Frankreich, den der Krimkrieg so grell offengelegt hatte, abzubauen und dadurch auch seine Finanzkraft zu steigern. Zwar sah man, wie ein Blick nach England lehrte, dass die industrielle Entwicklung soziale Verwerfungen und Unruhen mit sich bringen könne. Aber man traf Vorkehrungen, um sie in Grenzen zu halten. Vor allem die Beibehaltung der Dorfgemeinde, der nach 1861 viele der ehemals gutsherrlichen Ordnungsfunktionen übertragen wurden, sollte für Stabilität auf dem Lande sorgen, die Abwanderung in die Städte beschränken und die Entstehung urbaner Elendsviertel verhindern. Man wollte die industrielle Entwicklung beschleunigen, ihre sozialen Begleiterscheinungen aber auf ein Mindestmaß reduzieren, und erst recht die Herrschaftsverfassung unverändert beibehalten. Schon ein flüchtiger Rückblick lehrt, dass dieses Kalkül nicht aufging. Das Gegenteil trat ein, das Zarenreich geriet in wachsende soziale und politische Turbulenzen, die 1905–06 in einen

Revolutionsversuch und im Februar 1917 in den Sturz der Autokratie mündeten.

Dieses Resultat besagt aber zugleich, dass die 1861 begonnene
Modernisierung durchaus erfolgreich war. Fraglos lösten die Reformen eine enorme wirtschaftliche und soziale Dynamik aus.
Sie führte Russland in den folgenden Jahrzehnten, besonders
nach der Jahrhundertwende, wirtschaftlich und in den Städten
auch sozio-kulturell so nahe an Europa heran wie nie zuvor. Die
Industrie folgte westlichen Vorbildern, die wirtschaftlich-finan-
zielle Verflechtung wurde enger, das neue Bürgertum kleidete
sich und dachte westlich. Unter dem Druck liberaler Kräfte und
eines Massenstreiks gewährte der Zar eine Verfassung westlicher
Art. Es bildete sich eine radikale Opposition, deren politische
Ziele – im Fall der Sozialdemokraten auch ihre Ideologie – sich
weitgehend aus dem Reservoir analoger westlicher Bewegungen
speisten. Zugespitzt könnte man sogar sagen, dass die Autokratie selber Opfer eben dieses Erfolges wurde, weil sich die Modernisierung nicht auf die Wirtschaft begrenzen ließ, sondern in
Gestalt einer zwar zögerlichen, aber fortschreitenden Parlamen-
tarisierung auch die politische Ordnung erfasste.

a. Beschleunigte Industrialisierung. Über das Ausmaß, die Phasen und den Charakter der industriellen Entwicklung, die das
letzte halbe Jahrhundert des Zarenreichs prägte, ist intensiv ge-
forscht und diskutiert worden. Die Debatte verband sich mit
einem einflussreichen Erklärungsmodell, das der amerikanische
Wirtschaftshistoriker Alexander Gerschenkron in den 1960er
Jahren vorlegte. Diese sog. Theorie der relativen Rückständigkeit
beschrieb die russischen Vorgänge als Modellfall eines ökonomischen Transformationsprozesses, der im Vergleich zu Westeuropa verzögert einsetzte und aufgrund der Spannung zwischen
dem eigenen Entwicklungsniveau und dem nach Maßgabe der

fortgeschrittenen Länder möglichen durch bestimmte regelhafte Besonderheiten gekennzeichnet war. Die meisten dieser vermeintlichen Eigenarten wie der diskontinuierliche Verlauf mit einer kurzen Phase besonders hoher Wachstumsraten, die prägende Rolle großer, mit moderner Technologie ausgerüsteter Unternehmen als Kompensation für die mangelnde Versorgung mit Arbeitskräften oder die herausragende Rolle des Staates als Auftraggeber, Finanzier und lenkender Akteur generell, sind längst empirisch widerlegt und durch vergleichende Analysen als Auffälligkeiten entkräftet worden.[38] Zugleich haben sich aber zentrale Beobachtungen Gerschenkrons unabhängig von ihrer Zuspitzung zu regelhaften und typischen Besonderheiten bestätigt. Als solche sind mit Blick auf Westeuropa, seien es übernommene Strategien oder reale Verflechtungen, vor allem folgende zu nennen:

(1) Als Lehre aus dem Krimkrieg formulierte der (auch für die Volkswirtschaft allgemein zuständige) Finanzminister der Reformära, der baltische Adelige Michael von Reutern (Rejtern, 1862–78), eine langfristig angelegte Entwicklungsstrategie, die in der richtigen Einsicht ihrer engen Verbindung zwei Übel zugleich zu bekämpfen suchte: den industriellen Rückstand, wie ihn die Katastrophe offenbart hatte, und die chronische Finanzkrise des Staates. Was er dem Zaren in einer Denkschrift empfahl, blieb im Kern auch für seine Amtsnachfolger verbindlich und bestimmte die russische Wirtschaftspolitik bis zum Ersten Weltkrieg wesentlich: Die allmähliche Verminderung der (von Katharina II. zur Kriegsfinanzierung eingeführten und wertlos gewordenen) Assignaten zugunsten des Münzgeldes sollte die Inflation senken und das Vertrauen in die russische Währung wiederherstellen; eine Kürzung der staatlichen Ausgaben im Ausland in Verbindung mit einer Verringerung der Importe bei gleichzeitiger Aufhebung der Ausfuhrzölle helfen, eine aktive

Handelsbilanz zu sichern; und die Beendigung des bisherigen staatlichen Kreditmonopols samt Aufbau eines privaten Bankwesens die Kapitalbildung anregen sowie die institutionellen Voraussetzungen für die Entfaltung nichtstaatlicher Investitionstätigkeit schaffen. Schließlich sollte die Errichtung eines Eisenbahnnetzes den Güterexport erleichtern und den Anstoß zum Aufbau einer eigenen Schwerindustrie geben. Von allen Maßnahmen zusammen erhoffte sich der Finanzminister, dass sie den Wechselkurs des Rubel stabilisieren, das im Ausland verbreitete negative Bild vom Zustand der russischen Wirtschaft korrigieren und dadurch Anreize für einen dauerhaften Zustrom von ausländischem Kapital schaffen würden, ohne den das Industrialisierungsprogramm nicht zu verwirklichen war.[39]

(2) Außer Frage steht, dass dem *Eisenbahnbau* eine zentrale Rolle zukam. Die Grundsatzentscheidung zugunsten dieses modernen Verkehrsmittels war noch unter Nikolaus I. gefallen und kurz vor dem Krimkrieg die erste längere Linie zwischen den Hauptstädten eröffnet worden. Ein intensiverer Ausbau begann aber erst in der zweiten Hälfte der 1860er Jahre und hielt etwa ein Jahrzehnt an. Die Regierung unterstützte ihn zunächst mit der Aufhebung der Importzölle für Schienen (seit 1868) und durch massive Käufe bei inländischen Produzenten, ab 1877 zur Förderung dieser Kapazitäten durch eine drastische Erhöhung der Einfuhrzölle (die nun in Gold erhoben wurden). Solch protektionistische Abschottung verfehlte ihre Wirkung nicht; sie förderte den Bahnbau ebenso erheblich wie den parallelen Aufschwung der Kohle-, Eisen- und Stahlproduktion. Zugleich tat der russische Staat damit aber nichts anderes als der deutsche oder englische in vergleichbaren Phasen der Industrialisierung.

Das Muster dieser Konjunktur wiederholte sich in der Ära des Finanzministers Sergej Vitte (1892–1903), der den Bahnbau mit besonderer Dynamik und einer weitreichenden, über die wirtschaftliche Entwicklung hinausgehenden imperialistischen Zielsetzung vorantrieb. Massive Investitionen in neue Schienen und Ausrüstung sollten die Auftragsbücher der Schwerindustrie füllen und durch deren Blüte auf die Leichtindustrie zurückwirken. Wie in Deutschland oder England einige Jahrzehnte zuvor übernahm der Bahnbau spätestens damit auch im Zarenreich nicht nur eine zentrale, sondern eine *strategische* Funktion.[40]

Dieser Nutzen für die industrielle und wirtschaftliche Entwicklung ingesamt bestand dabei vor allem in folgenden Auswirkungen: Erstens gab die Finanzierung der Bautätigkeit über den Kapitalmarkt der Entstehung eines Aktienwesens kräftige Impulse. Zweitens führte die allmähliche Substitution der nötigen Importe zum Aufbau einer einheimischen Stahl- und Maschinenbauindustrie. In den 1890er Jahren stammte der Großteil der Schienen aus inländischen Unternehmen, darunter nicht zuletzt solchen, die sich im neuen schwerindustriellen Zentrum der Südukraine und am Donec angesiedelt hatten. Auch die meisten Lokomotiven waren in neuen eigenen Maschinenbaufabriken wie den Putilov-Werken in St. Petersburg produziert worden. Drittens förderte das Eisenbahnnetz den Getreideexport maßgeblich; allein während der ersten Expansionsphase (1865–1875), als Riga und Odessa angeschlossen wurden, verdoppelte sich das Frachtaufkommen. Damit gab es zugleich dem inneren, interregionalen Handel einen mächtigen Impuls. Die Wege zu den großen, rapide expandierenden Metropolen verkürzten sich; die meist auf bestimmte Produkte spezialisierten Regionen rückten näher zusammen. Ein gesamtnationaler Markt bestand sicher schon länger, aber der Bahnbau weitete ihn nachhaltig aus. Bei alledem sollte aber nicht übersehen werden, dass seine Kosten ebenfalls enorm und in Europa vielleicht sogar beispiellos hoch waren.[41]

(3) Die Hilfsmaßnahmen für den Aufbau einer eigenen

Schwerindustrie verfestigten sich mehr und mehr zu einer protektionistischen Zoll- und Außenhandelspolitik, die der Bismarck'schen nicht unähnlich war. Die Wende von relativ liberalen Tarifen, die den Import benötigter Güter ermöglichen sollten, zu restriktiven fand dabei – zeitlich ebenfalls eine Parallele zur deutschen Entwicklung – noch in den letzten Dienstjahren von Reuterns statt (1876–77). Sie erreichte, von seinen Amtsnachfolgern weiter vorangetrieben, in einem neuen Zollstatut von 1891, dem sog. Mendeleev-Tarif, ihren Höhepunkt. Auch der nächste, sehr prägende ‹Industrialisierungsminister› Vitte hielt grundsätzlich an der protektionistischen Außenhandelspolitik fest. Er ergänzte den Schutz der eigenen Industrie aber durch das parallele Ziel, ausländisches Kapital ins Land zu holen, um sein ehrgeiziges Projekt der Erschließung des Fernen Ostens durch eine transsibirische Bahnlinie (mit) zu finanzieren. Das Vertrauen in die russische Wirtschaft, das dazu nötig war, hoffte er durch die volle Konvertibilität des Rubels in Gold zu erreichen. Mit dieser Maßnahme, die Vitte 1897 verkünden konnte, verfügte auch das Zarenreich über ein international akzeptiertes Zahlungsmittel, das die erhoffte Wirkung nicht verfehlte und die Integration der russischen Wirtschaft in die europäische weiter vorantrieb.

(4) Denn Konsens herrscht darüber – und diese Hypothese des Gerschenkron'schen Modells hat sich als beinahe einzige nachhaltig bestätigt –, dass dem *ausländischen Engagement* im russischen Industrialisierungsprozess eine Schlüsselrolle zukam. Besonders Deutschland, Frankreich und in geringerem Maße England standen dabei in Konkurrenz oder lösten einander ab. Wichtiger aber als die Ursprungsländer waren Formen und Ausmaß dieser externen Beteiligung. Folgende Leistungen und Wirkungen hat man unterschieden.

An vorrangiger Stelle lieferte das Ausland dringend benötigtes Kapital. Es war *westeuropäisches* Geld, das in ein Land floss, in dem man noch weitgehend brachliegende, riesige natürliche und menschliche Ressourcen vermutete. Vor allem seit den 1890er Jahren nahm dieser Finanztransfer auch die Gestalt eigener (Filial)Gründungen an. Bekannte Beispiele waren Siemens oder die AEG, neben denen es aber viele andere Niederlassungen vor allem französischer und englischer Unternehmen gab. Dieses ausländische Engagement galt vor allem der neuen Stahl- und Eisenbranche; um 1900 arbeiteten sechzehn von achtzehn Unternehmen mit ausländischem Kapital.[42] Von ähnlicher Präge- und Wirkungskraft war die ausländische Beteiligung an den Banken, die unter diesem Einfluss oft auch den Übergang von Familienunternehmen kaufmännischen Charakters zu finanzstarken Aktiengesellschaften vollzogen und damit eine Entwicklung nachholten, die in Europa ein Vierteljahrhundert zuvor stattgefunden hatte.[43]

Mit ihrem Geld importierten ausländische Unternehmen moderne Techniken und Organisationsformen. Sie achteten auf hohe Produktivität und transferierten, besonders sichtbar in der Chemie- und Elektroindustrie, die neuesten Verfahren ins Zarenreich. Es ist dies eines der stärksten Argumente für die erwähnte geschichtsphilosophische Gedankenfigur vom «Privileg der Rückständigkeit», dass Russland gerade in seinem abermaligen Aufbruch nach Westen von einem relativ niedrigen technisch-organisatorischen Entwicklungsstand aus gleich auf das höchste zeitgenössische Niveau springen konnte. Im Kern wiederholte sich damit jene diskontinuierliche Übernahme von Fremdem, die als Kennzeichen der petrinischen Epoche gelten kann.

Ferner spornte das ausländische Engagement an und wirkte ansteckend. Dies war wahrscheinlich sogar seine bedeutendste Wirkung, dass es inländische Nachahmer fand und jene kumu-

lative Ausbreitung hervorrief, auf die schon Peter I. gehofft hatte,
die aber nur begrenzt eingetreten war. Anders als in der ersten
Hälfte des 18. Jahrhunderts schufen die ausländischen Investitionen nun keine Inseln der Modernität mehr, die ohne Ausstrahlung auf die einheimische Gesellschaft blieben. Vielmehr zeigte
sich das Gegenteil. Bemerkenswert schnell, in ein oder zwei Generationen, entstand eine einheimische Unternehmerschaft, die
mit gleichem Erfolg auf denselben Geschäftsfeldern wie die ausländische, das Bankwesen eingeschlossen, tätig wurde. Auch und
gerade in dieser Hinsicht fand eine «Importsubstitution» samt
einer – im Übrigen auch äußerlich sichtbaren – Verwestlichung
statt, wie es sie in diesem Ausmaß noch nie gegeben hatte.[44]

Mindestens ebenso bemerkenswert ist der Befund einer ähnlichen Entwicklung im Management und, wenn auch mit Verzögerung, beim technischen Personal. Nur zu Beginn brachten die
ausländischen Unternehmen ihre eigenen Leitungskräfte und
Ingenieure mit. Gegen Ende des Jahrhunderts begann ein erstaun-
licher Russifizierungsprozess. Dazu gab zunächst die Notwendigkeit Anlass, mit staatlichen Behörden, Zulieferfirmen und
den Arbeitern zu verhandeln; statt dabei dauerhaft als bloßes
Hilfspersonal zu fungieren, übernahmen immer mehr Russen
die Führungspositionen selber. Zum anderen drängte der Zwang
zu Einsparungen in dieselbe Richtung. Ausländische Ingenieure
in Russland zu beschäftigen, war überaus teuer. Sobald ein ge-
wisses Reservoir an hinreichend qualifizierten Einheimischen
zur Verfügung stand, griff man darauf zurück. Am Vorabend des
Weltkriegs hatte sich als üblicher Zustand die «umfassende Verwendung einheimischen Personals» unter einer «winzigen Hand-
voll» erfahrener ausländischer Spitzenmanager herausgebildet.[45]

(5) Bei alledem liegt es angesichts der riesigen Ausdehnung
des Zarenreichs auf der Hand, dass die wirtschaftliche Anglei-
chung an Westeuropa sehr ungleich verlief. Sie kam sowohl in

den verschiedenen Sektoren als auch geographisch-regional höchst unterschiedlich voran. Die fortschrittlichste Technologie dürfte in der Elektro- und Metallindustrie (einschließlich des Maschinenbaus) eingesetzt worden sein. Hier fand das, was in der sowjetmarxistischen Forschung als industrielle Revolution und Übergang zur maschinellen Fertigung bezeichnet wurde, zweifellos statt. Zugleich überlebte das traditionelle, tief im russischen Agrarzyklus mit seinen kurzen Sommern und langen Wintern verwurzelte Heim(Kustar-)gewerbe nicht nur, sondern blieb in vielen Bereichen weiterhin unentbehrlich. Offenbar löste die Fabrik, anders als lange Zeit behauptet, die handwerkliche Kleinproduktion bäuerlicher Prägung nicht einfach ab. Vielmehr bildete sich in vielen Bereichen ein komplementäres Verhältnis heraus, zumal auch in der ‹großen Industrie› Handarbeit nach wie vor weit verbreitet war (dies änderte sich erst in der Stalinzeit). Undogmatische Sowjethistoriker haben diese Koexistenz von modernen und traditionellen Sektoren mit dem Begriff der «strukturellen Heterogenität» zu fassen gesucht. Dabei verlief die Trennlinie zwischen beiden nicht entlang der Grenze zwischen Stadt und Land, weil Industrialisierung und Urbanisierung in Russland generell weniger Hand in Hand gingen als in Westeuropa. Dennoch war eine entsprechende Tendenz unverkennbar. Wirtschaftlich-technische Modernität war eher in den Städten des europäischen Landesteils und besonders in St. Petersburg und Moskau zu finden als außerhalb. Auch in dieser Hinsicht bewegten sich die beiden Hauptstädte zu Beginn des neuen Jahrhunderts auf dem Niveau der anderen bedeutenden Metropolen Europas.

b. Sozialer Wandel: Arbeiter, Wirtschaftsbürger, professionelle Intelligenz. Der soziale Wandel, der die ökonomische Modernisierung nach westlichem Muster notwendigerweise begleitete, ergriff letztlich alle Schichten der Gesellschaft. Wenn der Adel nach dem Verlust der kostenlosen Arbeitskraft seiner Leibeigenen nicht verarmen wollte, musste er sich an die neuen Bedingungen einer kommerzialisierten Landwirtschaft anpassen oder nichtagrarische Einkunftsquellen als Unternehmer oder Bankier suchen. Der «Kirschgarten», der in Tschechows bekanntem Drama in kaufmännisch-unternehmerische Hände überging, symbolisierte diesen Wandel; einzig der Beamtenadel blieb davon verschont. Und auch die Bauernschaft hielt offenbar weniger starr an den überkommenen Anbaumethoden fest, als lange Jahrzehnte gemeint. Auch wenn kein Anlass besteht, ihr besondere Innovationsfreude zuzuschreiben, haben neuere Forschungen doch ein differenzierteres Bild gezeichnet. In der Nähe größerer Städte und dort, wo sich neue Absatzwege eröffneten, hat die bäuerliche Schicht die Chancen rapider Urbanisierung und Markterweiterung genutzt. Und generell ist sie regional mobiler gewesen, als es der alten Ordnung lieb sein konnte. Gerade in Russland, wo es wenig Städte gab, rekrutierte sich die Arbeiterschaft aus den Dörfern.

Zugleich war offensichtlich, dass die einzelnen Segmente der Gesellschaft in unterschiedlichem Tempo und Ausmaß von dieser Transformation betroffen wurden. Sehr schnell, schon in den 1870er Jahren, machte sich eine neue Industriearbeiterschaft bemerkbar. Ebenso früh traten Unternehmer in Erscheinung, wenngleich sie als Gruppe erst einige Jahrzehnte später Kontur gewannen. Und einige Jahrzehnte dauerte es auch, bis Vertreter der neuen Intelligenz (im funktionalen Sinne), Rechtsanwälte, Ärzte, Ingenieure, Lehrer, Agrarökonomen und andere Inhaber akademischer Patente, vor allem in den Städten zu einer relevanten Gruppe zusammenwuchsen, die sowohl im Rahmen der neuen Stadtordnung als auch auf gesamtstaatlicher Ebene als soziale Stütze konstitutionell-demokratischer Strömungen wach-

senden Einfluss gewann. Diese auffälligsten und politisch bedeut-
samsten Aspekte der Europäisierung der zarischen Gesellschaft
seien knapp skizziert.[46]

Neue Arbeiterschaft. Zu den suggestiven Wendungen, die etiket-
tenhafte Kürzel für eine ganze Deutung geworden sind, gehört
die Rede von «russischer Arbeit zwischen zwischen Feld und Fabrik».[47] In Russland, so war dies zu verstehen, kamen diejenigen,
die an den Werkbänken der neuen Fabriken standen, nicht nur
fast ausschließlich vom Dorf, weil die städtische Unterschicht
quantitativ nicht ins Gewicht fiel. Darüber hinaus seien sie auch
gleichsam zwischen ihrem alten Erwerbsleben und dem neuen
hängengeblieben. Den Grund dafür erkannte man meist in dem
Umstand, dass Russlands Bauern, anders als im modellhaften,
von Marx beschriebenen englischen Prozess zuvor, nicht von
ihrem Land vertrieben worden und zu Habenichtsen herabge-
sunken seien, die das einzige, was ihnen verblieb, ihre Arbeitskraft, hätten verkaufen und in die Fabriken abwandern müssen.
Stattdessen habe ihnen sowohl unter dem Leibeigenschaftsre-
gime als auch danach Ackerboden zur Verfügung gestanden.
Wie winzig auch immer, habe er die Notwendigkeit verringert,
die Landwirtschaft ganz aufzugeben und das Dorf für immer zu
verlassen. Zugleich hält diese Deutung aber daran fest, dass eine
solche ‹bäuerliche Arbeiterschaft› eine *Übergangs*erscheinung
gewesen sei. Mit Notwendigkeit habe sie sich in eine echte neue
Klasse ohne agrarische ‹Rückversicherung› verwandelt. Gerschenkron brachte diese Sicht auf die paradoxe und vielzitierte
Formel, dass die Enteignung der Bauernschaft – das Marx'sche
«Bauernlegen» – im verzögerten Entwicklungsprozess des Zarenreichs kein «*pre-requisite*» der kapitalistischen Industrialisierung gewesen, sondern als «*post-requisite*» nachgeholt worden
sei.[48]

Die Forschung der letzten Jahrzehnte hat diese Sicht nicht von Grund auf revidiert. Die Kernbefunde, die für sie sprechen, haben Bestand. Dennoch sind einige Annahmen entweder empirisch widerlegt oder so umgewertet worden, dass die zitierte Formel vom Arbeiter zwischen Pflug und Werkbank neu gelesen werden sollte. Dabei wandelt sich das Transitorische gleichsam zum spezifischen Charakter der russischen Arbeiterschaft. Ihre Struktur wird in stärkerem Maße als eigentümliche Variante gesehen, deren Merkmale zählebiger waren als lange Zeit angenommen. Die russische Entwicklung folgte der mitteleuropäischen daher nicht *in toto*, sondern bewahrte eigene Züge. Sie vollzog sich langsamer und nach Maßgabe autochthoner Voraussetzungen, allerdings ohne dass sich dadurch die Grundrichtung der Transformation der agrarischen Gesellschaft in eine zunehmend industrialisierte verändert hätte.

Zu diesen besonderen Merkmalen gehörte das, was in Anlehnung an die altsowjetische Terminologie «erbliche» *Saisonarbeit* genannt werden könnte. Denn anders, als die ältere Deutung meinte, erwies sich die Beibehaltung der Dorfgemeinde nach 1861 *nicht* als Hemmnis für die Versorgung der entstehenden Industrie mit Arbeitskräften. Vielmehr legt die Auswertung von Passdaten den Schluss nahe, dass beinahe jeder Dorfbewohner, der den Lebensunterhalt für sich und seine Familie außerhalb seiner Heimat verdienen musste (oder wollte), die Erlaubnis dazu auch erhielt. Die Prozedur war zwar mühsam und oft kostspielig, da die *obščina* auf den ungeschmälerten Erhalt ihrer Steuerfähigkeit achtete. Angehende Migranten mussten ihre Pflichten genau erfüllen und der Gemeinde, falls die zurückgelassenen Höfe verpachtet werden sollten, auch zuverlässige Nachfolger präsentieren. Letztlich aber wurden so viele Genehmigungen erteilt, dass eine Unterversorgung des Arbeitsmarktes nicht zu erkennen ist. Die Zahl der Pässe stieg zwischen den

1870er und den Vorkriegsjahren ohne nennenswerte Unterbrechung auf beinahe das Siebenfache. Dies führte schnell zu einem erheblichen Anteil nichtlandwirtschaftlicher Verdienste am Gesamteinkommen der bäuerlichen Familien. Für 1890 bis 1913, die Hoch-Zeit der wirtschaftlichen Vorkriegsentwicklung im Zarenreich, hat man geschätzt, dass in den 50 europäischen Gouvernements knapp 60% der arbeitsfähigen Männer nichtagrarische Zusatzeinkünfte erzielten, oder anders gesagt: dass im Durchschnitt 1,77 Personen eines bäuerlichen Haushalts, im Gouvernement Moskau sogar 2,62, außerhalb ihrer Dörfer arbeiteten.[49]

Offenbar verband sich ein solch erhebliches Ausmaß an kontinuierlichem «Weggang» (*otchod*) mit ausgeprägter Spezialisierung. Vielfach ist bezeugt, dass sich ganze Dörfer und Gegenden auf bestimmte Berufe konzentrierten. Die besonderen Kenntnisse und Fertigkeiten, die sich dann ansammelten, waren weithin bekannt; Arbeitgeber wussten, wo sie welche suchen mussten. So war der Kreis Suzdal' im Gouvernement Vladimir für seine Maurer und Stukkateure berühmt. Besonders viele Baumwollweber kamen aus dem Gouvernement Kaluga, während Seidenweber vor allem aus Bogorodsk östlich von Moskau stammten und das Personal für die Bedienung bestimmter Maschinen wiederum in anderen Gegenden zu finden war. Es liegt nahe, dass solch Spezialkenntnisse von Generation zu Generation weitergegeben wurden. Die Enkel beherrschten dieselben Fähigkeiten wie ihre Großväter und zogen oft in dieselben Fabriken wie diese. Wenn die altsowjetische Forschung die «Erblichkeit» zu einem wesentlichen Kriterium des von ihr mystifizierten «Proletariats» erhob, so galt es auch für diese große Gruppe permanenter und spezialisierter Saisonarbeiter. Soweit diese in den Städten Beschäftigung suchten – und das war immer häufiger der Fall –, kannten sie *beide* Milieus, das ihrer Familien und

das städtische. Diese Vermittlerrolle wurde zu einem wesentlichen Kennzeichen der russischen Arbeiterschaft und gewann
nach der Jahrhundertwende auch zunehmend an politischer
Bedeutung.[50]

Im Licht solch amphibischer Eigenschaften sollte man auch
die Daten über die anhaltenden Verbindungen russischer Fabrik-
arbeiter zum Dorf lesen. Die wohl zuverlässigsten verdanken
sich der zeitgenössischen Fabrikinspektion. So ergab eine Befra-
gung von 1395 Arbeitern der bekannten Moskauer Textilfabrik
Emil Zündel (Cindel') im Jahr 1899, dass 90% über eine zuge-
teilte Ackerfläche auf dem Dorf verfügten; die Hälfte von ihnen
besaß Haus und Garten. Und auch in einer so stark urbanisier-
ten Berufsgruppe wie den Moskauer Druckereiarbeitern kamen
noch 1907 fast zwei Drittel (65%) vom Land. 45,8% von ihnen
gaben sogar an, ihre dörflichen Parzellen selber zu bewirtschaf-
ten; weitere 16,4% hatten sie verpachtet. Daran scheint sich in
den folgenden Jahren so wenig geändert zu haben, dass eine ungleich breitere Erhebung über knapp eine Million Arbeiter noch
nach der Revolution (1918), als eine ‹proletarische Herkunft› er-
wünscht war, zu dem Ergebnis kam, dass fast ein Drittel (31,3%)
vor der Revolution Land besessen und ein Fünftel (20,9%) dieses
Land mit Hilfe ihrer Familie auch bestellt hatten.[51]

Offen bleibt aber, was solche Daten besagen. Die ältere Forschung deutete sie als Beleg für den Fortbestand der Nabelschnur zwischen Arbeiterschaft und Dorf. Die Mutation vom
Bauern zum verstädterten Arbeiter sei, wenn auch nicht auf
halbem Wege, so doch deutlich vor dem Ziel, zum Erliegen gekommen. Neuere Darstellungen drehen den Spieß um. Sie erkennen statt der Unfähigkeit, sich vom Alten zu lösen, die un-
geschmälerte Akzeptanz der neuen Verhältnisse – nur nicht
nach den Maßstäben des westlichen Modells. So schrumpft die
Zahl der Zündel-Arbeiter, die sich tatsächlich um ihr Land küm-

merten, genau besehen auf ein Minimum. Abgesehen davon, dass nicht einmal zwei Drittel der dazu Befragten überhaupt Auskunft über ihr Land geben konnten, überließen es 85% ihren Familien, es zu bearbeiten, 7,3% heuerten Knechte an, und weitere 14,3% verpachteten die Parzellen. Gewiss ist der Schluss begründet, dass solche Bindungen ans Land alles andere als eng waren.

Dies korrespondiert nicht nur mit dem Befund, dass dieselben Zündel-Arbeiter 1899 bereits auf eine Fabrikerfahrung von durchschnittlich 10,4 Jahren zurückblicken konnten. Auch andere Erhebungen der Fabrikinspektion stützen ihn. So ergab eine Umfrage schon für die achtziger Jahre (1881–1891), dass im Gouvernement Moskau 81,7% der Arbeiter das ganze Jahr über *ohne* Unterbrechung an den Werkbänken standen und *nur* 18,3% im Sommer auf dem Dorf aushalfen.[52] Und auch die zitierten Daten von 1918 kann man gegensinnig lesen. Im ersten Bürgerkriegsjahr erklärte *nur* jeder Fünfte, vor dem Krieg seine Parzelle mit Hilfe der Familie bewirtschaftet zu haben. Dies führt, als Kern einer neuen Deutung, zu der schlichten, aber zentralen Einsicht: dass sich beides, die Beibehaltung der Parzellen und ein sesshaftes städtisches Fabrikleben, eben *nicht* ausschloss. Allerdings folgt daraus nicht, wie meist zu lesen ist, dass die Bindung der Arbeiter an ihre Heimat nur noch formaler Natur gewesen wäre. Vielmehr war sie im Gegenteil aus anderen Gründen von existentieller Bedeutung, weil sie die Möglichkeit zur Rückkehr im Fall von Invalidität, Alter oder sonstiger Not offen hielt, mithin die verspätete Einführung einer Sozialversicherung (erst 1912) zu kompensieren half.

Unter Berücksichtigung dieser Besonderheiten lässt sich zweifellos ein eindrucksvoller Zuwachs der Arbeiterschaft beobachten. Die Daten müssen zwar zum Teil aus verschiedenen Quellen extrapoliert werden, dürften aber die Größenordnungen

richtig wiedergeben. Sie zeigen, dass die Zahl der in dieser Kategorie Subsumierten im halben Jahrhundert zwischen Bauernbefreiung und Erstem Weltkrieg (1860–1913) von 3,96 Mio. auf
17,8 Mio. stieg. Mithin wuchs sie, 1860 = 100 gesetzt, auf das
Viereinhalbfache (450).[53] Dies ergibt, wenn man angesichts
höchst ungefährer Bezugswerte eine erhebliche Unschärfe in
Kauf nimmt, bei einer Gesamtbevölkerung von ca. 61,2 Mio.
1863 und 165,7 Mio. 1913 einen Anteil von ungefähr 6,5 % bzw.
10,7 %.[54]

Allerdings tut man gut daran, diese Daten bei ihrer Deutung
als Indikator des sozialen Wandels im Gefolge westlich geprägter
wirtschaftlicher Modernisierung zu differenzieren. Denn nach
Branchen und Sektoren aufgeschlüsselt, zeigen sie vor allem
zweierlei: zum einen, dass die Zahl der *Industriearbeiter* im engeren Sinn, i. e. der Arbeiter in Fabriken mit mehr als 16 Beschäftigten (dies war die statistische Trennlinie zwischen ‹Groß›-
und Kleingewerbe) und der in Bergwerken Tätigen, im letzten
halben Jahrhundert des Zarenreichs zwar durchaus erheblich
zunahm (um fast 400 %); zum anderen aber auch, dass andere
Kategorien von Beschäftigten noch schneller wuchsen – sowohl
die sehr breite Gruppe Ungelernter in nichtagrarischen Sektoren
als auch die der Landarbeiter (um 640 %). Nicht zuletzt war es
die *Landwirtschaft*, die sich, an diesem Indikator gemessen, am
stärksten veränderte. Die Zahlen spiegeln, wie man zu Recht
kommentiert hat, auch den rapiden Prozess *ihrer* Kommerziali-
sierung und Monetarisierung.[55]

Trotz solch zäher Landbindungen hatte das Heranwachsen einer industriellen Arbeiterschaft auch im Zarenreich gravierende
soziale Konsequenzen. Sie lassen sich eindrucksvoll an einigen
Daten zur Urbanisierung ablesen. So stieg der Anteil der Stadtbewohner an der Gesamtbevölkerung im europäischen Reichsteil von 5,19 Mio. entsprechend 7,9 % im Jahr 1869 auf 16,3 Mio.

oder 12,8 % bei Kriegsausbruch 1914. Zwar war diese Quote im internationalen Vergleich eher gering (z. B. betrug sie im Deutschen Reich 1910 ca. 60 %). Aber gerade in einem Flächenland wie dem Zarenreich verbarg sie erhebliche regionale Differenzen. Zielpunkte der Zuwanderung waren vor allem die größeren Städte. Während kleinere sogar schrumpften, explodierten diese geradezu. Gab es 1856 nur eine einzige Stadt mit 100–500 000 Einwohnern, so waren es gut fünfzig Jahre später (1910) 19. Die beiden Metropolen überschritten die Grenze zu einer Million Einwohner, St. Petersburg zählte am Vorabend des Weltkriegs sogar 2,12 Mio. Prozentual zogen andere Städte noch mehr Arbeitssuchende an. Besonders die Exporthäfen Riga und Odessa florierten.[56]

Angesichts solcher Dynamik trat eben das ein, was die Autokratie bei ihren Reformen hatte verhindern wollen. Die Städte gerieten aus den Fugen. An ihren Rändern, meist in der Nähe der Fabriken, entstanden immer neue Ansiedlungen, notdürftig errichtet, im Barackenstil oder sonstwie roh zusammengezimmert. Zustände wie in der frühen englischen Industrialisierung verbreiteten sich auch in den russischen Städten, besonders in den Metropolen. Fabrikinspektoren prangerten dieselben Missstände an: kümmerliche Behausungen, Überbelegung, stickige Luft, Feuchtigkeit, und immer wieder Schmutz und Dreck. Das Armutsmilieu, wie Dostoevskij es in «Schuld und Sühne» beschrieb, wucherte; vorindustrieller Pauperismus verband sich mit proletarischem Elend und wandelte sich in der Wahrnehmung vom Nährboden des Verbrechens zum Gegenstand der Sozialkritik im prototypischen «Nachtasyl» Gorkijs. Auch Russland hatte nun seine ‹soziale Frage›.

Stadtgesellschaft im Wandel und neue Wirtschaftselite. Neben Arbeitskräften benötigten die neue Industrie und die moderne

Marktwirtschaft, die mit ihr entstand, insgesamt natürlich auch
eine unternehmerische Trägerschicht. Die überkommene korporative Verfassung der Städte schien dafür wenig geeignet.
Zwar war Katharinas Versuch, einen Stand «mittlerer Leute» zu
begründen, mit Blick auf deren Selbstverwaltung offenbar er-
folgreicher als meist angenommen. Wirtschaftlich aber hatte er
wenig bewirkt. Die Städte waren überwiegend arm geblieben,
und gerade die Kaufleute galten – wie die Dramen Aleksandr
Ostrovskijs illustrieren – als besonders ungebildet, engstirnig
und ängstlich-traditionsfixiert. Mit guten Gründen kamen die
Reformer der frühen 1860er Jahre daher zu der Überzeugung,
dass entschieden mehr Mobilität und Dynamik nötig sei und als
Voraussetzung dafür ständische Diskriminierungen fallen müssten. Zu Recht auch erkannten sie in der petrinischen Kopfsteuer
die wichtigste Fessel, die sozialen Aufstieg weitgehend verhin-
derte und auch die horizontale Bewegungsfreiheit stark ein-
schränkte. So war es nur konsequent, dass man sich entschloss,
den absehbar langwierigen (erst in den 1880er Jahren beende-
ten) Prozess ihrer Abschaffung einzuleiten und damit in den
Städten, wo die Kopfsteuer nicht mit der Leibeigenschaft verbunden war, begann. Dieser Akt befreite die *meščane* 1863 nicht
nur von einem schwer tilgbaren sozialen Kainsmal. Darüber hinaus bewirkte sie die faktische Aufhebung ihrer korporativen
Verfassung. Zwar blieb das *meščanstvo* als ‹Gesellschaft› im administrativen Sinn erhalten. Aber die fiskalische Solidarhaft, die
seine Mitglieder von Kaufleuten unterschied, entfiel nun. Damit
wurde es auch für die Bauern leichter, in die Stadtgemeinde zu
wechseln. Wenn sie die Zustimmung ihrer *obščina* erreichten,
was, wie erwähnt, häufig der Fall war, konnte das *meščanstvo*
keine Einwände mehr erheben.

Ein ähnlicher Abbau korporativ-rechtlicher Trennlinien vollzog sich in der *Kaufmannschaft*. Zum einen bewirkte schon die

Militärreform von 1874 einen tiefen Einschnitt. Indem sie die Pflicht der einfachen Stadtbürger zur Rekrutenstellung aufhob, beseitigte sie implizit ein ständerechtliches Privileg der Gilden, das vielen als das wichtigste galt. Kein *meščanin* musste fortan mehr seine letzten Rubel zusammenkratzen, um das Kapital für den Eintritt in die Kaufmannschaft aufbringen zu können. Zum anderen gaben die wachsende Größe und Kapitalintensität der industriellen und kommerziellen Unternehmen samt der Veränderung ihrer Eigentums- und Rechtsstruktur dem Staat Anlass, die Art seiner Besteuerung zu überdenken. Als er 1898 eine Gewerbesteuer einführte, die nicht mehr individuell zugerechnet wurde, sondern sich am Umsatz orientierte (um auch Aktiengesellschaften erfassen zu können), zerstörte er *eo ipso* auch das Fundament der Gildenkaufmannschaft alter Art. Jetzt erst löste sich jene Verbindung zwischen Gewerberechten und Gildenzugehörigkeit endgültig auf, die Katharina II. einst als Instrument zur Schaffung eines «Dritten Standes» hergestellt hatte.[57] Man musste nun nicht mehr «Kaufmann» im alten Sinn sein, um legal ein Gewerbe treiben zu können. Jeder war dazu berechtigt, der es anmeldete und Steuern zahlte – auch unternehmerische Bauern, die sich in den Städten niederlassen konnten, ohne nennenswerte ständerechtliche Barrieren überwinden zu müssen.

Bei alledem bleibt unklar, welche genauen sozialen Veränderungen die neue, importierte Dynamik bewirkte. Sie brachte zum einen die erwähnte Urbanisierung samt Massenelend in Arbeitervorstädten und einer ‹sozialen Frage› hervor. Zum anderen entstand aber zumindest in den Hauptstädten auch eine Schicht relativ wohlhabender Bürger. So verzeichnete ein St. Petersburger Stadtzensus 1910 6,5% selbständige Geschäftsinhaber, 1,2% Freiberufler und 3,3% «Rentiers», die von eigenen «Geldeinkünften» (z. B. als Hausbesitzer) leben konnten, mithin insgesamt 12%, die eine neuere Schätzung für 1913 sogar etwas groß-

zügig auf 19 % erhöhte.[58] Ein etwas früherer Zensus ergab für
Moskau 41 800 Personen, entsprechend 5,5 % der Einwohner, die
entweder Lohnarbeiter beschäftigten oder genügend Kapital besaßen, um keinem anderen Gewerbe nachgehen zu müssen.

Wenn man allerdings über diese städtische Oberschicht hinaus nach der *Unternehmer- und Finanzelite* im genaueren Sinne
sucht, wird man den Kreis enger ziehen müssen. So fanden sich
1906 in Moskau nur 313 und in St. Petersburg nur 236 Personen,
deren Fabriken mehr als 50 000 Rubel im Jahr umsetzten. Er-
hebt man einflussreiche Funktionen zum Kriterium, schrumpft
die Zahl noch weiter. Für das gesamte Reich nannte ein offiziöses
Verzeichnis im Stichjahr 1902 4624 Personen, die Leitungsfunktionen in russischen und ausländischen Aktiengesellschaften
ausübten, darunter 59, die in fünf oder mehreren Gremien tätig
waren. Sie können als Kern jener neuen *Bourgeoisie* gelten, die
der beschleunigte Industrialisierungsprozess nach westlichem
Muster unweigerlich hervorbrachte. Sie passten ebenso wenig in
die überkommene agrarisch basierte Sozialordnung wie die
Arbeiterschaft und mussten sich daher sowohl hier als auch in
der autokratisch geprägten Herrschaftsverfassung einen eigenen
Platz schaffen.[59]

Nach dem Zusammenbruch der Sowjetunion, als plötzlich
der enorme Nachholbedarf an einschlägigen Studien deutlich
wurde, ist mehrfach versucht worden, dieses «Großbürgertum»
nach seiner Herkunft, typischen Vertretern und seinem Charakter zu beschreiben. Allgemein tritt dabei im Wesentlichen nur
ein Merkmal zutage: Seine Mitglieder kamen aus *höchst unterschiedlichen Ständen und Milieus.* Zwar spricht vieles dafür, dass
die traditionelle städtische Oberschicht besonders gute Chancen
besaß, auch Teil der neuen zu werden. Vor allem in den ersten
Jahrzehnten der Nachreform-Ära gehörten ihr auffallend viele
Kaufleute der ersten Gilde und des noch exklusiveren Standes

der «erblichen Ehrenbürger» an. Sehr häufig war beides mit dem
Titel eines Kommerzien- bzw. Manufakturrats verbunden; noch
prestigeträchtiger war ein Orden, der meist auch den erblichen
Adelstitel eintrug. Aus naheliegenden Gründen kamen vor allem
die ersten Industriedynastien in den Genuss solcher, die Zeitenwende nachgerade symbolisierenden Auszeichnungen, zumal
viele von ihnen mit besonderem Ehrgeiz um diese Titel wett-
eiferten, die eben das mehrten, was sie *nicht* kaufen konnten:
Ansehen. Im Maße der Etablierung der neuen Wirtschaftsweise
aber löste sich die Nabelschnur zur korporativ-ständischen Gesellschaft. Titel und Orden mochten bleiben, aber der Kauf-
mannsrang sank, wie ein prominenter ‹Großbürger› 1913 provo-
kativ formulierte, zum «Relikt» einer vergangenen Zeit herab. So
fanden sich 1914 selbst im Leitungsgremium der ehrwürdigen
Moskauer Kaufmannsbank nur noch zwei Personen, die einer
Gilde angehörten.[60] Die neue Wirtschaftselite überwölbte die
Korporationen, die es administrativ durchaus noch gab, und war
sozial ‹transständisch›.

Von diesem gemeinsamen Merkmal abgesehen, hat man im
Wesentlichen Unterschiede in der Unternehmerschaft hervorge-
hoben. Vor allem folgende Typen sind immer wieder genannt
worden.

(1) Die *Moskauer* «Bourgeoisie» bildete die vielleicht größte,
in jedem Fall einheitlichste und prominenteste Gruppe. Ihr auf-
fallendstes Kennzeichen war die Herkunft vieler ihrer reichsten
Familien aus der *Bauernschaft* des Großraums um die alte
Hauptstadt. Diese Ursprungsregion zeigt zugleich eine weitere
Eigenart an: Die Moskauer Millionäre verdienten ihr Geld mit
Textilien. Es waren erfolgreiche Heimweber, die – oft aus der
Leibeigenschaft kommend – ihren Weg über das *meščanstvo* in
die Kaufmannschaft fanden und spätestens mit Beginn der
Reformära in deren höchste Ränge aufstiegen. Sie alle hatten das

Glück, die von den Stammvätern begründeten Vermögen über mehrere Generationen bewahren und vermehren zu können. Die Nachfahren erwiesen sich als fähig, bauten neue Fabriken mit modernen, überwiegend aus England importierten Spinn- und anderen Maschinen. Und sie gingen mit steigender Kapital- intensität zu neuen Eigentumsformen über, von Beteiligungs- gesellschaften bis hin zu reinen Aktiengesellschaften. Früh erkannten einige auch das finanziell-strategische Potential von Geschäftsbanken und schufen sich in diesem Bereich ein zweites Standbein. Trotz des Übergangs zu Anteilsgesellschaften blieben diese Unternehmen im weiteren Sinn Familienbetriebe. Es war typisch für das Moskauer Großbürgertum, dass sich die weni- gen, kaum mehr als ein Dutzend zählenden Dynastien des neuen Geldadels in zwei, drei Generationen verwandtschaftlich aufs Engste miteinander verbanden und die Vermögen untereinan- der weitergaben. So entstand eine recht geschlossene Gesell- schaft, die um die Jahrhundertwende das Wirtschaftsleben der alten Hauptstadt lenkte.[61]

(2) Ebenfalls in Moskau gab es daneben einen weiteren Unter- nehmertypus, der enger mit der alten Ordnung verbunden war. Er verkörperte den im Zarenreich insgesamt seltenen Fall einer generationenübergreifenden *Kontinuität* von der vormodernen *Kaufmannschaft* zur neuen industriellen Elite. Diese Familien waren zum Teil schon vor dem 18. Jahrhundert nachweisbar, schrieben sich meist unter Katharina II. in die Kaufmannschaft der umliegenden Kreisstädte ein und betrieben hier in der Regel zunächst einen Handel. Im zweiten Drittel des 19. Jahrhun- derts erkannten sie die Chancen der industriellen Produktion und investierten ihr Kapital meist ebenfalls höchst erfolgreich in Textilfabriken. Solche *nouveaux riches* brachten neben ihrem Vermögen ein Kapital mit, das den Memoiren eines der Ihren zufolge während einer typisch langen Übergangszeit bis über die

Jahrhundertwende hinaus noch wichtiger war: *Anciennität* und *gediegene Herkunft*.[62]

(3) Den Moskauer Unternehmern hat man häufig die *St. Petersburger* gegenübergestellt. Während jene aufgrund ihrer Herkunft aus dem bäuerlichen Kustargewerbe als Repräsentanten der frühen Industrialisierung galten, schrieb man diesen alle Merkmale der Modernität zu. Sie waren typischerweise Schwerindustrielle oder Bankiers. Unter Ersteren spielten Ingenieure eine größere Rolle, weil die hauptstädtische Industrie technisch höhere Anforderungen stellte. Fachwissen und Managementqualitäten zusammen brachten eine neue Gestalt hervor: den technischen *Experten*, der sich ökonomisch-organisatorisches Wissen aneignete und das Wagnis der Selbständigkeit einging. Er ersetzte gleichsam den Handwerker-Unternehmer, den es in Russland anders als in Mitteleuropa kaum gab. Hinzu kam bei allen eine ortsspezifische, enge Verbindung zur hohen Bürokratie. Der Geheimrat, der die lukrativen Seiten der Industrie und Bankenwelt entdeckte, war eine St. Petersburger Figur, keine Moskauer.[63]

(4) Eine auffallende Rolle spielten in beiden Hauptstädten (und darüber hinaus) Unternehmer mit *ausländischem* Hintergrund. Oft lebten sie schon länger im Zarenreich, wurden aber dennoch als Fremde wahrgenommen und pflegten diesen Abstand auch durch eigene soziale Kreise. Unter ihnen nahmen seit alters her Deutsche einen prominenten Platz ein. Meist gründeten ihre Vermögen, industrielle ebenso wie kommerzielle, auf ihre engen Verbindungen nach Westeuropa. Sie brachten ihnen in einer Phase intensiver Bemühungen des Zarenreichs, technisch aufzuschließen und generell in enge wirtschaftliche Beziehungen zu ihm zu treten, besonderen Nutzen. Am bekanntesten war sicher Ludwig Knoop aus Bremen, der zu einer Art Monopolimporteur für moderne Baumwollspinnmaschinen und zum

Teilhaber an fast allen großen Textilunternehmen des Reiches wurde.[64]

(5) Einen eigentümlichen Typus markierte schließlich auch der *adelige Unternehmer*. Mit zunehmender Industrialisierung erkannte ein erheblicher Teil besonders der titulierten Aristokratie in Leitungsfunktionen der modernen Wirtschaft eine lukrative Ergänzung zum Landbesitz, wenn nicht sogar einen Ersatz. Besonders in den Bankvorständen häuften sich Fürsten und Grafen und in den Leitungsgremien und Aufsichtsräten von Aktiengesellschaften generell Inhaber höchster Ränge, die häufig aus dieser Elite stammten. Dies war beileibe keine russische Eigenart; vielmehr folgte das Zarenreich auch darin anderen ‹industriellen Monarchien› wie Deutschland oder England.

Sicher ginge es zu weit, solche Befunde als Beleg für eine ‹Verbürgerlichung› des Adels zu werten, zumal es in Russland (anders als in Westeuropa) nie als unstandesgemäß galt, dass ein Wohlgeborener kaufmännische Einkünfte erzielte. Dennoch waren sie insofern bezeichnend, als sie auf eine neue Form des Umgangs zwischen sozialen Schichten verwiesen, die eben noch durch Welten getrennt waren: Angehörige altmoskowitischer Fürstengeschlechter saßen mit Enkeln Leibeigener, reich gewordenen Kaufleuten, Parvenus aus dem *meščanstvo* und – oft jüdischen – Wirtschaftsjuristen an ein und demselben Tisch. Die überkommene, korporative Gliederung hatte in diesem neuen Segment der Gesellschaft ausgedient und wurde von anderen Kriterien verdrängt. Zwar ging solche ‹Kommensalität› über die geschäftliche Ebene selten hinaus; es verursachte einen Skandal größten Ausmaßes, als sie zum Konnubium führte und aus einer jüdischen Bankierstochter 1906 eine Fürstin Gagarina wurde. Aber im beruflichen Miteinander nahm eine neue ‹transständische› Schicht Gestalt an, die sich nach *funktional-professionellen* Kriterien zusammenfand. Sie schickte sich an, über die industrialisierte Wirtschaft hinaus zur Elite der ihr nahestehenden Segmente der Gesellschaft – mit Ausnahme also vor allem des Hofes und der Provinzverwaltung – zu werden.

Neue Intelligenz. Was an der Unternehmerschaft deutlich wurde, zeigte sich in ähnlicher Weise bei der Intelligenz. Auch sie bildete sich nicht nur neu, sondern rekrutierte ihre Mitglieder in besonderem Maße aus «verschiedenen Ständen». Nicht ohne Grund avancierte der Begriff für solche Personen (*raznočincy*) beinahe zum Synonym für die *intelligenty* der 1850er und 1860er Jahre. Zugleich wandelte sich diese Gruppe mit fortschreitendem Wachstum von einer Erscheinung des geistig-kulturellen Lebens zu einer sozialen Schicht im breiten Verständnis einer akademisch qualifizierten Elite. In dieser Definition war auch sie von der Industrialisierung und der sie begleitenden Modernisierung des gesamten öffentlichen Lebens (mit Ausnahme der Herrschaftsordnung) nicht zu trennen. In Wirtschaft und Gesellschaft des Zarenreichs entstand ein zunehmender Bedarf an Spezialisten: In den maschinenbestückten Fabriken brauchte man Ingenieure, in den Krankenhäusern und zur Seuchenvorsorge Ärzte, an den neuen Gerichten Juristen, im rasch expandierenden Schulwesen Lehrer, zur Verbesserung landwirtschaftlicher Anbautechniken Agronomen, im Zeitungswesen Journalisten und in der Verwaltung, besonders der hohen, deren Aufgaben immer anspruchsvoller wurden, Fachleute verschiedener Art.

Es ist überaus schwierig, diesen Prozess mit Daten zu unterfüttern. Zwar sind nicht wenige zusammengetragen worden, aber es mangelt an aussagekräftigen Bezugsgrößen. Rein illustrative Einzelaussagen müssen daher genügen. So wuchs die Zahl der Absolventen von Fachhochschulen und Universitäten von ca. 20 000 zu Beginn der 1860er Jahre auf ca. 85 000 am Jahrhundertende, um danach bis zum Weltkrieg, ablesbar an der hohen Zahl von

Abiturienten (1905–1913 ca. 220 000), noch einmal auf ca. das
Elffache zu steigen. Die Zahl der einfachen, in eigenen Semina-
ren ausgebildeten und meist auf dem Lande tätigen Lehrer (darunter viele Frauen) verdoppelte sich allein in den beiden letzten
Dekaden des 19. Jahrhunderts, die der Gymnasialprofessoren
und Realschullehrer erhöhte sich zwischen Jahrhundertwende
und Weltkrieg um ca. das 3,6-Fache. Die Zahl der «diplomierten
Advokaten» – ihre nicht vereidigten, aber ausgebildeten Helfer
also eingeschlossen – stieg zwischen den 1890er Jahren und 1916
auf beinahe das Dreifache. Die der Ingenieure, deren hohe Zeit
erst mit der beschleunigten industriellen Expansion der 1890er
Jahre einsetzte, wuchs 1901–1917 um das Anderthalbfache; allein
im letzten Vorkriegsjahr waren in den Technischen Hochschulen des Reichs 27 000 Studenten eingeschrieben.[65]

Aber nicht nur die Dynamik und ihre soziale Dimension allein rücken diesen Wandel in den Kontext der ‹Verwestlichung›
des Zarenreichs im letzten halben Jahrhundert seines Bestehens.
Wichtiger noch waren seine institutionellen und politischen
Folgen. Denn eben das Wesensmerkmal der Intelligenz, ihre
Qualifikation, begründete auch zwei Prozesse, die sich vor allem
nach der Jahrhundertwende bemerkbar machten. Ähnlich wie
in anderen Ländern entwickelten die russischen Experten ein
Bewusstsein ihrer besonderen Kenntnisse und schlossen sich auf
dieser Grundlage zusammen. Angesichts der wachsenden Kritik
an der Allmacht der Autokratie beschränkten sich solche *Berufs-*
verbände in aller Regel nicht auf die interne Kommunikation
und die Vertretung eigener Interessen. Die meisten standen den
Zemstva nahe, bei denen die große Mehrzahl ihrer Mitglieder
auch beschäftigt war. Sie stimmten ein in den Chor derer, die
eine Partizipation der Gesellschaft an politischen Entscheidungen forderten und auf regionaler Ebene, in den Gouvernements
und den Städten, die 1864 bzw. 1870 dafür begründeten Möglich-

keiten nutzten. *Professionalisierung* und gesellschaftliche *Eigentätigkeit* gingen Hand in Hand. Es waren nicht zuletzt Vertreter der neuen Intelligenz, die sich in die Stadtparlamente wählen ließen und hier die Kaufleute alter Art ablösten. Vor allem aus ihren Reihen ging der neue Typus des «gesellschaftlichen» oder «öffentlichen» «Aktivisten» (*obščestvennyj dejatel'*), hervor, der sich für die Belange des Gemeinwesens (in der Regel auf lokaler Ebene) einsetzte und den man etwas anachronistisch als Kommunalpolitiker bezeichnen könnte. Was damit auf den Weg kam, trug fraglos den Keim einer *Zivilgesellschaft* in sich, wenn man diesen Begriff im Sinne Tocquevilles vor allem mit der Eigeninitiative unabhängiger Individuen verbindet. Denn in Gestalt der Intelligenz und besonders ihrer jungen, selbstbewussten Mitglieder wuchs eine Schicht heran, die erstmals aktive Mitwirkungsrechte einer ‹Staatsbürgergesellschaft› nicht nur einklagte, sondern in den gegebenen Grenzen einer faktisch zunehmend beschränkten Autokratie oft und in wachsendem Maße auch praktizierte. In dieser Hinsicht bildeten die Berufsverbände der Intelligenz gleichsam Muster für Vereine und Klubs verschiedenster Zielsetzung, die besonders nach der Revolution von 1905/06 unter maßgeblicher Beteiligung ihrer Klientel wie Pilze aus dem Boden schossen.[66]

c. Politischer Wandel: liberale Opposition, faktischer Konstitutionalismus, neue Öffentlichkeit. Nicht zuletzt infolge solcher Entwicklungen zeitigte der Aufbruch nach Europa auch politische Folgen. Sie führten zum einen zur Entstehung politischer Parteien und zur Erzwingung einer Verfassung samt der Einberufung eines Parlaments. Zum anderen äußerten sie sich, damit oft eng verbunden, in wachsendem Engagement der städtischen Eliten sowohl in der städtischen Selbstverwaltung und den erwähnten Berufsverbänden als auch in diversen Vereinen und

Klubs. Dem entsprachen auf Seiten der städtischen Unterschichten ein analoger Anstieg der Beteiligung an gewerkschaftlichen
Aktivitäten sowie generell eine zunehmende, temporär explosive
Protestbereitschaft. Eben dies hatte die Autokratie zu verhindern
gesucht. Sie behielt die *obščina* als vermeintliche Barriere gegen
ungebremste regionale Mobilität und frühe, paternalistische Arbeiterschutzgesetze (schon Mitte der 1880er Jahre) bei. Rigoros
verfolgte sie sozialistisch-revolutionäre Gruppen und verbot wiederholt jegliche Versuche von Organen der städtischen Selbstverwaltungen oder der Zemstva, ein zentrales Repräsentativorgan auf gesamtstaatlicher Ebene zu schaffen, weil dieses eine
parlamentsähnliche Qualität hätte annehmen können. Am Ende
musste sie aber dem gleichzeitigen Druck der guten ‹Gesellschaft› (von Besitz und Bildung), die auf Partizipation am politischen Entscheidungsprozess drängte, sowie des Massenstreiks
der städtischen Arbeiter und der Plünderung von Gutshöfen
durch aufständische Bauern, die ihre jeweiligen sozialen Forderungen erhoben, doch nachgeben.

Diese sog. Erste Russische Revolution von 1905/06 leitete das
letzte Jahrzehnt zarischer Herrschaft ein. Zu Unrecht ist diese
Phase lange Zeit vor allem unter dem Blickwinkel des endgültigen Zusammenbruchs gesehen worden. Tatsächlich aber war sie
nicht nur der Anfang vom Ende, sondern zumindest im europäischen Reichsteil zugleich eine *Blütezeit*, die das Zarenreich auch
politisch und soziokulturell so *nah an Westeuropa* heranrückte
wie nie zuvor. Dies zeigte sich im Ringen zwischen Parlament
und monarchischer Exekutive, in einer neuen, diesen Prozess
begleitenden publizistischen Öffentlichkeit, im Lebensstil und in
den Normen der wirtschaftsbürgerlichen Elite samt der urbanen, besonders der akademischen Mittelschicht sowie generell
in der fortschreitenden, von der Modernisierung der Städte
begleiteten Industrialisierung. In der langen, wechselhaften und

sektoral so unterschiedlichen Geschichte von Annäherung und Entfremdung zwischen Russland und Europa hatte sich die Waagschale tief zu Letzterem geneigt. Insofern hatte sich das programmatische, gewiss auch im Geist ihres großen Vorgängers formulierte Diktum Katharinas II. bewahrheitet, dass Russland eine «europäische Macht» sei. Zugleich brachten es aber die politischen Begleiterscheinungen eben dieser Entwicklung auch mit sich, dass seine Herrschaftsordnung in Misskredit geriet. Modernisierung und Verwestlichung ließen sich nicht auf erwünschte Folgen begrenzen. Vielmehr erzeugten sie eine Dynamik, die sich der Kontrolle durch die Autokratie zunehmend entzog und ihr unter der beschleunigenden, disruptiven Einwirkung des Weltkriegs schließlich zum Verhängnis wurde.

Unter den moderaten Gegnern der Selbstherrschaft traditioneller Prägung waren die *Liberalen* die ersten, die ihre Kräfte bündelten. Zum Teil war dies längst geschehen. Denn gemäß der üblichen, korrekten Genealogie rekrutierten sie sich großenteils – und rein quantitativ sicher ganz überwiegend – aus den Zemstva und den Stadtverwaltungen. Es waren deren tragende Akteure, die gewählten Vorsitzenden und Mitglieder der jeweiligen Exekutivgremien, die ihr Engagement für das Gemeinwesen auf den gesamten Staat ausdehnen wollten. Zwar bestanden unterschiedliche Vorstellungen darüber, welche konkrete politische Ordnung dafür geeignet war. Aber dass die autokratische Allgewalt durch eine geschriebene Verfassung und die Einrichtung eines Parlaments aus Repräsentanten der Gesellschaft, das (in welcher Form auch immer) an der Gesetzgebung beteiligt werden sollte, zu beschränken sei, gehörte zum Minimalkonsens des «Zemstvo-Liberalismus». Es hat sich eingebürgert, diese sehr allgemeine Zielvorstellung mit einer konstitutionellen Monarchie gleichzusetzen. Dabei ergab sich unmittelbar nach der Jahrhundertwende, als der gesamte Prozess der ‹Aggregierung› gemeinsamer politischer Interessen begann, noch keine Notwendigkeit, den Status und die Rechte des Parlaments näher zu bestimmen; erst recht blieben die Modalitäten seiner Wahl offen.

Man darf unterstellen, dass viele Zemstvopolitiker mit den begrenzten Kompetenzen, die ihnen im Rahmen der *Auftragsverwaltung* gewährt worden waren, grundsätzlich einverstanden waren, auch wenn sie sich eine Erweiterung wünschten. Mitte Oktober 1905 traten die Liberalen auf dem Höhepunkt der neu eroberten Freiheit in Moskau zu ihrem ersten Kongress zusammen. Zeitgleich zwang ein Generalstreik der Arbeiter und Angestellten Zar Nikolaus II., eine Verfassung samt Einberufung eines Parlaments zu versprechen. So viele liberale Delegierte stimmten dafür, sich mit dieser recht allgemeinen Zusage zu begnügen, dass sie sich zu einer eigenen Organisation zusammenschließen konnten. Neben den gemäßigten Monarchisten bildete diese «Partei des 17. Oktober», kurz: die Oktobristen, die wesentliche Stütze jenes «konstitutionellen Experiments», als das man die politische Ordnung in den verbleibenden Jahren zwischen Revolution und Weltkrieg (1907–14) bezeichnet hat.[67]

Weil das kurze, in höchster Not konzedierte Oktobermanifest viele entscheidende Details, vor allem die genauen Rechte des Parlaments und sein Verhältnis zur Exekutive, nicht zufällig offen ließ, desgleichen über das Wahlverfahren weitgehend schwieg, schloss sich die Mehrheit der Kongressdelegierten weniger kompromissbereiten Rednern an. Sie plädierten dafür, sich nicht mit den mageren Zugeständnissen zufriedenzugeben, nach Möglichkeit weiterhin Druck auszuüben und die Duma zu nutzen, um wirkliche liberale Prinzipien durchzusetzen.

Vieles stützt die übliche Sicht, dass diese Strömung des Liberalismus vor allem von der akademisch qualifizierten Elite, namentlich relativ zahlreichen Zemstvo-Angestellten wie Ärzten, Ingenieuren, Agronomen u.a., getragen wurde. Anders als die «Zemstvo-Konstitutionalisten» hatten sich ihre führenden Köpfe im Ausland treffen müssen (1902), um eine erste Organisation und eine Zeitung zu gründen. Schon in diesem «Befreiungsbund» spielte Pavel Miljukov eine entscheidende Rolle; er wurde auch im Oktober 1905 an die Spitze der «Konstitutionell-Demokratischen Partei» gewählt und blieb bis zum bolschewistischen Umsturz zwölf Jahre später ihr begabtester Kopf und nachgerade allgegenwärtiger Akteur. *Sein* Liberalismus, zu dessen vorrangigen Forderungen ein dem *Parlament* (und nicht dem Kaiser) ‹verantwortliches Kabinett› gehörte, war im Rahmen der Autokratie tatsächlich demokratisch-revolutionär. Damit blieben die Konstitutionellen Demokraten (oder «Kadetten») auch nach der Verkündung der Verfassung Ende April 1906, die dem Zaren das exklusive Recht beließ, seine Minister zu ernennen und ihn auch weiterhin als unbeschränkten Herrscher bezeichnete, eine oppositionelle Partei. Folgerichtig wurde sie anfangs auch verboten und erst nach einer tiefgreifenden Wahlrechtsänderung Anfang Juni 1907, die eine zarentreue konservative Mehrheit dauerhaft sicherstellte, faktisch geduldet.

Zwar führte Miljukov seine, nunmehr zur Minderheit geschrumpfte Partei in der Folgezeit auf einen zunehmend pragmatischeren Kurs, der zum Spott über solche «Opposition seiner Majestät» Anlass gab. Aber nach der Ermordung des gleichfalls pragmatisch agierenden Ministerpräsidenten Petr Stolypin Anfang September 1911 legte er wieder Wert auf größere Distanz zur unsteten und inkompetenten Regierung, um während des Kriegs zum unangefochtenen Sprecher der parlamentarischen Opposition gegen eine zunehmend starrsinnige Autokratie zu werden.

Wie immer man die Politik der Kadetten in diesen Jahren, in denen sie sich von ihren radikaldemokratischen Forderungen aus den Jahren der Ersten Revolution entfernten und sich konservativ-liberalen annäherten, beurteilt – außer Zweifel steht, dass sie eine politische Ordnung anstrebten, deren Vorbilder nur in Westeuropa zu finden waren.

Ähnliches galt für die Oktobristen in dem Maße, wie sie vor allem während des Weltkriegs ein Stückweit nach «links» rückten und einem monarchischen Konstitutionalismus nähertraten, der dem Parlament deutlich größeres Gewicht zu geben bereit war. Beide Entwicklungen ebneten den Weg zur Kooperation in der ersten «Provisorischen Regierung» nach dem Sturz der Autokratie Ende Februar 1917, zumal sich Miljukov in den Beratungen über die postrevolutionäre Staatsform für eine konstitutionelle Monarchie nach englischem Muster aussprach. Nichts illustriert diese *politische Verwestlichung* der letzten anderthalb Jahrzehnte zarischer Herrschaft so augenfällig wie eben die Ordnung, die ihr (als schicksalhafte Bürde Russlands leider großenteils nur in Dekreten und formal-institutionell) folgte: die liberale, auf Gleichheit und Freiheit ihrer Bürger gegründete Demokratie des Februarregimes.[68]

Analog zu den prägenden Parteien erscheint inzwischen auch die *politische Praxis* der Verfassungsjahre nach 1906 insgesamt als Beleg für die Annäherung des Zarenreichs an europäische Verhältnisse. Denn die einstige Diagnose des klaren Scheiterns ernst zu nehmender Mitsprache der Gesellschaft hat Vorbehalten und Einwänden Platz gemacht. Was Max Weber aus zeitgenössischer Perspektive als «Scheinkonstitutionalismus» bezeichnete, entpuppt sich im Rückblick doch als tatsächliche und nicht bloß papierne Veränderung. Zwar blieben die formalen Rechte des Parlaments auch bei wiederholter Lektüre bescheiden. Nur hat man die Perspektive gewechselt und statt der Buchstaben die Realität des politischen Prozesses in den Blick genommen. So gesehen zeigt sich, dass alle wichtigen Gesetze nicht ohne Beteiligung der Duma und oft erst nach zähem Ringen zwischen ihren Ausschüssen und der zarischen Regierung beschlossen wurden. Faktisch also entschied das Parlament mit, auch wenn sich der Autokrat über jegliche Einwände hinwegsetzen konnte – und dies auch tat.

Es ist schwer, diesen Zustand auf einen Begriff zu bringen. Fraglos lag die Souveränität letztlich beim Monarchen; dennoch war dieser bzw. die von ihm ernannte Regierung gut beraten, sich mit den Volksvertretern zu verständigen. Eine paradoxe Verflechtung entstand, die man als typisches Merkmal des Übergangs werten kann. Faktisch hatte sich auch das Zarenreich auf den Weg zu einem echten *Konstitutionalismus* gemacht, wie lang er auch sein mochte.

Dazu trugen zwei andere, neuartige Entwicklungen, die sich ungefähr parallel vollzogen, nicht unerheblich bei. Zum einen erweiterte sich die *publizistische Öffentlichkeit* nachhaltig. Zeitungen und Zeitschriften hatte es schon länger gegeben; ihre erste Blüte und Entstehung einer annähernd freien, nationsweiten Diskussion lässt sich auf die erste Dekade nach dem Krimkrieg datieren. Der Aufschwung aber, der mit der Revolution einsetzte, bedeutete einen Sprung und markierte eine neue Qualität öffentlicher Partizipation am politischen und gesamtgesellschaftlichen Geschehen. Neue Periodika schossen, auch und gerade in der Provinz, wie Pilze aus dem Boden – von 161 im Jahr 1900 (davon 125 Zeitungen) auf 2167 (davon 878 Zeitungen) 1913. Analog erreichten die Auflagen ungeahnte Höhen. In Moskau und St. Petersburg las statistisch jede Familie eine Zeitung. Und auch für die Provinz (im europäischen Reichsteil) ergab eine Umfrage am Vorabend des Weltkriegs, dass ein Drittel der Bevölkerung die größte Zeitung des Landes lese und ein Viertel eine regionale. Mithin entstand in wenigen Jahren, angestoßen durch die Revolution, aber weiter genährt durch das Parlament,

die Parteien und den gesamten neuen politischen Prozess, ein so
breites Interesse am allgemeinen politischen Geschehen, wie man
es noch wenige Jahrzehnte zuvor kaum für möglich (und aus der
Sicht vieler auch nicht für wünschenswert) gehalten hätte.[69]

Ganz ähnlich ist die drastische Vermehrung von *Vereinen*,
Klubs, Berufsverbänden und sonstigen Vereinigungen zu werten,
die der Staat als «gesellschaftliche Organisationen» zusammen-
fasste. Auch solche, mehr oder weniger lockere Assoziationen gab
es schon länger, kaufmännische und adelige Klubs z. B. bereits
seit der Ära Katharinas II. Aber sie hatten ihren Charakter im folgenden Jahrhundert kaum verändert und im Wesentlichen zwei
Zwecken gedient – entweder der ständischen Geselligkeit oder,
mit wachsender Häufigkeit seit den 1860er Jahren, obrigkeitlich
geförderten, karitativen Zwecken. Mit der Modernisierung von
Wirtschaft und Gesellschaft setzte in den 1890er Jahren eine völlig neue Entwicklung ein, der die Revolution von 1905/06 einen
weiteren Schub gab. Zum einen stieg die schiere Zahl solcher
Vereinigungen stark an; allein zwischen 1906 und 1909 regis-
trierte man 4800 neue (zum Vergleich: 1901 mochte es ca. 6700
gegeben haben). Zum anderen diversifizierten sich ihre Zwecke.
Neben die karitativen, ständischen und medizinischen Aufgaben traten nun viele weitere, die von der Förderung verschiedener Künste bis zur Verbreitung des Radsports reichten. Neue
Zwecke, die neue Bedürfnisse einer zunehmend differenzierten
Gesellschaft spiegelten, ergänzten oder ersetzten die alten, die –
abgesehen vom uralten Bedürfnis der Eliten, unter sich zu bleiben – deutliche Merkmale der komplementären Wahrnehmung
(sozial)staatlicher Aufgaben trugen. Notwendigerweise veränderten sich damit auch die Mitglieder- und Trägerschaft der Vereine. Sie öffneten sich neuen sozialen Schichten. In diesem Sinne
durchliefen sie eine Demokratisierung und Individualisierung.

Prototypisch dafür war zum einen die Gründung «allgemein-

zugänglicher» Zusammenschlüsse, die ihren explizit ‹transstän-
dischen› Charakter bereits im Titel deutlich machten. Zum anderen entstand eine breite Palette sozialer Hilfsorganisationen,
die meist im unteren städtischen Milieu angesiedelt waren. Deren Übergang zu Kooperativen und Gewerkschaften war, etwa
bei Zusammenschlüssen von Ladengehilfen und Angestellten,
fließend. Und auch die vielen berufsständischen Kongresse, die
im Schutz der neuen Verfassung stattfanden, belegen, dass die
Eigenaktivität der Gesellschaft mit der Niederschlagung der Revolution nicht einfach zum Erliegen kam. Wie bei den Parteien
ließ sich der Geist, der aus der Flasche entwichen war, nicht einfach zurückstopfen, sondern nur kanalisieren. So fanden 1908
ein Frauenkongress und ein Kongress von Kooperativen aus
dem ganzen Land, 1909 ein Kongress gegen Alkoholismus, 1909
und 1911 Kongresse der Fabrikärzte, 1911 ein Kongress von Bib-
liothekaren und andere mehr statt.[70]

Zwar behielt sich die Obrigkeit bei beiden Formen der gesellschaftlichen Eigentätigkeit *de jure* letztlich unbegrenzte Kont-
rollmöglichkeiten vor. Die Grundlage dafür bildete ein Vereins-
gesetz vom März 1906, das vor allem die Gewerkschaften an die
Leine legen sollte. Es war aber bezeichnend, dass man es nicht
wagte, sie samt der übrigen «gesellschaftlichen Organisationen»
völlig zu verbieten. Vielmehr kam es zu einem Kompromiss, der
sich durchaus mit der Schaffung des Parlaments vergleichen
lässt. Man regulierte sie und gab dem Gouverneur weitgehende
Aufsichtsbefugnisse. Zugleich listete das Gesetz jedoch die
Gründe auf, die eine Ablehnung rechtfertigten, und richtete
unter Einbeziehung der Städte und der Zemstva ein Kollegial-
organ ein, das die Entscheidung zu treffen hatte. Damit blieben
die Vereine zwar in starkem Maße vom Wohlwollen der Obrigkeit abhängig. Die Praxis zeigte aber, dass es manche liberale
Gouverneure gab und die Behörden oft auch nicht zu effektiver

Aufsicht in der Lage waren. Es mag offen bleiben, ob man so weit gehen sollte, die berufsständischen Kongresse mit «Parlamenten der öffentlichen Meinung» zu vergleichen.[71] In jedem Fall konnten sie mit der Aufmerksamkeit einer zunehmend selbstbewussten Gesellschaft rechnen.

Fallstudien legen den Befund nahe, dass sich solche Veränderungen primär auf *regionaler* Ebene vollzogen. Im Umkreis der Stadtparlamente bildete sich seit der Jahrhundertwende, merklich vorangetrieben durch den Aufstand von 1905, so etwas wie eine *Kommunalpolitik*. Der erwähnte neue, akademisch qualifizierte, eng mit den entstehenden «freien Berufen» und der Intelligenz im funktionalen Sinne verbundene Typus nahm Gestalt an: der «gesellschaftliche Akteur», der in der lokalen Öffentlichkeit, zwischen Gruppen- und allgemeinem Interesse, idealiter aber nur der Sache verpflichtet, agierte. Analog zum Wandel des politischen Prozesses auf Reichsebene kann man in dieser soziopolitischen *Selbstorganisation* ebenfalls eine neue, zukunftsträchtige Entwicklung sehen. Wenngleich auf die Städte und Provinzen beschränkt, entstanden auch im Zarenreich Keime einer *Zivilgesellschaft*, die darauf warteten, sich entfalten zu können. Diese Zeit kam mit dem Weltkrieg, dessen innere Folgen (Nahrungsmittelknappheit, Verwundetenfürsorge) die staatliche Bürokratie hoffnungslos überforderten. Handlungsfähig blieben (neben dem kompetenzarmen Parlament) allein die Organe der gesellschaftlichen Selbstverwaltung. Ihnen fiel im Februar 1917, nach dem Sturz der Autokratie, die Aufgabe zu, die liberalen Forderungen der Revolution von 1905/06 umzusetzen – und damit die Resultate des Übergangs vom monarchischen Prinzip zur konstitutionellen Demokratie, der sich nach dem Vorbild der ersten Phase der Französischen Revolution in Mittel- und Südeuropa im Laufe des 19. Jahrhunderts vollzogen hatte, auch nach Russland zu übertragen.[72]

d. Kultureller Wandel: Bildungsoffensive, Modernisierung der Städte, zeitgenössische Architektur und ästhetische Avantgarde. Schließlich konnte der umfassende Wandel, den die Niederlage im Krimkrieg auslöste, auch die Kultur des Zarenreichs nicht aussparen. Weder die Wohnverhältnisse und andere einkommensabhängige Aspekte der materiellen Existenz noch die geistige Welt samt ideengesteuerter Verhaltensweisen blieben unberührt. Wenn Bauern in die Stadt zogen, um hier ihr Geld zu verdienen, brachten sie Uhren und modische Kleidung mit zurück. Wenn Kaufleute zu erfolgreichen Unternehmern wurden, ließen sie sich stattliche Villen errichten und gingen ins Theater. Wissenschaftler und Intellektuelle rezipierten neue, ausländische Ideen und bemühten sich, sie in Russland zu verbreiten. Literatur und Kunst, die schon seit dem 18. Jahrhundert den großen geistigen Strömungen Europas folgten, nahmen noch engeren Anteil an den ästhetischen Theorien und der Formensprache der europäischen Moderne. Trotz des Widerstands traditioneller Institutionen (wie der Kirche) und trotz seiner regionalen und sektoralen Konzentration lief der Gesamtprozess auf eine weitgehende Öffnung der geistigen und materiell-technischen Kultur Russlands nach Westeuropa hinaus, das nicht zuletzt in dieser Hinsicht den Maßstab der Moderne setzte. Fraglos gehörte das Zarenreich nun in einem neuen Sinn zu Europa – nicht nur in der zwischenstaatlichen Diplomatie und im Lebensstil einer schmalen aristokratischen Oberschicht, sondern auch in enger, von der wirtschaftlichen Verflechtung nicht zu lösender Weise: zivilisatorisch-kulturell und geistig-ästhetisch generell.

Schulen und Universitäten. Wenn man, dem üblichen, unbestimmt breiten Begriff von Kultur folgend, Schulen und Universitäten einbezieht, liegen die einschlägigen äußeren Resultate der Modernisierung in dreifacher Hinsicht auf der Hand: Die

Zahl der Einrichtungen und Absolventen nahm erheblich zu; besonders stark expandierten die Elementarschulen; zugleich änderte sich die soziale Prägung der Schüler und Studenten. Auf allen Stufen büßte Bildung seinen Charakter als Privileg einer Minderheit mehr und mehr ein. In diesem Sinn begann auch in Russland, wenngleich langsam und auf den jeweiligen Niveaus unterschiedlich – in den ‹Volksschulen› zuerst, an den Universitäten zuletzt – ein Prozess allmählicher Demokratisierung von Bildungschancen. Damit trat eben das ein, was die Autokratie eigentlich hatte verhindern wollen. Insofern vollzog sich dieser Prozess in ähnlicher Weise gegen ihren Willen, wie auch die Industrialisierung gegen den Wunsch der agrarischen Eliten im engsten Umkreis des Zaren fortschritt. Aber den Gesamtprozess anzuhalten, war – wenn überhaupt – nur um den Preis wachsender ökonomischer Rückständigkeit und des Verlusts an internationaler Durchsetzungskraft möglich.

Den größten Erfolg konnte die Elementarbildung verbuchen. Er verband sich aufs Engste mit den Aktivitäten der Zemstva, in deren Zuständigkeit sie auf dem Lande fiel. Dass Bauern nun in großer Zahl lesen, schreiben und rechnen lernten, war vor allem ihr Verdienst und eine ihrer bedeutendsten Leistungen. Aber auch die Kirche und die Dorfgemeinden selber engagierten sich zunehmend, so dass die Gesamtzahl der Dorfschulen zwischen 1894 und 1914 von 54 416 auf 108 280 stieg. Differenzierter und aufschlussreicher sind – nicht zuletzt für die ersten Jahrzehnte nach der Bauernbefreiung – Gesamtdaten über Elementarschulen in Stadt und Land. Sie zeigen, dass deren Zahl von gerade einmal 8227 im Jahr 1856 auf 87 080 1896 und 100 749 1911, mithin um mehr als das Zehnfache wuchs; entsprechend kletterte die Zahl der Schüler von gut 450 000 auf 6,6 Mio. Im Schlussjahr dieser Datenreihe machten die städtischen Schulen dabei einen Anteil von ca. 10 % aus, so dass der allergrößte Teil dieses Erfolgs

auf den Dörfern stattfand. Dies spiegelte sich auch in der Alpha-
betisierungsquote. Zwar rangierte Russland als Ganzes im europäischen Vergleich auf einem der hinteren Plätze. Nur muss man
erhebliche Unterschiede zwischen den Regionen, zwischen Stadt
und Land sowie zwischen Alt und Jung berücksichtigen. In jedem Fall führt der oft zu lesende Befund, dass gemäß dem letzten allrussischen Zensus von 1897 nur 21,1% aller zarischen
Untertanen das Alphabet beherrschten, schon deshalb in die
Irre, weil die eigentliche Expansion erst danach einsetzte. Anderthalb Jahrzehnte später (1913) konnten 68% aller Rekruten lesen und schreiben, und im europäischen Reichsteil besuchten
60% aller 8–11-jährigen Kinder eine Schule. In den Städten, wo
schon 1897 fast jeder Zweite alphabetisiert war, dürfte dieser Anteil noch sehr deutlich darüber gelegen haben.[73]

Auch die *mittlere Bildung* in russisch-sowjetischer Terminologie hatte ihren Anteil an der Hebung der Breitenqualifikation.
Zwar fehlen vergleichbare Datenreihen, die dies belegen würden. Aber aus dem Umstand, dass die Zahl der Studierenden
zwischen 1880 und 1914 um mehr als das Vierfache stieg (von
8120 auf 35 695), lässt sich auf eine mindestens analoge Zunahme
der Zahl der Gymnasiasten und Realschüler rückschließen. Ver-
streute Angaben z. B. darüber, dass die Zahl der Gymnasien und
der Realschulen allein zwischen 1905 und 1913 um 67% bzw. 71%
wuchs, bestätigen nicht nur die Expansion insgesamt. Desgleichen harmonieren sie mit dem allgemeinen Befund eines besonderen Spurts in den wenigen Jahren zwischen erster Revolution
und Kriegsausbruch. Offen mag bleiben, ob auch die Duma
schon ihren Anteil daran hatte. In jedem Fall brachte sie im
Verein mit der Regierung ein ehrgeiziges Bauprogramm für
‹Mittelschulen› auf den Weg: Bildungspolitik wurde zur nationalen Sache.[74]

Genau besehen, ergibt sich die dritte der genannten Modernisierungserscheinungen im Bildungssektor aus dem starken quantitativen Wachstum von selbst. Wenn mehr Schüler Volksschulen und Gymnasien besuchten, ist die Wahrscheinlichkeit hoch, dass sie sich auch aus breiteren und anderen Schichten rekrutierten als nur der schmalen Elite der Wohlgeborenen. In der Tat war dies der Fall. 1914 stammten nur noch 7,6% der Studierenden im Russischen Reich aus dem erblichen Adel (im Vergleich zu 23,2% 1880) und 28,3% aus dem «persönlichen Adel», d. h. der höheren Beamtenschaft, aber schon 24,4% (1880: 12,0%) aus dem *meščanstvo* und anderen niederen städtischen Korporationen. Ähnlich hatten im selben Jahr nur noch 8,5% der Gymnasiasten erbadelige und 24,1% ‹beamtenadelige› Väter, aber 26,8% waren von Geburt *meščane*, und 19,7% korporationsrechtlich sogar Bauern. Auch wenn somit immer noch mehr als ein Drittel sowohl der Studierenden als auch der Gymnasiasten aus der adeligen Oberschicht kamen, war zu Kriegsbeginn – bei einem in etwa konstanten Anteil von je 9–10% «Kaufleuten» – der Bildungsaufstieg der Unterschichten, aus dem in aller Regel auch ein sozialer wurde, nicht mehr zu übersehen.[75] Ihn zu vollenden, weil die alte Oberschicht vertrieben, entmachtet oder ausgelöscht worden war, blieb allerdings der frühen Sowjetunion vorbehalten.

Moderne Städte und bürgerliche Kultur. Sichtbarer noch trat der Wandel in den größeren Städten hervor. Dies galt zum einen für deren äußeres Erscheinungsbild. Zwar vollzog er sich, wie stets im riesigen russischen Reich, sehr ungleich und inselhaft. Nicht nur die Provinzstädte blieben zurück, auch in größeren Städten tat sich oft eine erhebliche Kluft zwischen Zentrum und Peripherie auf. So bestanden – dies häufig genannte Indikatoren einschlägiger Rückständigkeit – noch 1910 in den europäischen Gouvernements fast zwei Drittel ihrer Häuser aus Holz, das zwar warm hielt, aber auch leicht in Brand geriet; nur ein Fünftel war aus Stein. So gab es im selben Jahr nur in 117 von 862 Städten anstelle der herkömmlichen unbefestigten Wege, die sich im Frühjahr in kaum passierbare Schlammpisten verwandelten, gepflasterte Straßen. Und auch die bessere Versorgung mit Trinkwasser kam im Durchschnitt nur schleppend voran; Wasserleitungen, die bis in die Häuser führten, gab es im genannten Stichjahr ebenfalls nur in jeder fünften Stadt.

Und dennoch war der Fortschritt der materiellen Kultur nicht zu übersehen. In beinahe neun von zehn Städten diesseits des Ural (87%) brannten im Jahr 1910 Straßenlaternen, davon immerhin gut 15% mit Hilfe elektrischer Glühlampen (der Rest mit Petroleum oder Gas). Bemerkenswert schnell setzte sich das Telefon durch, so dass sich die Einwohner von 230 Städten (26,7% aller) um diese Zeit des modernsten Kommunikationsmittels bedienen konnten. Auch im öffentlichen Transport änderte sich viel. Pferde-Schienenbahnen, deren erste 1872 in Moskau ihren Betrieb aufnahm, verbreiteten sich bald in alle größeren Provinzzentren. Und nach der Jahrhundertwende begann trotz hoher Kosten sogar die Umstellung auf das modernste Verkehrsmittel der Zeit, elektrische Straßenbahnen, die 1910 in 39 Städten, wenn auch oft nur auf kurzen Strecken, die rasch wachsende Zahl ihrer Bewohner beförderten. Angesichts dieses Wandels selbst in größeren Provinzstädten bedarf es kaum der Erwähnung, dass die beiden Metropolen in diesen Jahrzehnten in die oberste Liga der europäischen Hauptstädte aufstiegen. Am Vorabend des Weltkriegs konnten sich St. Petersburg und Moskau nicht nur an Einwohnerzahl, Elendsvierteln und sozialen Problemen mit Berlin, London, Paris oder Wien messen, sondern in den Zentren auch an prächtigen Gebäuden, Luxushotels, Wohnkomfort und infrastrukturellen Errungenschaften.

Zum anderen entstand im Zarenreich nun auch eine *Bürger-*

kultur. Der Begriff mag überraschen, weil er nicht zur Diagnose
verbreiteter Rückständigkeit zu passen scheint, zu der die vorrevolutionäre ebenso wie die sowjetische und außersowjetische
Forschung ganz überwiegend kam. Aber Durchschnittsangaben
lassen sich durchaus mit sektoralen Abweichungen vereinbaren.
Was in den Großstädten besonders seit den 1890er Jahren sichtbar wurde, war nichts anderes als eine bürgerlich-städtische,
auf industriell oder im Bankengeschäft, seltener auch im Im-
und Exporthandel erwirtschaftetem Reichtum beruhende Lebenswelt, die sich in ihren materiellen Ansprüchen (an Wohnkomfort, Freizeit, Reisen), aber auch im geistig-ästhetischen
Geschmack (in Architektur, Theater, Musik, Malerei) vom westlichen Vorbild leiten ließ. Im dicht bebauten Zentrum von
St. Petersburg wohnte dieses höhere Bürgertum meist «nur» in
einer Etagenwohnung; aber diese war großzügig, verfügte über
viele, teils geräumige Zimmer, darunter eventuell (wie bei einem
Fabrikdirektor) ein Billard- und ein Musikzimmer, unterhielt
mehrere Dienstmädchen und eine Köchin, vielleicht sogar einen
Hauslehrer. Wer das Grüne vorzog, erwarb in den Rand- und
Außenbezirken eine Villa mit Garten. Dabei verloren sich die
Grenzen zu den herrschaftlichen Anwesen des betuchten Adels;
solche neureichen Residenzen mit viel Personal bemühten sich
sichtbar, dem aristokratischen Lebensstil nachzueifern – aber
mit dem Komfort der Zeit und stadtnah genug für die Wahrnehmung ‹bürgerlicher› Geschäfte.[76]

Das *Moskauer Bürgertum* war, wie erwähnt, anders. Hier fielen nicht nur die Beamtenschaft und die freiberufliche Intelligenz weniger ins Gewicht. Vor allem gab es hier eine alteinge-
sessene Kaufmannschaft, deren Repräsentanten sich zum Teil
nur zögerlich von tradierten Eigenarten lösten. Dazu gehörte ein
vergleichsweise bescheidener Lebensstil, der in mancher Hinsicht die positive Kehrseite ihrer oft verspotteten, von Ignoranz

nicht zu trennenden Abgeschlossenheit bildete. So blieb auch ein so exponierter Vertreter der Reformgeneration dieses Standes wie N. I. Najdenov, der die Moskauer Textilindustrie seit den 1870er Jahren mit Baumwolle aus Mittelasien versorgte, eine Handelsbank ins Leben rief, das örtliche Börsenkomitee leitete und zu einer Schlüsselfigur des Moskauer Wirtschaftslebens ebenso wie der Kommunalpolitik wurde, dem materiellen Ambiente seiner jungen Jahre treu. Ein jüngerer Standesgenosse hat es mit nostalgischer Sympathie als gediegene und zurückhaltende Wohlhabenheit beschrieben, deren Verzicht auf Extravaganz mehr mit *understatement* und alten Sitten als mit Einschränkung zu tun hatte.[77]

Solche Bescheidenheit endete jedoch mit der Generation Najdenovs, der schon eine Lebenswelt von gestern verkörperte, als er 1905 starb. Die Repräsentanten der neuen Generation, Erben riesiger Vermögen, wollten ihren Reichtum zeigen und auch anders wahrgenommen werden. Sie entwickelten jenen ostentativ-luxuriösen Lebensstil mit repräsentativen, aufsehenerregenden Bauten und entsprechender äußerer Erscheinung, mit festlichen Banketten, Bällen und sonstigem gesellschaftlichem Glanz, der zum Inbegriff *großbürgerlicher Kultur* in Russland wurde. Dass diese sich vor allem in Moskau konzentrierte, war dabei kein Zufall. Die Wirtschaftselite war hier homogener und älter als in St. Petersburg. Sie umfasste kaum mehr als zwei Dutzend, vielfach miteinander verschwägerter Familien. Und sie verband sich mit prononcierterem Selbstbewusstsein als in der Hauptstadt, in dem sich die größere Anciennität der Textilindustrie als bleibender Quelle ihres Reichtums (trotz hinzugekommener Bankgeschäfte) ebenso spiegelte wie die fortwirkende Tradition einer alteingesessenen Kaufmannschaft.[78]

Nichts illustrierte den Wandel deutlicher als die große Bedeutung, die dieses aufstrebende höhere Bürgertum der *Architektur* beimaß. Denn zur neuartigen Demonstration des Reichtums, die von Extravaganz kaum zu trennen war, gehörte nicht zuletzt der Bau eigener Prachtvillen in der Stadt. Ob gotisierend mit Türmen und Zinnen (wie die Morozov-Villa) oder im schönsten Jugendstil, mit Außenfriesen und einem rankenähnlichen Treppengeländer, aus dem Leuchter blütenartig herauswuchsen (wie die Villa von Stepan Rjabušinskij), ob für private Zwecke wie diese oder für kommerzielle wie das Gebäude der Zeitung *Utro Rossii* (den Rjabušinskij-Brüdern gehörend) – die meisten dieser Neubauten wurden vom Geldadel des industriellen Kapitalismus auf den Weg gebracht. Die herausragenden Architekten der Zeit (wie Fedor Šechtel', *der* Baumeister des russischen Jugendstil) verdankten ihre Prominenz vor allem ihm. Anders und mit Blick auf die *longue durée* gesagt: Die großbürgerlichen Neureichen lösten den Adel in der Rolle des Auftraggebers von Prestige- und Prachtbauten ab. *Sie* prägten nun die Architektur und die damit verbundene materielle Kultur der Zeit.[79]

Zugleich fand dieser Stabwechsel auch in der Förderung von *Kunst und Kultur* statt. Die neuen Mäzene waren nicht mehr wohlgeboren, sondern Nachfahren von Kaufleuten oder bäuerlichen Heimwerkern. Dabei verband sich tradierte philantropische Gesinnung mit patriotischem Engagement für die Pflege heimischer Fertigkeiten und bloßer Demonstration des eigenen Reichtums. Aus welchen Motiven auch immer: Es war ein Kaufmann und Baumwollfabrikant (Pavel Tret'jakov), der seit den 1860er Jahren russische Gemälde sammelte, seine Schätze schon früh der Öffentlichkeit zugänglich machte und sie einem Nationalmuseum stiftete, das seinen Namen trug: der Tret'jakov-Galerie. Es war ein Eisenbahnmagnat (Savva Mamontov), der 1870 das Adelsgut Abramcevo erwarb und hier eine Künstlerkolonie unterhielt, der einige der bedeutendsten Maler der Zeit (wie Ilja Repin) angehörten und die generell zum Zentrum eines Kunsthandwerks im Geist der *art and craft*-Bewegung wurde. Es war ein anderer Baumwollindustrieller (Sergej Ščukin), der seine Pariser Wohnung zum Treffpunkt dortiger Künstler machte und eine erlesene Sammlung der klassischen Moderne zusammentrug (Grundstock des Puschkin-Museums). Und es war ein Mitglied der erwähnten Morozov-Familie (Savva T.), der wesentlich zur Gründung des Moskauer Künstlertheaters (MChAT) beitrug, das dank eines anderen Großbürgers (Konstantin Stanislavskij) zu internationalem Ruhm gelangte. Viele weitere Beispiele ließen sich anfügen. Sie alle zeigen, dass in der Autokratie eine neue Schicht herangewachsen war, die nicht nur vermögend, sondern auch gebildet, weitgereist und im Lebens- und Denkstil (bei allem Patriotismus) an Westeuropa orientiert war. Der Adel dominierte in der Politik, hatte aber an der Spitze der Gesellschaft Konkurrenz erhalten, die Anspruch auf die Zukunft erhob.[80]

Ästhetische Avantgarde. Nicht zuletzt zeigte sich die zunehmende Annäherung an Europa im *Geistesleben.* Das politische Denken Russlands, seine philosophischen Theorien, seine Literatur und Kunst wurden von denselben Strömungen erfasst wie im Westen. Sicher gab es besondere Ausprägungen, aber doch nur als inhaltlich ‹indigenisierte› Variante, die seine Art und die Prioritäten seines Interesses unverändert ließen. So war die Slavophilie im Kern, wie erwähnt, nur die russische Variante der Romantik. Funktional führte sie im Zarenreich zu demselben Ergebnis wie überall: zur Entdeckung der jeweils *eigenen* Vergangenheit und zur Selbstbesinnung auf das, was man als seine besondere kulturell-historische Identität betrachtete. Man grenzte sich von Europa ab, dem man aber zugleich durch die Art des Denkens verbunden blieb. Ähnliches gilt für den Panslavismus der 1870er Jahre oder den Neo-Panslavismus nach der Jahrhundertwende; beide erscheinen im Rückblick nur als russische Spielart radikaler Nationalismen und sozialdarwinistisch unterfütterter Prophetien eines unausweichlichen ‹Endkampfs› zwischen den beiden Zivilisationen.

Offener, ohne nationalistischen Zwang zu äußerlicher Abgrenzung, bewegten sich Kunst, Literatur und Musik in ähnlichen Wellen wie in Westeuropa. Ob die Baukunst neorussischen Formen nachstrebte oder sich vom *style moderne* inspirieren ließ; ob die großen Romane Tolstois oder Dostojewskis den Realismus in der Belletristik auf einen weithin bewunderten Höhepunkt führten oder eine neue Generation «symbolistischer» Schriftsteller seit der Jahrhundertwende verschiedene Wege der Verfremdung beschritt, um die «innere Wahrheit» (Andrej Belyj) zutage zu fördern; ob sich die Malerei vom historisch-sozialkritischen Realismus Ilja Repins oder Vasilij Surikovs, die beinahe naturalistische Landschaftsmalerei Ivan Šiškins oder Vasilij Polenovs zur impressionistischen Weichzeichnung Valentin Serovs, zum verspielten, märchenhaft-esoterischen frühen Jugendstil Leon Baksts oder zum abstrakten Expressionismus Michail Larionovs wandelte; ob die romantischen Opern Rimskij-Korsakovs und die schwelgerisch-emotionalen Klavierkonzerte Rachmaninovs von der chromatischen Tongebung Alexander Skrjabins und den disharmonischen Kompositionen Igor Strawinskys («Sacre du printemps», 1913) abgelöst wurden – in jedem Fall vollzog sich der Wandel nicht nur ungefähr parallel zu analogen Veränderungen in Europa, sondern stand auch unter ihrem maßgeblichen Einfluss. Es war der ‹ewige› Pendelschlag von ästhetischen Moden und thematischen Prioritäten, der hier wie dort in wachsender Nähe stattfand. So wie Minister und hohe Adelige sich in deutschen Kurorten erholten, saßen russische Romanautoren an deutschen und französischen Roulettetischen (Dostojewski, Tolstoi). Die Kommunikation wurde so dicht und der Austausch so eng, dass sich autonome Entwicklungen kaum entfalten konnten; am ehesten waren sie noch in der Religionsphilosophie und im Umfeld der Kirche zu beobachten.

Vieles spricht dafür, dass dieses zunehmend enge Verhältnis um die Wende zum 20. Jahrhundert in eine neue Etappe eintrat. Erstmals in der langen Geschichte der Beziehungen zwischen Russland und Europa verschoben sich die Gewichte. Eine Plejade hochtalentierter Schriftsteller, Maler, Komponisten, Regisseure, Bühnenbildner und Ballettänzer sorgte in einer Phase, die man in Anknüpfung an die «goldene Ära» Puschkins als «silbernes Zeitalter» der russischen Kunst bezeichnet hat (ca. 1898–1925), durch eine wahre Explosion innovativer Phantasie und Schöpferkraft für eine *Umkehrung* des Transfers. Das Zarenreich *im*portierte nicht länger Stile und Richtungen, es brachte nun auch *eigene* hervor und *ex*portierte sie. Europas Künstler schauten auf Russland. Schon länger las man im Westen Tolstoi oder Dostojewski, hörte man Tschaikowsky und Rachmaninov. Am Vorabend des Weltkriegs aber wurde die bemerkenswerte Erscheinung sichtbar, dass hier neue Kunstformen und -theorien entstanden, die nun der *Westen* abschaute. Innovation und Avantgarde waren nicht mehr nur in Paris oder München zu Hause, sondern auch in St. Petersburg, das sich in ein «Laboratorium der Moderne» verwandelte.[81]

Zwei Beispiele mögen diese Umkehrung der jahrhundertealten Beziehungen zwischen Russland und dem Westen illustrieren: zum einen die Gastspiele des Impresario Sergej Djagilev, der mit seinen *Ballets russes* Paris nach 1909 im Sturm nahm und mit Startänzern wie Vaclav Nižinskij Maßstäbe für die internationale Ballettkunst setzte; zum anderen die «Erfindung» des Futurismus im Jahr des ‹Großen Bruchs› 1913 in der Hauptstadt des Zarenreichs selber. Dieser Begriff bezieht sich im Wesentlichen auf *ein* Ereignis, die Inszenierung der ersten sich so nennenden

Oper «Der Sieg über die Sonne», für die Kasimir Malewitsch im neu proklamierten Stil des Suprematismus das Bühnenbild entwarf und Vladimir Chlebnikov das Libretto verfasste. Die Aufführung verursachte einen Skandal, weil sie radikal mit allen Konventionen brach. Die Oper war ein «Anti-Kunstwerk», das gewohnte Selbstverständlichkeiten wie Sinn und Harmonie bewusst zertrümmerte. Stattdessen erhob sie die ‹A-Logik› zum Prinzip, um einen «Hintersinn» unterhalb der Oberfläche aufzudecken. Überzeugend hat man argumentiert, dass dies einen «Paradigmenwechsel» der Kunst insgesamt bedeutete, der analoge Einsichten in die Mehrdimensionalität der Wirklichkeit, etwa in der Physik (Relativitätstheorie), der Psychologie (Psychoanalyse) oder auch der geisteswissenschaftlichen Erkenntnistheorie (Kulturgebundenheit), auf sie übertrug.

Eben darin mag man auch die tiefere Ursache für die Rückwirkung dieser Entdeckung auf die europäische Kunst sehen.[82] Ein solcher Befund aber schließt die Aussage ein, dass die Unterscheidung zwischen Ost und West ihren Sinn verlor – ebenso wie ein Streit darüber müßig ist, ob Malewitsch oder Kandinsky nun deutsch-westeuropäische oder russische Künstler waren. Erstmals gelang es Vertretern der russischen ästhetischen Avantgarde, «sich an die Spitze der Weltkunst zu setzen und dort auch anerkannt zu werden».[83]

V. Importierter Sozialismus und kapitalistische Hilfe (1917–1941)

Auf den ersten Blick mag es scheinen, als sei die Vorbildfunktion Westeuropas mit dem bolschewistischen Umsturz vom Oktober 1917 vollständig und definitiv erloschen. Als Marxisten wollten die Bolschewiki eine *andere*, nichtkapitalistische und nichtbürgerliche Gesellschaft aufbauen. Dabei wagten sie, wie im Rückblick nach seinem Scheitern gern formuliert wurde, tatsächlich ein «Experiment», weil es eine solche Gesellschaft in der umfassenden, makrosoziologischen Bedeutung des Begriffs, also einschließlich ihrer politischen Verfassung, wirtschaftlichen Struktur und Kultur, noch nicht gab. Der sozialistische Sowjetstaat, den sie begründeten, verstand sich programmatisch und ausdrücklich als *Gegen*entwurf sowohl zur alten zarischen als auch zur bestehenden sozioökonomischen und politischen Ordnung des ‹Westens›, den man spätestens seit ihrem Kriegseintritt Anfang April 1917 – und bis heute andauernd – um die USA erweitern muss.

Schlaglichtartig trat diese *globale* ideologische Dimension des Roten Oktober zutage, als Großbritannien, Frankreich und die Vereinigten Staaten im Sommer 1918 in den innerrussischen Bürgerkrieg zwischen Anhängern und Gegnern des neuen Regimes eingriffen. In Russland kämpfte man nun repräsentativ für die Richtigkeit des westlich-europäischen Wegs mit seinen Kern- und Leitideen individueller Freiheit, bürgerlicher Gleichheit, Demokratie, offener Gesellschaft und liberaler, kapitalistischer Marktwirtschaft. Eine neue Ordnung, die all dies ablehnte,

konnte sowohl dem alten als auch dem zeitgenössischen europä-
isch-atlantischen Westen eigentlich nichts mehr abgewinnen.

Doch die Wirklichkeit sah anders aus. Zwar wurde die Sowjetunion bis zur Perestrojka Gorbatschows nicht müde, die Unge-
rechtigkeit und den ausbeuterischen Charakter des westlichen
Systems anzuprangern. Das hinderte sie aber nicht daran, ihm in
einer anderen, entscheidenden Hinsicht nachzueifern: seiner
wirtschaftlich-technologischen Leistungskraft. Daran gemessen,
sah sich auch das sozialistische Russland im Rückstand. Nach
wie vor galt es aufzuholen, zumal nun das Ziel hinzutrat, dies in
anderer, *nicht*kapitalistischer Form zu tun, um den Westen dadurch in der Folge nicht nur *ein*zuholen, sondern zu *über*holen.
Von Anfang an wurden entsprechende Leitlinien, meist in kam-
pagnentauglichen Schlagworten, formuliert. Noch im Bürgerkrieg, als der Sieg aber schon sicher war, definierte Lenin den
«Kommunismus» als Summe aus «Sowjetmacht» und «Elektrifizierung». Und während der Diadochenkämpfe nach seinem Tod
setzte sich Stalin mit der Parole vom «Aufbau des Sozialismus in
einem Land» durch, der nichts anderes war als ein Programm
zur systematischen und schnellen Entwicklung der Industrie.

Mit guten Gründen ist es üblich geworden, die Epoche der
russischen Industrialisierung insgesamt ungeachtet der Zäsur
von 1917 auf das *volle* halbe Jahrhundert vom Ende der 1880er bis
zum Ende der 1930er Jahre zu datieren. So einschneidend die
Revolution war, beschränkte sie sich, in der «langen Dauer» gesehen, doch auf die politische und sozioökonomische Ordnung.
Sie verzögerte die Industrialisierung und änderte ihre Rahmen-
bedingungen. In der Essenz aber setzte das neue Regime nicht
nur fort, was das alte begonnen hatte, sondern tat dies sogar mit
der konzentrierten Kraft eines monopolistischen Systems, unter
Stalin zusätzlich mit Zwangsarbeit und physischem Terror, und
nicht mehr *contre cœur* wie im adelsdominierten Zarenreich. Bis

zum Zweiten Weltkrieg erwies sich der Sowjetsozialismus primär als *Industrialisierungsideologie* und Fortsetzung der jahrhundertealten Anstrengungen, zum technisch-ökonomischen und materiellen Niveau der fortgeschrittenen Länder des Westens, so sehr man sie auch verteufelte, aufzuschließen.

1. Sozialismus als Entwicklungsstrategie

Diese Fokussierung auf die industrielle Entwicklung des Reichs ist dem russischen Marxismus früh eingeschrieben worden. Schon zu Beginn seiner Begründung durch Georgij Plechanov im Schweizerischen Exil (1881) fragte die prominente Revolutionärin Vera Zasulič, die dabei war, sich vom *narodničestvo* abzuwenden, bei Marx an, ob denn die *obščina* – jene vermeintlich altrussische Solidargemeinde von Gleichen, auf die der «russische Sozialismus» in der Nachfolge Herzens seine Hoffnungen setzte – nicht doch als Vehikel eines direkten Übergangs zum Sozialismus dienen könne. Sie erhielt die salomonische Auskunft, dass dies durchaus der Fall sein könne, wenn und solange sie sich vom Kapitalismus und seinen zerstörerischen Folgen freihalte. Damit spielte Marx den Ball zurück an die russischen Revolutionäre, die sich fortan beinahe zwei Jahrzehnte über eben dieses Problem stritten. Die «Volkstümler» hielten an ihrer Meinung fest, dass die kapitalistische Wirtschaftsweise in einem Agrarland wie dem russischen, in dem die große Mehrheit der Bevölkerung aus subsistenzorientierten armen Bauern bestehe, zum Scheitern verurteilt sei, weil es an Kaufkraft fehle. Dagegen behaupteten die neuen Marxisten im Geiste ihrer westlichen Lehrer, dass sich ein solcher ‹innerer Markt› auch in Russland bilde und das Zarenreich die universale Gültigkeit der Marx'schen Theorie nicht widerlege, sondern nur mit Verspätung bestätige. Letzte Zweifel beseitigte aus ihrer Sicht die statistikbeladene umfangreiche Studie des jungen Lenin über «Die Entwicklung des Kapitalismus» in Russland, der damit seinen Anspruch auf eine Führungsrolle in der entstehenden sozialdemokratischen Bewegung begründete.[1]

Auch wenn diese Diskussion deshalb als entschieden galt und Probleme der Organisation und Taktik in den Vordergrund traten (die 1903 zur Spaltung in Bolschewiki und Menschewiki führten), bewahrte der russische Marxismus eine besondere Aufmerksamkeit für die kapitalistische Entwicklung im eigenen Land. Sie ging nicht nur über das Maß hinaus, das der Theorie diesbezüglich ohnehin eigen war, sondern nahm zudem eine eigentümliche Gestalt an: den Vergleich mit Westeuropa, der von der Frage nach bleibenden Eigenarten der russischen Entwicklung nicht zu trennen war. Ob Lenin die Merkmale des ‹Imperialismus› als ‹höchstem Stadium› des Kapitalismus auch in Russland wiederfand, ihn hier aber zugleich als ‹schwächstes Glied› in der Kette solcher Staaten auswies; ob er mit Trotzki forderte, die russische Revolution dürfe nicht bei der ‹bürgerlich-kapitalistischen› Etappe stehenbleiben, sondern müsse ohne Verzögerung zur ‹sozialistischen› (i.e. einer Räterepublik mit verstaatlichter Industrie) fortschreiten; oder ob die Menschewiki dies ablehnten und daran festhielten, dass dem zarischen ‹Feudalismus› eine ‹bürgerlich-kapitalistische› Phase folgen müsse – stets maß man sich an der *west*europäischen Entwicklung, die als universale galt. Nicht zuletzt dies war eine Folge des Imports seiner Theorie von außen, dass sich der russische Marxismus dem Zwang unterwarf, den Gleichlauf der Geschichte des eigenen Landes mit der europäisch-allgemeinen nachzuweisen.[2]

2. Die postrevolutionäre Moderne als Ausnahme und ihr Ende

Auf einem anderen Gebiet, das eben deshalb Erwähnung verdient, brauchte das neue Regime *keine* gedanklichen Anleihen beim Westen zu machen und hätte sie auch kaum nutzen können. Während die Staatsideologie beinahe vollständig, wenngleich an die russischen Verhältnisse angepasst, übernommen und zum «Marxismus-*Leninismus*» ergänzt wurde, gab es keinen Grund, sich auch im Bereich von *Kunst und Kultur* ausländischer Ideen zu bedienen. Im Gegenteil, da der «Sozialismus», obwohl in Westeuropa entstanden, nun im Osten Europas erstmals in der Praxis erprobt wurde und als primär sozioökonomische Theorie nur sehr allgemeine Überlegungen zur Art und Gestaltung der Kultur anbot, musste in dieser Hinsicht alles *neu* erdacht werden. Nur die allgemeine Richtung und Aufgabe war vorgegeben: für die arbeitende Masse der Bevölkerung (einschließlich, wenn auch eher als Annex, der ‹werktätigen Bauern›), in deren Namen der Oktoberumsturz stattgefunden hatte, und für das neue Regime einzutreten. Literatur und Kunst sollten weder autonom noch wertfrei sein, sondern bewusst Partei ergreifen. Damit wandte sich die neue Kultur ausdrücklich gegen die alte, ‹bürgerliche›, der man vorwarf, unter dem Deckmantel angeblicher Selbstgenügsamkeit faktisch die herrschenden Verhältnisse zu stabilisieren.

Eben in diesem oppositionell-kritischen, gegen die Hegemonie der Konvention aufbegehrenden Impuls lag eine Gemeinsamkeit zwischen der erwähnten ästhetischen Avantgarde des «Epochenjahrs 1913» und der sozialistischen Kunst des neuen Regimes. Sie hilft zu verstehen, warum die ‹fortschrittliche›

Kunst (im Selbstverständnis) auch ohne Zwang ganz überwiegend auf Seiten der Revolution stand – allerdings der antiautokratischen Erhebung *generell*, nicht unbedingt des Oktoberputsches. Für diesen abermaligen, radikalen Umsturz und die Bolschewiki engagierten sich eher wenige, während wohl die meisten Kunstschaffenden (soweit sich eine solche Feststellung überhaupt treffen lässt) eher abwarteten. Freilich genügte dies – und einzig darauf kommt es in diesem Zusammenhang an –, um für die *Kontinuität avantgardistischer ästhetischer Konzepte* und Kunstformen zu sorgen.

So scherte sich Vladimir Majakovskijs *Mysterium buffo*, das am Jahrestag des Roten Oktober 1918 als Freiluft-Massenspektakel aufgeführt wurde, ebensowenig um Kategorien wie Plausibilität, Logik und Realismus wie zuvor der «Sieg über die Sonne»: eine aufdringlich-platte Pseudo-Didaktik des weltgeschichtlichen, in der Arche Noah beginnenden Kampfes zwischen den eigentlich guten «Unreinen» und den eigentlich böse-ausbeuterischen «Reinen», an dessen Ende die siegreichen «Unreinen» ein Tor zum gelobten Land des Sozialismus aufstoßen. So stellte sich das politische Agitationstheater des schon berühmten Regisseurs Vsevolod Meyerhold, dem der Volkskommissar für Kultur 1920 sogar ein eigenes Theater zur Verfügung stellte, nicht nur – entgegen allen Ideen von einer Eigengesetzlichkeit oder einer kritischen Funktion der Kunst – gezielt und bewusst in den Dienst des Regimes. Darüber hinaus gab es in seinen Bühnenbildern auch der Fortentwicklung der abstrakt-suprematistischen und konstruktivistischen Dekorationsmalerei breiten Raum. So standen viele der politischen Plakate, die seit dem Bürgerkrieg zu einem zentralen Agitationsmedium wurden (und dies bezeichnenderweise bis über den Zweiten Weltkrieg hinaus blieben), in ihrer Gestaltung und Zeichensprache – wie El Lisickijs berühmter roter Keil, der einen weißen Kreis spaltet –

erkennbar unter dem Einfluss des Suprematismus. Vladimir Tatlin entwarf (1920/21) den ebenso bekannten schiefen Spiral-Gitterturm als Monument für die Dritte (Kommunistische) Internationale sichtbar in der Formensprache des Konstruktivismus. Und gleichsam als Verkörperung der ästhetischen Kontinuität wirkte hinter alledem – unter anderem als Maler des Bühnenbildes zur programmatischen Inszenierung des *Mysterium Buffo* und in vielen Kunst- und Architekturschulen – der ‹Erfinder› des Suprematismus, Kasimir Malewitsch, der in diesen Jahren sein gleichnamiges, theoretisches Hauptwerk vollendete.

An Malewitsch lässt sich auch paradigmatisch zeigen, dass diese künstlerische Moderne nicht nur nicht importiert zu werden brauchte, sondern umgekehrt weiterhin nach Westen ausstrahlte. Denn wie zuvor verband Malewitsch beide Welten miteinander. Er lebte zwar in der Sowjetunion (und starb dort auch), konnte aber häufiger nach Deutschland reisen, stellte, längst zu Weltruhm gelangt, dort aus, und stand in Kontakt zum Bauhaus, wo unter anderem sein bekanntester Mitstreiter Kandinsky lehrte.

Zugleich wirft das Schicksal Malewitschs aber ein Schlaglicht auf das Ende der avantgardistischen Experimentierfreude. Schon bald nach dem Sieg im Bürgerkrieg verstärkten Partei und Staat ihre Bemühungen, die Kunst ebenso wie alle anderen öffentlichen Aktivitäten der Gesellschaft unter ihre Kontrolle zu bringen. Man gründete einen monopolistischen Staatsverlag, kürzte die Budgets unliebsamer Institutionen, förderte folgsame Verbände und ließ ‹unberechenbare› Individualisten von der Geheimpolizei überwachen. Selbst Malewitsch, der die Protektion des Kulturkommissars genoss, brachte sein Archiv 1927 sicherheitshalber nach Berlin, weil er fürchtete, verhaftet zu werden. In der Tat bewahrte ihn auch sein Ruhm nicht davor, im Herbst 1930, nachdem sich Stalin und seine Anhänger endgültig durchgesetzt hatten, in die Fänge des Geheimdiensts zu geraten. Auch wenn er schon nach wenigen Wochen freigelassen wurde, markierte diese Maßregelung dieselbe Zäsur wie der aufsehenerregende Freitod Majakovskijs im Vorjahr: das definitive Ende nicht nur der künstlerischen, sondern der geistigen Freiheit im sozialistischen Russland überhaupt. Um dieselbe Zeit begann jene Wende zu den Dogmen stalinistischer Kunst und Kultur, die der bemerkenswerten Blüte künstlerischer Schaffenskraft im Umfeld der Revolution von 1917 und mit ihr deren Ausstrahlung nach Westeuropa ein Ende setzte.

2. Der Traum vom sowjetischen Amerika

Angesichts der symbiotischen Verschmelzung von Sozialismus und moderner Industrie verwundert es nicht, dass der erste Aufholplan noch vor dem Ende des Bürgerkriegs, als der Sieg aber faktisch schon errungen war, entstand. Bereits ein flüchtiger Blick nach Westen lehrte, welch fundamentale Umwälzung des wirtschaftlichen und materiellen Lebens insgesamt, bis dahin nur mit der Dampfkraft vergleichbar, die Erzeugung und Nutzung *elektrischer Energie* bedeutete. Die Absicht, mit ihrer Hilfe die Wirtschaft des neuen Staates, der auf allen Gebieten die modernsten Errungenschaften menschlicher Zivilisation umzusetzen beanspruchte, auf die Höhe der Zeit zu katapultieren, erschien nachgerade als zwingend. Zugleich sollte ihre Verbreitung nicht mehr, wie im Kapitalismus, über den ‹anarchischen› Markt gesteuert werden, sondern rational unter Bündelung aller nötigen Ressourcen. Kurz, eine «Kommission für die Elektrifizierung Russlands» (GOĖLRO) wurde eingerichtet, die einen *Staatsplan* zum Aufbau einer entsprechenden Infrastruktur ausarbeitete. Dieser sah ein Netz von dreißig Kraftwerken vor, die im Laufe der nächsten 10–15 Jahre in verschiedenen Regionen des territorial weitgehend wiederhergestellten Reiches errichtet werden sollten. Zwar schien er ‹ordnungspolitisch›, als er Ende Dezember 1920 vom Sowjetkongress gebilligt wurde, nicht nahtlos zur faktisch schon beschlossenen und drei Monate später offiziell ausgerufenen Wiederzulassung des Marktes zu passen. Aber man sollte nicht vergessen, dass diese «Neue Ökonomische Politik» (NÈP) den freien Warenverkehr nur für die Landwirtschaft und *Klein*betriebe im Handel und Gewerbe zuließ, während die große Industrie unter zentraler Kontrolle blieb. Mit deren Koordination wurde eine gesamtstaatliche Planungsbehörde (*Gosplan*) betraut, in der die GOÈLRO, was nahelag, bald aufging.

So bestanden Markt und Plan nebeneinander: Ersterer als Überhang der alten Ordnung (und Konzession an die Bauern, auf deren Unterstützung das Regime angewiesen war), Letzterer als institutionelle Verkörperung der Grundidee sozialistischer Wirtschaft: der Abschaffung des freien Marktes und seiner Ersetzung durch Planung und Steuerung. Wie sich zeigte, war die NÈP jedoch nicht von Dauer. Sie geriet schon in den ersten Jahren in Misskredit, als es den staatlichen Lenkern nicht gelang, Angebot und Nachfrage ins Lot zu bringen (und dadurch entweder Arbeitslosigkeit oder eine Verknappung des Warenangebots hervorriefen). Wie bekannt, vermochten ihre Verteidiger (wie Nikolaj Bucharin) die NÈP in den Nachfolgekämpfen, die dem Ausscheiden Lenins aus dem politischen Leben seit Anfang 1923 folgten, nicht zu retten, obwohl sie durchaus Erfolge vorweisen konnte und hätte fortgesetzt werden können.[3] Wenn die siegreiche Fraktion (mit Stalin an der Spitze) anderer Meinung war und die NÈP gezielt abbrach, tat sie das nicht zuletzt im Namen des Staatsplans, dem sie zum endgültigen Sieg über den Markt verhalf. Fortan sollte jener als eigentliches Prinzip sozialistischer Wirtschaft deren besondere Effizienz beweisen. Maßstab konnte dabei nur das Gegenmodell sein, das zugleich das alte war: das westliche, nun über Europa hinausgewachsene.

Zu solcher Demonstration planwirtschaftlicher Leistungsfähigkeit gehörte von Anfang an auch die Absicht, nicht nur modernste Technik, sondern ebenso die modernste *Arbeitsorganisation* zu verwenden. Dabei scheute das neue Regime nicht vor Verfahren zurück, denen es eine besonders «raffinierte Bestialität» der Ausbeutung attestierte – erhob es doch den Anspruch, dieses besonders hässliche Attribut des Kapitalismus durch die Einbindung in die Sowjetmacht gleichsam auszulöschen. Was dem Kapitalismus zum Erfolg verhalf, schien, auf seine Essenz reduziert, im Sozialismus nicht versagen zu können.

So bläute Lenin seinen Genossen schon in den ersten Monaten eigener Staatlichkeit als eine der «nächsten Aufgaben der Sowjetmacht» ein, über Akkordarbeit und Stücklohn hinaus auch den *Taylorismus* als diesbezüglich «letztes Wort des Kapitalismus» zu studieren und ‹systematisch› zu erproben.[4] Die ‹wissenschaftliche› Zerlegung der Arbeitsvorgänge in zeitlich genau bemessene Einzelschritte und deren Optimierung für die Fließbänder in Detroit, sollte auch zur Grundlage sozialistischer Industrieproduktion werden. So groß war der Enthusiasmus für diese «Wissenschaftliche Organisation der Arbeit» (NOT), dass man sie zur Leitidee des (1921) neu gegründeten «Zentralinstituts für Arbeit» samt eines ganzen Netzwerks von Filialen erhob. Henry Ford, eben noch Verkörperung des kapitalistischen Ausbeuters schlimmster Art, genoss plötzlich eine Verehrung, die seiner ins Russische übersetzten Autobiographie acht Auflagen bescherte. «Fordismus» wurde nachgerade zu einem «technokratischen Kult». Die frühe Sowjetunion entdeckte den System- und Klassenfeind als Vorbild; der Import von 24 000 Traktoren und Autos der Marke «Ford» (1920–26) unterstrich dies. *Amerikanizm* avancierte zum Etikett für das *eigene* Nahziel: schnelle

Industrialisierung auf hohem Niveau, um den alten Makel wirtschaftlicher Rückständigkeit möglichst rasch zu tilgen. Neu daran war lediglich zweierlei: dass ausländisches Know-how nicht mehr in Gestalt russischer Dependancen internationaler Unternehmen ins Land floss, sondern in Form sog. *Konzessionen,* deren Zahl sich am Ende der 1920er Jahre auf ca. 350 summierte; und dass nun, nach dem Weltkrieg, nicht mehr Europa, sondern die Neue Welt als Speerspitze des Kapitalismus galt. Die westliche Messlatte aber blieb, im naiven Glauben, technische Modernität gleichsam kontextlos übernehmen zu können, dieselbe.[5]

3. Importsubstitution als Entwicklungsstrategie

Es passt nicht ins übliche Bild zunehmender Abschottung und Beschäftigung mit eigenen Problemen, dass die Bewunderung für das technisch-organisatorische Leistungsniveau der Vereinigten Staaten auch in der *frühen Stalin-Ära* andauerte. Dennoch erweist sich diese Kontinuität über den Abbruch der NĖP hinweg als durchaus folgerichtig. Zwar änderten Stalin und seine Anhänger die Besitzstruktur und Lenkungsmechanismen der Wirtschaft ihres Landes, indem sie im Zuge der Zwangskollektivierung (1929–31) nun auch das faktische Kleineigentum der Bauern zentraler Kontrolle unterwarfen, nicht aber ihr primäres Ziel. Im Gegenteil, die nunmehr allumfassende Planwirtschaft bezog ihre wesentliche Rechtfertigung eben aus dem Versprechen, die ‹nichtkapitalistische Industrialisierung› nicht nur systemkonform, sondern durch die konzentrierte Allokation aller verfügbaren Ressourcen auch *schneller* voranzutreiben, als es die partielle Marktwirtschaft seit 1922 erlaubt hätte. Gerade der angehende Diktator stand seit Beginn der Auseinandersetzungen um die Nachfolge Lenins für das Programm des «Aufbaus des

Sozialismus» – auch und eben weil dieser seit dem Ende der Hoffnung auf eine unterstützende Revolution in Deutschland isoliert «in *einem* Lande», dem eigenen, erfolgen musste. In diesem Sinne gab er in einer Rede vor Unternehmensdirektoren Anfang Februar 1931 die oft zitierte, ehrgeizige Parole aus, dass Russland «in zehn Jahren» nachholen müsse, wozu Europa «50 bis 100 Jahre» gebraucht habe.[6] So diente die neue Kommandowirtschaft, unbeschadet der Tatsache, dass in und mit ihr sozialistischer Purismus über Konzessionen an den Markt siegte, von Anfang an auch als Vehikel forcierter Modernisierung und rapider Überwindung der altrussischen Lethargie.

Zweifellos bewirkte vor allem der erste Fünfjahresplan 1928– 32 eine nie da gewesene, außerordentliche Anstrengung aller ökonomischen Ressourcen. Schon die ursprünglichen Ziele waren ehrgeizig, aber gemildert durch eine Variante, die Risiken wie schlechte Ernten oder Schwankungen im Außenhandel berücksichtigte. Unter dem wachsenden Einfluss Stalins und seiner Anhänger schlug das Politbüro solche Vorsicht in den Wind und drängte zu immer höheren Vorgaben. Aus 10 Mio. t Roheisen wurden 17,5–20, statt 75 Mio. t Kohle sollten 120–150 gefördert, statt 55 000 Traktoren 200 000–450 000 gebaut werden und Ähnliches mehr. Im Endeffekt entstand ein regelrechter Wettkampf um den schnellsten Weg zum «Sozialismus», und offiziell wurde der erste Fünfjahresplan schon nach gut vier Jahren erfüllt.

Ob die Ziele tatsächlich erreicht wurden, ist umstritten und muss offen bleiben. Sicher war auch der Preis für die kolossale Anstrengung erheblich: Die enormen monetären Investitionen gaben der Inflation in ähnlicher Weise Auftrieb wie die steigende Nachfrage nach Konsumgütern infolge der Mobilisierung von Millionen neuer Arbeiter. Zugleich führte die äußerst einseitige Verwendung dieser Ressourcen fast ausschließlich zugunsten der Schwerindustrie und der Infrastruktur – überdies noch parallel zur Zwangskollektivierung der Landwirtschaft – zu Engpässen bei Nahrungsmitteln und sonstigen Konsumgütern. Leidtragende waren die einfachen Leute, die mit den knappen Rationen des neu eingeführten staatlichen Zuteilungssystems auskommen mussten (weil sie sich Schwarzmarktpreise nicht leisten konnten) und deren Lebensstandard, kaum zufällig begleitet von wachsender staatlicher Repression, weiter sank. Auch die Qualität dessen, was in der Hektik dieses Aufbruchs produziert wurde, ließ offenbar häufig zu wünschen übrig. Stahlbleche kamen löchrig an, Kupferbänder waren zerrissen, Bolzen brachen, und die Traktoren, zu deren Bauteilen sie gehörten, versagten nach wenigen Tagen Einsatz ihren Dienst.

Indes muss man solche Ergebnisse vor dem Hintergrund zumindest des Ausgangsniveaus, wenn nicht sogar einer längeren Vergangenheit, betrachten. So gesehen kann man ihm wesentliche Erfolge nicht absprechen. Vor allem erreichte der Kraftakt eines: das Fundament für eine verbesserte Infrastruktur besonders der Energiegewinnung, für eine neue Schwerindustrie und die Anwendung einer so modernen Technologie zu legen, wie sie Russland seit Jahrzehnten nicht mehr gekannt hatte. Im Zeichen des Planes entstanden die ersten Großprojekte, denen nicht nur eine ökonomische Schlüsselfunktion, sondern auch ein hoher Symbolwert zukam: der Dnepr-Staudamm samt Elektrizitätswerk (*DneproGES*), das neue Stahlzentrum Magnitogorsk im Südural, zugleich die erste große Retortenstadt des Reiches, die Erschließung der Kohlevorkommen im Kuzbass und ihre Verbindung mit den Eisenerzen im Ural als erster Schritt zu einem riesigen neuen schwerindustriellen Zentrum im vorderen Sibirien (*Kuzneckstroj,* Ural-Kuzbass-Kombinat), die Maschinenbaufabrik in Sverdlovsk (*Uralmaš*), die turkmenisch-sibirische Bahnlinie (*Turksib*), das größte europäische Landmaschinenkombinat in Rostov am Don (*Rostsel'maš*), die Automobilwerke in Nižnij Novgorod (Gor'kij), das Traktorenwerk in Stalingrad und viele andere mehr. Allein 1930 sollen ca. 1500 Projekte entworfen worden sein. Nimmt man noch die Moskauer Metro, für die 1932 der erste Spatenstich getan wurde, und den Weißmeerkanal, den Zwangsarbeiter 1931–33 aushoben, hinzu, scheint die Formulierung kaum übertrieben zu sein, dass während des ersten und des zweiten Fünfjahresplans (der viel Begonnenes fortsetzte und insgesamt im Zeichen der Konsolidierung stand) beinahe das gesamte Land umgegraben wurde.[7]

Bei alledem spielte auch bei diesem neuerlichen Anlauf, Russland ins industrielle Zeitalter zu katapultieren, der zum Klassenfeind erklärte Westen eine Schlüsselrolle. Zwar brachte der Sowjetstaat die finanziellen und sonstigen Ressourcen fast ausschließlich aus eigener Kraft auf (nicht zuletzt durch den Export von Getreide, das die Bevölkerung selber dringend benötigt und die Hungersnot von 1932–33 womöglich verhindert hätte), weil sich die kapitalistischen Mächte nicht nur zurückhielten, sondern selber unter der schweren Wirtschaftskrise litten, die der Börsenkrach Ende Oktober 1929 auslöste. Aber die angeblich überholte Wirtschaftsordnung verfügte nach wie vor ‹monopolistisch› über eine andere, ebenfalls unentbehrliche Errungenschaft: technisches Know-how samt planerischer Kompetenzen und Experten, die es anwenden und vermitteln konnten. Wie Lenin wusste auch Stalin nur zu gut, dass der Sozialismus, gerade weil er vorerst nur im eigenen Land errichtet werden konnte, auf diese Hilfe angewiesen war.

So machte er denn, gleichsam in Entsprechung zur Gewalt des Aufbruchs, in besonderem Maß von ihr Gebrauch. Dabei trat nun endgültig die neue wirtschaftliche Führungsmacht des Westens in den Vordergrund. Die Vereinigten Staaten hatten sich zwar noch am Weltkrieg beteiligt und ihm sogar die entscheidende Wende gegeben. Aber materiell hatten sie wenig gelitten, so dass *sie* nach seinem Ende, als das «kurze Jahrhundert» (E. Hobsbawm) tatsächlich begann und auch Großbritannien infolge wachsender Probleme im Empire in die Krise geriet, zur stärksten Volkswirtschaft und zum Maßstab kapitalistischer Leistungsfähigkeit aufstiegen.

Schon der Technik- und Maschinenkult der frühen Sowjetjahre orientierte sich weitgehend an den USA; erst recht taten dies die Planer der Großprojekte der ersten Fünfjahresperiode. Ob die Bewunderung für die neue Vormacht des Westens dabei auch mit deren revolutionärem Erbe als einer Gesellschaft neuen Typs zu tun hatte, die der sozialistischen darin verwandt war, dass sie keine formalen Standesschranken kannte und prinzipiell jedermann ermöglichte aufzusteigen, mag offen bleiben. Sicher aber gab es eine Ähnlichkeit der enormen Weite des Raumes, der Dimension technischer Anlagen und infrastruktureller Probleme, die aus der gewaltigen Ausdehnung erwuchsen. Vor allem dies machte die USA *vor* Westeuropa zum idealen Partner für den in Angriff genommenen Umbau des ganzen Landes. Sie besaßen einschlägige Erfahrungen und hatten so riesige Elektrizitätswerke (z. B. an den Niagara-Falls), Staudämme und Landmaschinenfabriken errichtet, wie man sie jetzt benötigte. Zwar erhielten auch deutsche Konzerne wie Siemens oder Krupp Aufträge, aber zum hauptsächlichen Geburtshelfer des materiellen Fundaments der sozialistischen Gesellschaft erkor man eben jenen Staat, der seit seiner Intervention in den russischen Bürgerkrieg (1918–20) immer deutlicher als hauptsächlicher Systemgegner in Erscheinung trat.[8]

Vor allem zwei Großprojekte werden häufig angeführt, um diese paradoxe Kooperation zu illustrieren. Schon 1927 begann man – noch auf den GOÈLRO zurückgehend, aber in den ersten Fünfjahresplan integriert – mit dem Bau eines riesigen Staudamms am Dnepr-Knie, fast 60 m hoch und über 750 m lang, der das Wasser auf fünfzig Kilometer staute. Die Vereinigten Staaten waren hier «massiv präsent»: durch einen Chefberater, der eine ähnliche Sperrmauer am Tennessee-River errichtet hatte, durch General Electric als Lieferant der übergroßen Turbinen und durch eine Vielzahl weiterer Ingenieure und Facharbeiter, für die eine eigene privilegierte Kolonie errichtet wurde – mit «Tenniscourts» und «Wagenpark»; sogar «besondere Lebensmittel» sollen aus Odessa herangeschifft worden sein. Der Damm wurde pünktlich zum Ende der Planperiode vollendet, wofür die kapitalistischen Helfer sozialistische Dankesorden erhielten.[9]

Noch prominenter, jedenfalls in quantitativer Hinsicht, waren ausländische Technik und ausländische Ingenieure an der Entstehung eines ganzen neuen Industriestandorts im Südural beteiligt. Der Bau von *Magnitogorsk* wurde zur Chiffre für die neue Welt, die der Sozialismus errichten wollte, samt seiner Kraft und Fähigkeit, dies auch umzusetzen. Er war in der Propaganda so präsent wie keine andere Großtat dieser Jahre. Hier sollten die modernsten Hochöfen und Walzwerke den besten Stahl erzeugen und die ‹neuen Menschen› in Mustersiedlungen Wohnen, Arbeit und kultivierte Freizeit miteinander verbinden können. Hier sollte Leben und Produktion in der ersten großen, bald riesigen Retortenstadt des Sowjetstaats nach dem neuesten Stand der Technik und architektonischer Planung zusammengebracht werden.

Der Ort für eine solche Demonstration bot sich nachgerade an. Seit langem wusste man, dass der «Magnetberg» eine ungewöhnlich hohe Konzentration von Eisen enthielt. Schon die ersten Herren dieses Territoriums, die Baschkiren, hatten es erschlossen, und seit der Mitte des 18. Jahrhunderts taten es ihnen die russischen Eroberer nach. Aber erst die Sowjetmacht erkor ihn zum Exempel ihrer neuen Wirtschaft und Gesellschaft. Entsprechende Planungen begannen schon 1923 und wurden danach, wie DneproGES, in den ersten Fünfjahresplan aufgenommen. Dementsprechend begann der massive Ausbau 1929, als die ersten Arbeiter in die Wildnis kamen und eine Bahnlinie in Betrieb genommen wurde, die das Gebiet an das übrige Schienennetz anschloss. Die Errichtung und technische Ausstattung der Stahlwerke übertrug man der McKee-Corporation aus Cleveland. Ein anderes amerikanisches Unternehmen lieferte besonders große Hochöfen, die AEG riesige Turbinen und Generatoren für ein neues Kraftwerk, eine Vielzahl weiterer westlicher Firmen je ihre Spezialprodukte. Insgesamt arbeiteten gut 800 Ingenieure und sonstige Fachleute vor allem aus den Vereinigten Staaten, aber auch aus Deutschland und anderen westeuropäischen Ländern für das «Metallurgische Kombinat Magnitogorsk». Wie zuvor am Dnepr brachte man sie auch hier in einer eigenen, *Amerikanka* genannten Siedlung unter, in deren *cottages* es den Luxus von fließendem Wasser und Zentralheizung gab, während die einfachen russischen Arbeiter (darunter nicht wenige unfreiwillige) meist in primitiven Hütten, oft noch in Erdhöhlen aus der allerersten Zeit, eher hausten als wohnten. Und ebenfalls ähnlich wie am Dnepr, aber schon als Beginn eines ganzen Systems privilegierter Versorgung, in dessen Genuss bald auch die eigene Elite kam, durften die Ausländer in besonderen Läden einkaufen, wo sie neben gesuchten Spezialitäten auch Importwaren fanden.

Parallel dazu entstanden auf dem jenseitigen Ufer des Flusses Ural neue Wohngebiete. An ihrer Planung beteiligten sich neben sowjetischen Architekten, die schon länger von einer «sozialistischen Stadt» träumten (dabei aber über deren Charakter uneins waren), auch ausländische. Einer der prominentesten war der ehemalige Frankfurter Stadtbaurat Ernst May, Experte für sozialen Wohnungsbau und ‹Designer› ganzer Straßenzüge gegen-

einander versetzter «Minimalwohnungen» («Zickzackhausen»).
Seine langjährigen Erfahrungen mit einfachen, aber funktionalen Bauten prädestinierten ihn für die Mitwirkung am singulären Projekt des Um- und Neubaus eines ganzen Landes. Sozial
engagiert, aber kein Kommunist brach er im Oktober 1930 samt
siebzehn Mitarbeitern nach Russland auf, um seine Kenntnisse
an prominenter Stelle, zeitweilig sogar als Chefplaner der Zentralbehörde für den «Standard-Wohnungsbau», einzubringen.
Unter den gut zwanzig Städten, für die May neue Viertel entwarf, nahm Magnitogorsk einen vorrangigen Platz ein. Kurzzeitig konnte er auch den Triumph genießen, dass sich seine
Vorstellungen gegen Konkurrenten und lokale Interessen durchsetzten. Allerdings verfing er sich zunehmend zwischen den
Fronten der innerparteilichen Machtkämpfe, die auch solche
städtebaulich-architektonischer Präferenzen waren. In dem
Maße, wie Stalin und seine Anhänger die Oberhand gewannen,
geriet das funktionale «Neue Bauen» (wie die künstlerische Moderne insgesamt) in Misskredit. Stattdessen flossen die knappen
Mittel mehr und mehr in repräsentative Fassaden, die besser geeignet schienen, die Leistungsfähigkeit des neuen Regimes zu
bezeugen. Übrig blieben unverputzte Häuserzeilen ohne Versorgungsbauten und mitgeplante Grünflächen; sie ergaben kein annähernd ansprechendes «Siedlungsbild» und erregten zu Recht
Kritik. May wurde degradiert und verließ die Sowjetunion im
Herbst 1933, tief enttäuscht vom traurigen Ende seiner größten
Herausforderung.

Zugleich wuchs Magnitogorsk weiter, um ein Vielfaches über
den bescheidenen Rahmen der May'schen Planung hinaus.
Gegen Ende der 1930er Jahre zählte man 190 000 Einwohner –
zweifellos ein Kraftakt, der von einer Konzentration von Ressourcen zeugte, wie sie wohl nur eine Diktatur zustande bringt,
die aber im gegebenen Fall ebenso wenig ohne die intensive

Unterstützung durch überlegene westliche Technik denkbar war.[10]

Ähnliches galt für zahlreiche weitere Projekte des ersten Fünfjahresplans. Eine Schlüsselrolle spielte dabei der US-amerikanische Architekt Albert Kahn. Als einer der bekanntesten Industriebaumeister seiner Zeit, der für Henry Ford gearbeitet und das berühmte Verwaltungsgebäude von General Motors in Detroit errichtet hatte, wurde er schon 1928 gebeten, am großen Aufbruch mitzuwirken. Mit einem Team von zwei Dutzend Ingenieuren, das er mit nach Moskau brachte, und mehreren Tausend russischen Mitarbeitern plante er in den folgenden drei Jahren über 500 Industriekomplexe im ganzen Land, darunter so strategisch-politisch bedeutsame wie das Traktorenwerk in Stalingrad, die Automobilfabrik in Nižnij Novgorod und mehrere Stahlwerke im neuen schwerindustriellen Zentrum von Čeljabinsk. Wie am Beispiel von Mays Tätigkeit erkennbar, steht freilich auf einem anderen Blatt, was aus solchen Projekten wurde. Zwar stellte man sie in der Regel fertig. Aber allenthalben fehlte es an qualifizierten Arbeitskräften, um sie instandzuhalten und effektiv zu nutzen. Ausländische Planungskompetenz und Ingenieurskunst konnte man einkaufen; einheimisches Fachwissen musste erst noch heranwachsen. Der ein oder andere amerikanische Ingenieur blieb auch länger «hinter dem Ural», um dabei zu helfen.[11]

Wie weit diese Art von ‹Importsubstitution› bis zum deutschen Überfall vom Juni 1941 gediehen war, ist schwer zu beurteilen. Ein akribisches Standardwerk kam zwei Jahrzehnte nach Kriegsende zu dem Ergebnis, dass das technologische Know-how der sowjetischen Vorkriegswirtschaft «fast vollständig» aus dem Westen stammte. In den 1920er Jahren hatten «mindestens 95%» der einheimischen Industrie dank der erwähnten «Konzessionen» an ausländische Unternehmen «technische Hilfe» erhalten, die seit Beginn der Planwirtschaft in anderer Form fortgesetzt wurde, meist durch Kontrakte über die Lieferung ganzer Fabriken und deren Aufbau mit Unterstützung ausländischer Ingenieure. Die Studie betrachtete sich daher als Beleg für die bekannte These der traditionellen Ökonomie, dass sich wirtschaftliche Nachzügler aus fortgeschrittenen Ländern «Technologie ausleihen» und sich die Mühe und Kosten eigener Entwicklung sparen können.[12]

Nicht zu übersehen ist, dass der Verfasser der Studie zur Überspitzung seiner These neigt und seinen Blick ausschließlich auf den Transfer konzentriert. Überdies weist er selber auf die Probleme der effektiven Nutzung der Importe hin. Andererseits bestätigt seine Gesamtschau, was schon der Blick auf die Nachkriegsjahrzehnte lehrte: dass die «Vereinfachung, Standardisierung und Kopie» als hauptsächliche Strategien ihrer Indigenisierung[13] bei allen Defiziten (und ungeachtet unermesslicher ‹sozialer Kosten›) alles in allem erfolgreich war. Zweifellos katapultierte die Stalin'sche Aufholjagd das überwiegend agrarische Russland, dessen wenige wirtschaftlich entwickelte Regionen (im Zentrum, den großen Städten und in der Südukraine) überdies durch die Revolution und den anschließenden Bürgerkrieg weitgehend zerstört worden waren, in das industrielle Zeitalter. Dazu trug die parallele Entstehung einer stark ingenieurwissenschaftlich ausgerichteten Intelligenz und technisch qualifizierter Kader erheblich bei. So gesehen, erfüllte sich Lenins Vision von der elektrifizierten Sowjetmacht nicht nur; obendrein geschah dies eben auf dem von ihm gewiesenen, propagandistisch aber seit Mitte der 1930er Jahre zunehmend beschwiegenen Weg technischer und infrastruktureller Importe aus den industriell fortgeschrittenen Ländern des westlichen Kapitalismus.

Eine Ausnahme machte bei alledem die *militärisch* relevante Industrie. Nicht, dass es in diesem Bereich keinen Technologietransfer gegeben hätte. Im Gegenteil, auch die Rote Armee profitierte von der geheimnisvollen, bis zum Untergang der Sowjetunion nicht im Detail bekannten Kooperation mit der Reichswehr, die man 1922 in Rapallo auf den Weg brachte. Denn was von deutscher Seite als Weg gesehen wurde, um die Rüstungsbegrenzungen des ‹Versailler Diktats› zu unterlaufen, kam dem russischen Wunsch entgegen, technisch-organisatorische Hilfe beim Aufbau einer eigenen Rüstungsindustrie und der Armee selber zu erhalten. Besonders schnell einigte man sich über den Aufbau eines Flugzeugswerks in Fili bei Moskau. Der deutsche Hersteller Junkers, damals nicht nur in Europa führend, sagte eine erhebliche Investition zu, um bis zu dreihundert Flugzeuge pro Jahr zu produzieren. Auf dem Höhepunkt der Zusammenarbeit 1928–32 unterhielt die Reichswehr eine Kampffliegerschule im ukrainischen Lipeck, eine Panzerschule nahe Kazan' und eine Forschungsstation samt Testgelände für kriegstaugliches Giftgas an der Wolga bei Saratov. Hinzu kamen rüstungswirtschaftliche Kontakte, die im Juni 1929 zur Zusage Krupps führten, alle Verbesserungen an Qualitäts- und Spezialstählen nach Moskau weiterzugeben, und im Juli 1930 sogar zu einem «Geschützvertrag» mit Rheinmetall samt Einrichtung eines Konstruktionsbüros mit zwanzig Ingenieuren in Moskau.[14]

Seit Beginn der 1930er Jahre leisteten auch die Vereinigten Staaten freiwillige und unfreiwillige Hilfe. Denn in den neuen Traktorenwerken von Stalingrad, Char'kov und Čeljabinsk wurden nicht nur landwirtschaftliche Zugmaschinen hergestellt, sondern auch Panzer. Schon 1932 berichtete ein amerikanischer Ingenieur, dass in Char'kov täglich ein knappes Dutzend vom Band liefen. Ähnliches ist für Stalingrad und für Čeljabinsk bezeugt, wo 1937 Modelle nach dem Vorbild zweier amerikanischer Panzer produziert wurden, die man 1932 erworben hatte (Christie). Nicht erst um diese Zeit erhielt die Rüstungsindustrie eine derartige Priorität, dass hier ein «deutlich höheres Maß» an Innovationskraft zu verzeichnen war als im zivilen Bereich. So gab es am Vorabend des deutschen Überfalls vom Juni 1941 eine fortgeschrittene eigene sowjetische Rüstungsindustrie, deren Fähigkeiten sich schon bald am berühmten Panzer T-34, der die deutsche Wehrmacht das Fürchten lehrte, oder dem *Kalašnikov*-Maschinengewehr ablesen ließen. Ein Übriges taten seit November 1941 amerikanische Lieferungen von Jeeps, Flugzeugen, Panzern und anderen militärischen Ausrüstungen im Rahmen des *Lend-Lease-Act*, die zu einer «wahren Bonanza» für die militärisch relevante Industrie wurden. Nicht zuletzt deren unbestreitbare Leistungen in den ersten Nachkriegsjahrzehnten sprechen für das Fazit des einschlägigen Standardwerks, dass die Sowjetunion bei Ende des Krieges zumindest im militärischen Bereich über «größere industrielle Kapazitäten» verfügte als zu seinem Beginn und trotz aller Zerstörungen potentiell auch im zivilen Bereich.[15]

VI. Supermacht der Defizite und sozialistischer Konsum (1945–1985)

Wer die verbleibenden gut vier Jahrzehnte überblickt, in denen die Sowjetunion noch in der Grundstruktur der Stalinära mit den Säulen der Einparteienherrschaft (auch über die Justiz), obrigkeitlich gesteuerten Gesellschaft und zentralen Planwirtschaft fortbestand (also bis zu den Reformen der Perestojka), dem bietet sich unter dem Gesichtspunkt des technologisch-materiellen Verhältnisses zum kapitalistischen Westen eine grobe Zweiteilung an: in eine erste Hälfte, in der die starke Konzentration der Ressourcen auf die militärisch relevante Industrie samt infrastruktureller Projekte zu Lasten des allgemeinen Lebensniveaus anhielt, und eine zweite, die größeren Wert auf die Versorgung der Bevölkerung legte und das auf den Weg brachte, was man eine sozialistische Massenkonsumgesellschaft nennen könnte.

Den Übergang markierten dabei die 1960er Jahre, also die späte Ära Chruschtschows, in der dessen Wohnungsbauprogramm Fahrt aufnahm, sowie die frühe Zeit Breschnews, der dies fortsetzte, der Landwirtschaft neue Priorität einräumte und die ökonomischen Beziehungen zum Westen intensivierte. Als Signal für solchen «Gulasch-Kommunismus», wie man seine fortgeschrittene Variante in Ungarn nannte, kann ein Abkommen mit dem italienischen Autohersteller Fiat von 1969 über die Lizenzproduktion eines Mittelklasse-Pkws gelten. Das eigens dafür errichtete Automobilwerk an der Wolga (in Tol'jatti) gab der privaten Motorisierung einen mächtigen Schub und erinnerte in seiner enormen Dimension an die Stalinära.

Nicht zufällig mündete diese Übergangsdekade außenpolitisch in eine Phase der *détente* mit dem Besuch des deutschen Bundeskanzlers Willy Brandt auf der Krim (September 1971) und als Höhepunkt mit dem Gipfeltreffen zwischen Breschnew und dem amerikanischen Präsidenten Nixon im Mai 1972. Denn die Wende verband sich mit der Einsicht, dass das Mutterland des Sozialismus in vielen Bereichen nichtmilitärischer, konsumbezogener Technologie gegenüber der kapitalistischen Konkurrenz in wachsenden Rückstand geraten war. Eigene Anstrengungen konnten nur bedingt Abhilfe bringen. Darüber hinaus waren engere Kontakte zum Westen einschließlich technologischer Importe unabdingbar, so zweischneidig sie den Ideologen von Anfang an erschienen. In Verbindung mit weiteren Faktoren, nicht zuletzt hohen Ölpreisen nach Gründung der OPEC (1973), bescherte diese Politik der sowjetischen Bevölkerung ein Maß an materiellem Wohlstand, das im Rückblick Anlass gab, die erste Hälfte der Breschnew-Ära und besonders die frühen 1970er Jahre zu einer Art ‹goldener Ära› des Sowjetsozialismus zu verklären.

1. Reparationen und Aufrüstung: Hilfe zur Selbsthilfe

Im ersten Nachkriegsjahrzehnt lag eine solche Zukunft allerdings noch in weiter Ferne. Stalin stellte die Weichen anders. Statt die Lebensverhältnisse der leidgeprüften Bevölkerung, die ungeheure Entbehrungen hatte erdulden müssen, durch höhere Investitionen im Konsumbereich zu verbessern, flossen die ohnehin knappen Ressourcen nicht nur weiterhin in Infrastrukturprojekte und Produktionsgüter. Vielmehr kam noch ein weiterer Großverbraucher staatlicher Finanzhilfen hinzu: die Rüstungsindustrie. Ihr Ausbau erhielt durch das Ende der US-amerikanischen Lieferungen, den Beginn des Kalten Krieges und die neue Rolle der Sowjetunion als Welt- und Führungsmacht des kommunistischen Ostblocks einen mächtigen Schub hin zu einem weit verzweigten, privilegierten und ressourcenverschlingenden «militärisch-industriellen Komplex» .

Eine solche Weichenstellung trat schon in der Art der Nutzung eines abermaligen Transfers moderner Technologie zutage, den der Sieg über Hitler-Deutschland ermöglichte. Aus verständlichen Gründen war die Sowjetunion, die nicht nur die höchste Zahl an menschlichen Opfern zu beklagen, sondern auch die schlimmsten materiellen Schäden des Zweiten Weltkriegs erlitten hatte, in besonderem Maße auf Reparationen erpicht. Sie begann daher sofort nach Kriegsende mit dem Abbau deutscher Fabriken und Industrieanlagen, ziviler ebenso wie militärischer, und ihrer Verbringung in das eigene Territorium. Eine ältere Übersicht verzeichnet für die Hochphase dieser Demontagen bis zum Frühjahr 1946, als der Kalte Krieg immer offener zutage trat, ca. 12 000 «Wagenladungen»; neuere, archivalisch gestützte Angaben über «Sonderlieferungen» legen allein für die Automobilindustrie deutlich höhere Zahlen nahe. In jedem Fall trifft das Fazit zu, dass ein «erheblicher Teil» der deutschen Industrie, besonders der höchst modernen Luftfahrt-, der optischen, der Elektro- und Automobilindustrie sowie nicht zuletzt der Raketentechnik (der ‹Wunderwaffe› V 2) nach Russland geschafft wurde und geeignet war, hier einen weiteren technologischen Schub zu erzeugen.[1]

Eben dieser blieb jedoch in den meisten Sektoren der Industrie aus. Denn entscheidend war weniger die Demontage der Anlagen als deren Wiederaufbau und Verwendung. Hier aber zeigen Fallbeispiele, die erst nach der Wende von 1989/91 möglich wurden, erhebliche Unterschiede. Mit den hochentwickelten Fertigungsanlagen der Zeiss-Werke in Jena konnte die sowjetische Planwirtschaft offenbar wenig anfangen. Sie verrotteten unter freiem Himmel und waren schon Ende 1947 überwiegend «Schrott». Es mangelte nicht nur an Geld zur Ergänzung verschlissener Teile. Vielmehr setzte man nicht einmal die ebenfalls deportierten deutschen Spezialisten sinnvoll ein, verteilte die Anlagen auf eine Vielzahl von Betrieben in verschiedenen Zuständigkeitsbereichen und ließ es generell an konzentrierter Anstrengung zum Wiederaufbau fehlen.

Anders sah es anfangs in der Automobilindustrie aus, die ebenfalls größtenteils nach Russland geschafft worden war (Auto-Union, BMW u.a.). Hier beschloss man im August 1945, einen sowjetischen Kleinwagen auf der Basis des deutschen Opel Kadett zu bauen, da er sich für die Massenproduktion zu eignen schien und den Vorzug besaß, auf amerikanischer Technik (Opel gehörte zu General Motors) zu beruhen, die man kannte. Tatsächlich wurde dieser *Moskvič 400* einige Jahre in nennenswerter Stückzahl gebaut. Allerdings verringerte man die Produktion seit Beginn des neuen Jahrzehnts spürbar. Im voll entflammten Kalten Krieg hatten andere, militärische Projekte Vorrang.[2]

Eben dies bestätigt sich am Beispiel der deutschen Luftfahrt- und Raketenindustrie, deren Anlagen man ebenfalls erbeutete und nach Russland transportierte. Hier bemühte man sich auch in besonderem Maße um die Ingenieure und Techniker, mit deren Hilfe man im beginnenden Wettrüsten bestehen zu können hoffte. Dies gelang, wie bekannt, auf eindrucksvolle Weise. Die Sowjetunion zog nicht nur bei der Entwicklung der Atom- und der Wasserstoffbombe (1949, 1953) in unerwartet kurzer Zeit mit den USA gleich. Parallel entwickelte sie Langstreckenraketen, die die amerikanischen an Schubkraft mindestens erreichten. Der ‹Bomben-Erfolg› verdankte sich allem Anschein nach – trotz recht früher Geheimdienstinformationen und der Spionagedienste eines Klaus Fuchs – weitgehend *eigenen* Leistungen.

Hier zahlte sich das hohe Niveau der sowjetischen Kernphysik (das ihr bald mehrere Nobelpreise eintrug) ebenso aus wie der unbestrittene Vorteil der zentralen Planwirtschaft, alle verfügbare Ressourcen auf *ein* Projekt konzentrieren zu können. Unterstützt wurde dies durch die Machtfülle eines totalitären Diktators: Stalin gab den Befehl unter dem Eindruck des verheerenden Angriffs der USA auf Hiroshima und Nagasaki bald nach seiner Rückkehr von der Potsdamer Konferenz im August 1945.

Zugleich profitierte die Entwicklung eigener Raketen und Flugzeuge maßgeblich von jenem Transfer modernster Technologie, den die Demontagen im besiegten Deutschland bezweckten. Allein aus den Mittelwerken bei Nordhausen, wo der Serienbau der V2 begonnen worden war, verbrachte die Rote Armee 1945 5657 t Maschinen, Ausrüstungen und Raketenbauteile in 717 Waggonladungen in die Sowjetunion (während die USA 1945 nur ca. 400 t abtransportierten). Bis Anfang 1947 kamen weitere 2270 Waggons mit mehr als 14 258 t an vergleichbarer Ladung hinzu. Auch die deutsche Luftfahrtindustrie, besonders die Herstellung neuartiger Düsenflugzeuge und Strahltriebwerke, wurde unter der Leitung einer eigenen Sonderkommission abgebaut und intensiv studiert.

Bei alledem verdient Beachtung, dass solche Hilfe nur temporär in Anspruch genommen wurde. Man schöpfte die Kenntnisse der deutschen Fachleute, die mit den Anlagen deportiert worden waren, zwar ab. Zugleich behielt aber die typisch stalinistische Phobie gegenüber Ausländern die Oberhand. Man kasernierte sie, wie privilegiert auch immer, in geheimen Spezialistencamps (*šaraga*) und achtete auf Distanz zur heimischen Forschung. Eigene Fachleute übernahmen die Anpassung und Fortentwicklung der transferierten Technik. So erscheint mit Blick auf die militärisch nutzbare Industrie ein *doppeltes* Fazit plausibel: Zum einen liegt auf der Hand, dass die massiven

Demontagen samt der Deportation zahlreicher Spezialisten der sowjetischen Rüstungsindustrie einen erheblichen technologischen Sprung ermöglichten, von dem besonders die Raketentechnik profitierte. Zum anderen zeigen die Fallstudien, dass die Sowjetunion anders als in der zivilen Industrie schnell lernte und ein hohes Niveau an eigenen Anstrengungen eine rasche Anpassung und Weiterentwicklung des importierten Know-hows ermöglichte. Eben diese Kombination legte den Grundstein für die baldigen Erfolge der sowjetischen Rüstungswirtschaft in der Raketentechnik.[3]

2. Chruschtschow: Zwischen Sozialismus und Privatkonsum

a. Raketen statt Küchen. Zu solchen herausragenden Leistungen zählte wenige Jahre später ein Ereignis, das im Innern erheblich dazu beitrug, Nikita Chruschtschow als erstem Parteichef der nachstalinschen Sowjetunion (1953–1964) samt seiner Kritik am Terrorregime seines Vorgängers den Rücken zu stärken. Zugleich erregte es international nicht weniger Aufmerksamkeit als die Zündung der Wasserstoffbombe und übertraf diese im nun voll entflammten Kalten Krieg vermutlich sogar an propagandistischer Wirksamkeit: der erste Start eines künstlichen Erdsatelliten. Als der *Sputnik* Anfang Oktober 1957 völlig unerwartet ins All geschossen wurde, erlitt nicht nur das Selbstbewusstsein der Vereinigten Staaten, zu deren Identität es gehörte, an der Spitze des technischen Fortschritts zu marschieren, einen schweren Schock. In der gesamten westlichen Welt rieb man sich die Augen über eine solche Meisterleistung an wissenschaftsgestützter Ingenieurskunst. Dabei galt die Sorge nicht nur der politischen Wirkung auf die umkämpfte Dritte Welt, die eine solche

Demonstration sozialistischer Überlegenheit haben mochte. Gleich groß war die Furcht, dass eine Nation, die in der Lage war, eine so schwere Last ins All zu befördern, auch über Raketen verfüge, die Atomsprengköpfe in andere Kontinente transportieren könnten. Solche Sicherheitsbedenken erhielten weiteren Auftrieb durch die nächsten Sputnikflüge, die noch größere Lasten und erste Lebewesen (die Hündin Lajka und Nachfolger) in eine Umlaufbahn um die Erde brachten.[4]

Diese Einschätzung war richtig und falsch zugleich. Richtig bewertete sie das wissenschaftlich-technische Niveau, das in der Pioniertat zum Ausdruck kam. Hier galt Ähnliches wie bei der Entwicklung der Atom- und Wasserstoffbombe. Die Sowjetunion verfügte über eine eigene Tradition nicht nur an Weltraumbegeisterung, sondern auch an Weltraumforschung, die schon im Vorkriegsjahrzehnt in ein ernsthaftes Stadium getreten war. Als die wissenschaftliche Welt dann zwei Jahrzehnte später wegen einer besonders günstigen astronomischen Konstellation für 1957–58 ein Internationales Geophysikalisches Jahr ausrief und sich nun nach Stalins Tod auch die sowjetische Akademie der Wissenschaften daran beteiligte, schlug die Stunde des fähigsten von ihnen, Sergej Korolev. Ungeachtet unterschiedlicher Wünsche der beteiligten Interessengruppen entschied er sich im Alleingang für einen frühen Start einer Kapsel unter Verzicht auf eigentlich geplante, mit Ballast verbundene Ausstattungen. Der Erfolg war so spektakulär, dass Chruschtschow nicht nur die Gelegenheit nutzte, um öffentlichkeitswirksam Kapital daraus zu schlagen. Darüber hinaus gab er ihm mit der Aufforderung, diesem ersten Präventiv-Coup gegen die USA einen weiteren folgen zu lassen und «etwas ganz Neues im All» vorzubereiten, eine Art *carte blanche*.

Korolev rechtfertigte dieses Vertrauen, indem er im April 1961 mit Jurij Gagarin den ersten Menschen in eine Umlaufbahn um

die Erde schickte und ihn sicher wieder auf den Boden zurück-
brachte.[5] Zugleich war die westliche Furcht vor dem sowjetischen Waffenarsenal aber auch übertrieben. Wie die Kuba-Krise
im Oktober 1962 aller Welt vor Augen führte, hatte Präsident
Eisenhower (der politisch dennoch den Fehler beging, die
Alarmstimmung seiner Öffentlichkeit zu unterschätzen) in der
Sache durchaus Recht, als er gelassen auf den Sputnik-Flug reagierte.[6] Seine Sicherheitsberater und Militärs erkannten, dass
Chruschtschows Selbstbewusstsein ungeachtet aller kosmonau-
tischen Erfolge überzogen war.

Denn inzwischen war dem sowjetischen Parteichef jede
Selbstkritik abhandengekommen. Seit er sich im Juni 1957 endgültig in der Partei gegen seine stalinistischen Altgenossen (Mo-
lotov, Vorošilov und Kaganovič) durchgesetzt und im März auch
noch das Amt des Vorsitzenden des Ministerrats übernommen
hatte, befand er sich im Zenit seiner Macht. Deren Überfülle be-
kam ihm aber offenbar nicht. Chruschtschow hörte weniger
denn je auf seine Berater, begann, einsame Entscheidungen zu
treffen, und ließ der Impulsivität, zu der er ohnehin neigte, freien
Lauf. Beides, sein übergroßes Selbstbewusstsein und seine ange-
berische Unbeherrschtheit fanden in einem verbalen Schlagab-
tausch mit Vizepräsident Richard Nixon ihren Ausdruck, der als
Sinnbild der kulturellen Dimension des Kalten Krieg zu Recht
berühmt geworden ist.

Er fand Ende 1959 in der Schau-Küche des amerikanischen
Pavillons auf dem Ausstellungsgelände des Moskauer Sokol'niki-
Parks statt, wo sich die USA einer lebhaft interessierten sowjetischen Öffentlichkeit präsentierten, und wurde wenig später
ungeschnitten im amerikanischen Fernsehen übertragen. In dieser sog. «*Küchen-Debatte*» konzedierte Nixon, dass die Sowjetunion vielleicht bei der «Schubkraft» ihrer Raketen und der Er-
kundung des Weltraums überlegen sei, die USA aber im Niveau

der materiellen Zivilisation, wie der Ort des Gesprächs belege. Berstend vor Prahlsucht, wollte Chruschtschow auch keinerlei Nachholbedarf bei Konsumgütern einräumen, pries abermals die großen Errungenschaften seines noch jungen Landes und verstieg sich zu der großspurig-überheblichen Ankündigung, dass es die Vereinigten Staaten auch in dieser Hinsicht binnen «sieben Jahren» überholen – und er dabei «winken» werde, wenn es an ihnen vorbeiziehe.[7]

Das amerikanische Publikum hatte guten Grund, sich über solche Vollmundigkeit, die Chruschtschow im folgenden Jahr wiederholte, zu amüsieren. Und auch in der Sowjetunion wuchsen die Zweifel in dem Maße, wie die Wirklichkeit sie Lügen strafte. Umso eher zeigte diese Kontroverse *in nuce* die alternativen Entwicklungspfade an, auf die sich beide Systeme auf dem Höhepunkt des Kalten Krieges vor dem Hintergrund ihrer Leistungsfähigkeit und ihrer Essenz begeben hatten: die Förderung einer Massenkonsumgesellschaft im *marktwirtschaftlichen Kapitalismus* bzw. die Privilegierung des militärisch-industriellen Komplexes angesichts gefühlter Unterlegenheit, zudem im Rahmen einer *Planwirtschaft*, die immer noch vorrangig auf die Infrastruktur und die Schwerindustrie ausgerichtet war. Auch Chruschtschow musste sich entscheiden. Seine Weigerung, dies zu tun und seine Versuche, den Konsum ebenfalls zu fördern, ehrten ihn. Sie blieben aber vergeblich, weil die eigene Wirtschaft nicht imstande war, *beides* zugleich zu leisten. Er hätte den Hebel kräftiger umlegen müssen, wagte dies aber auch nach der Sicherung seiner alleinigen Macht nicht. Im Rückblick gesehen, entschied diese Halbherzigkeit über das Schicksal des real existierenden Sozialismus: Nicht der Mangel an modernen Raketen wurde der Sowjetunion zum Verhängnis, sondern, bildlich gesprochen, die Armseligkeit ihrer Küchen.

b. Privatwohnungen, aber staatliche Mietwagen. Überhaupt trugen auch die ‹freien› Tauwetterjahre unter manchen Aspekten ein *Doppelgesicht*, das von manchen oberflächlichen Kompromissen zeugte. So verdankte Chruschtschow schon seinen Sieg im Machtkampf nach Stalins Tod nicht nur seinem taktischen Geschick und der verbreiteten Furcht vor dem langjährigen Geheimdienstchef Lavrentij Berija. Darüber hinaus spricht vieles dafür, dass ein besonderes Merkmal seines Programms den Ausschlag gab, nämlich das Versprechen, die chronische Misere der Landwirtschaft mit denkbar geringen Kosten, jedenfalls nicht zu Lasten der Rüstung, Schwerindustrie und Infrastrukturprojekte zu lösen. Die Zauberformel dafür hieß: Neuland in der riesigen Steppe Kasachstans zu erschließen. Dass die Böden dort leicht erschöpfbar waren und klimatische Risiken wie häufige Trockenperioden und Kälteeinbrüche die Ernte bedrohten, störte die Akzeptanz dieses Vorhabens offenbar nicht. So konnte sich Chruschtschow einerseits als Reformer inszenieren, der dem schlimmsten, von allen anerkannten Notstand, der erbärmlichen Lage der Bauern und dem allgegenwärtigen Mangel an Lebensmitteln, zu Leibe rückte, und zugleich den Fürsprechern der hergebrachten Ressourcenverteilung beruhigend versichern, dass sie keine Federn lassen müssten.

Anderes galt nur für den Geheimdienst und sonstige Schergen des Stalin'schen Terrorregimes. Chruschtschow klagte in der berühmten «Geheimrede» von 1956 den Persönlichkeitskult Stalins an und brachte erstmals dessen grausame Verbrechen ans Licht. Das war mutig und angesichts noch ungeklärter Machtverhältnisse durchaus gewagt. Darüber hinaus aber hielt er an der überkommenen Ordnung fest, am Monopol der Einheitspartei ebenso wie an deren Kontrolle über alle Bereiche von Staat, Wirtschaft, Gesellschaft und Kultur. Er wollte die terroristische Willkürherrschaft *einer* Person beenden und zur oligar-

chischen Führung zurückkehren (was er im Übrigen nach 1958
schnell wieder vergaß); aber er blieb ein überzeugter Anhänger
der sozialistischen Ordnung samt ihrer ideologischen Grund-
lagen. Er sah sein Ideal auch nicht (anders als Gorbatschow, als
dessen Vorläufer er oft betrachtet wird) im Mischsystem der
NEP, sondern im ‹reinen›, auf Kollektiveigentum beruhenden
Sozialismus des ersten Fünfjahresplans. Es war daher kein Zufall, dass sich die neue Ära mit einer *Aufwertung der Staatsideologie* verband, wie vor allem die Wiederbelebung des Kirchen-
kampfs zeigte. Chruschtschow wollte das Sowjetsystem, so wie
er es verstand, zwar beleben und erneuern, es aber in seiner
Struktur unverändert erhalten.

Zugleich musste auch er sich einer Aufgabe annehmen, die
zwar unausweichlich war und von ihm, wollte er als Reformer
glaubwürdig bleiben, erwartet wurde, zugleich aber hart an den
Rand des ideologisch Zulässigen führte: der Beseitigung der
allgegenwärtigen, schlimmen *Wohnungsnot*. Von Anfang an war
es dem Sowjetregime vor allem in den Städten schwergefallen,
die diesbezüglichen Bedürfnisse seiner Untertanen zu befriedigen. Nach Revolution und Bürgerkrieg fehlte das Geld, um die
Zerstörungen zu beseitigen und allen Interessenten, ‹Proleta-
riern› aus den Elendsvierteln ebenso wie denjenigen, die aus den
Dörfern oder der Armee zurückkehrten, genügend Wohnraum
zur Verfügung zu stellen. Gegen Ende der 1920er Jahre, als sich
die Volkswirtschaft einigermaßen erholt hatte, begann dann ein
Aufbruch ins sozialistische Industriezeitalter, der eine völlig andere Ressourcenverteilung verlangte. Wohnen und Konsum waren unter Stalin absolut zweitrangig. Auch die verheerenden
Schäden des Zweiten Weltkriegs gaben ihm keinen Anlass, seine
Prioritäten zu ändern, zumal der Rüstungswettlauf im beginnenden Kalten Krieg neue, erhebliche und dauerhafte Kosten
verursachte. Erst recht prallte eine Art moralischer Verpflich-

tung zur Wiedergutmachung für die Not und das Leid, die seine Bevölkerung hatte ertragen müssen, an ihm ab. Wie wenig geschah, zeigt der statistische Befund, dass der durchschnittliche Wohnraum pro Person 1950 mit 4 m² noch *unter* dem Niveau von 1929 lag.[8]

Erst nach Stalins Tod rückte Abhilfe auch für diese Misere unabweisbar auf die Tagesordnung. Nachdem sich Chruschtschow im Ringen um ein Konzept zur Bekämpfung des noch drängenderen Problems, die Bevölkerung überhaupt ausreichend mit Lebensmitteln zu versorgen, durchgesetzt hatte, nahm er auch die Beseitigung der Wohnungsnot in Angriff. 1957 begann ein regelrechter Bauboom, auf dessen Höhepunkt zwei Jahre später pro 1000 Einwohner 12,8 durchschnittlich 42 m² große Wohnungen errichtet wurden. Bis 1963, als das Tempo nachließ, entstanden insgesamt 16,9 Mio. Wohnungen, die typischerweise ein bis drei Zimmer, Küche und Bad umfassten und meist in jenen fünfstöckigen, überaus breiten, kastenförmig anmutenden Quadern untergebracht waren, die bald das Erscheinungsbild der Außenviertel der größeren Städte prägten.[9] Im Volksmund *chruščeby* genannt, setzten sie ihrem Urheber ein ambivalentes Denkmal – da sich die Assoziation mit «Slum» (*truščeba*, Pl. *-y*) beinahe zwangsläufig einstellte. In der Tat waren die Neubauten, die allzu hastig hochgezogen wurden, oft binnen kurzem kaum mehr als solche zu erkennen.

Dennoch linderten sie nicht nur die akute Wohnungsnot. Darüber hinaus bescherten sie erstmals breiteren Bevölkerungskreisen eine neue Art von materiellem Komfort samt besonders kostbarer *Privatheit*. Was Stalin zwar schon propagiert hatte, aber kaum Wirklichkeit geworden oder hohen Funktionären vorbehalten geblieben war, stand nun in den Städten grundsätzlich allen, in jedem Fall vielen offen: die geschlossene Wohnung, in der nur *eine* Familie lebte. Damit begann das Ende dessen,

was überzeugten Sozialisten als Inbegriff nichtbürgerlichen Zu-
sammenlebens galt, der *kommunalka*. [10] Oft aus akuter Not zu
Beginn der 1920er Jahren entstanden, als man die geräumigen
Wohnungen der einstigen Oberschicht aufteilte, beinahe jedes
Zimmer separat vergab, aber alle sich eine einzige Küche und ein
einziges Bad teilen mussten, waren solche Zwangskollektive für
ideologische Puristen zum Muster der künftigen gemeinschaftli-
chen Wohnform avanciert. Wenn man diese Vorstellung nun definitiv aufgab und das genaue Gegenteil, private Einfamilien-
wohnungen in großer Zahl und prägend auch für die mittlere
Zukunft, errichtete, dann bedeutete eine solche Wendung nicht
nur eine Abkehr von der Utopie der Frühzeit. Zugleich markierte sie die Einsicht, dass die Mehrheit der Bevölkerung anderes
wollte – eben jene bürgerliche Privatheit, die ein konstitutives
Element westlicher Lebensweise bildete und in den Bungalows
der USA oder den stark expandierenden Eigenheimsiedlungen
Westdeutschlands ihren baulichen Ausdruck fand. An der Leitidee der Einheit von Wohnung und Familie fand sich keine Spur
mehr von Kollektivismus und Gemeinschaftlichkeit als Prämisse
allen sozialistischen Denkens. Zugespitzt gesagt: In der Woh-
nungsbaupolitik verabschiedete sich Chruschtschow von seinem
eigentlichen Ziel einer ideologischen Renaissance der Aufbruchs-
jahre. Stattdessen machte er Anleihen bei einem Grundprinzip
der kapitalistischen Systemkonkurrenz, dessen gleichsam mate-
riale Version als privater Wohnkomfort den Wünschen seiner
Bevölkerung deutlich besser entsprach.

Ob dem sowjetischen Parteichef eine solche Konzession an
das traute Heim (klein)bürgerlicher Lebensweise schwerfiel,
mag offen bleiben. Jedenfalls traf er bei der Frage, ob die Sowjetunion auch dem Vorbild *privater Motorisierung* folgen sollte,
eine andere Entscheidung. Auch hier war der Bedarf unabweisbar. In den USA war der eigene PKW längst zum Symbol von

Wohlstand, vor allem aber von Bewegungsfreiheit und Unabhängigkeit geworden. Westeuropa, nicht zuletzt die junge Bundesrepublik, folgte in der ersten Dekade der Nachkriegszeit. Der «Volkswagen» wurde zum Symbol der neuen Mobilität für jedermann, die Veränderungen der Freizeitgestaltung und wachsender Reiselust entsprach. Natürlich war nicht einzusehen, warum solche Errungenschaften den Bürgern eines Systems vorenthalten bleiben sollten, das den Anspruch erhob, die Entwicklung menschlicher Sozialordnungen zu vollenden. Zwar bedienten die ersten, seit Ende der 1920er Jahre mit amerikanischer Hilfe errichteten Automobilfabriken ausschließlich den Staat und seine Funktionärselite. Aber auch Stalin unterstützte die Vision der Motorisierung für jedermann, wie ein berühmtes Gemälde von 1936 belegt: eine junge Frau am Steuer eines Straßenkreuzers vor der Skyline Moskauer Wolkenkratzer.[11] Umso drängender stellte sich das Problem nach seinem Tod im Zuge wachsender Systemkonkurrenz und der Öffnung zum Westen, wie sie nicht zuletzt in Chruschtschows USA-Reise 1959 zum Ausdruck kam.

Vielleicht nicht zufällig im selben Jahr erklärte Chruschtschow, dass er eben diesen Weg *nicht* gehen wolle. Er plane eine «andere», «effizientere Form» der Nutzung von PKWs als in den Vereinigten Staaten. Überall sollten Mietwagen zur Verfügung stehen, die jedermann leihen könne, wann immer er einen benötige. Er müsse dann nur zur nächsten Garage gehen und sich holen, was er brauche. Auf diese Weise könne man unproduktive Stehzeiten, etwa wenn Menschen arbeiteten oder sich ausruhten, vermeiden und nur so viele Fahrzeuge vorhalten, wie wirklich ständig im Einsatz seien. Die «privatkapitalistische» Verwendung von PKWs vergeude Rohstoffe und Arbeit. Man werde bessere, «sozialistische Methoden» finden und mit einem «Zehntel» oder sogar «Fünfzehntel» der Autos auskommen.[12]

So modern die Idee klingt – erinnert sie doch an Ride- und Carsharing-Modelle für die Großstädte der Gegenwart–, so sehr versagte sie in der Praxis. Obwohl bis Ende September 1960 «schon Hunderte» solcher Mietwagenzentren ihren Betrieb aufgenommen hatten, waren sie weit davon entfernt, ihren Zweck zu erfüllen. Es gab sie nur in den größeren Städten und auch hier zu wenige (ganze vier für eine Millionenmetropole wie Moskau) mit viel zu wenig Autos, die sich überdies schon bald in schlechtem Zustand befanden, weil es allenthalben an Ersatzteilen und an kompetenten Mechanikern fehlte. Vor allem aber scheiterte auch dieses Konzept am Grundübel des sozialistischen Wirtschafts-, Arbeits- und Gebrauchsverhaltens: mangelnde Sorgfalt im Umgang mit Gegenständen und Ressourcen, die nicht dem Nutzer selber, sondern dem Staat oder einem anonymen Kollektiv gehörten. Niemand fühlte sich verantwortlich, und jeder behandelte die Autos entsprechend nachlässig. So ging auch das ‹sozialistische› Mietwagenkonzept mit dem Sturz Chruschtschows im Oktober 1964 unter.

3. Breschnew: Goldene Jahre und fatale Stagnation

a. Nachgeahmter Massenkonsum. Dem sanguinischen ‹Polterer› folgte mit Leonid Breschnew ein Mann, der versprach, zu einer berechenbaren Politik anstelle der sprunghaften Entscheidungen der letzten Jahre seines Vorgängers zurückzukehren. Zugleich lag auf der Hand, dass die wirtschaftliche Leistungsfähigkeit des Landes nach wie vor sehr zu wünschen übrigließ und hier weitere Reformen nötig waren. Das Politbüro beugte sich diesem Zwang, indem es den langjährigen Industriefachmann Aleksej Kosygin, der für moderate Reformen plädierte, zum Ministerpräsidenten an der Seite des nun wieder Generalsekretär genannten Parteichefs kürte. Zugleich nutzte es damit auch die Gelegenheit, die 1958 von Chruschtschow herbeigeführte Personalunion zwischen beiden Ämtern, die seine zunehmend autoritären und wenig kompetenten Alleingänge fraglos erleichtert hatten, wieder aufzulösen.

Kosygin bemühte sich denn auch in den nächsten Jahren, der bürokratischen, auf bloße Quantität und die Erfüllung obrigkeitlicher Vorgaben ausgerichteten Planwirtschaft durch materielle Anreize und größeren Entscheidungsspielraum für die Einzelunternehmen zu mehr Flexibilität, Effizienz und Qualitätsbewusstsein zu verhelfen. Aber auch der konservativere Breschnew trug dem Zwang, allgegenwärtige Defizite zu beseitigen, insofern Rechnung, als er sich besonders für die Landwirtschaft und deren vorrangige Berücksichtigung bei der Zuteilung von Investitionen im Rahmen der ökonomischen Gesamtplanung einsetzte.

Abgefedert durch eine Außenpolitik, die seit Ende des Jahrzehnts (nachdem die Panzer gegen den Prager Frühling im August 1968 deutlich gemacht hatten, wer im Ostblock das Sagen hatte) auf Entspannung und Annäherung an die westliche Welt setzte, war diese Grundorientierung der neuen Machthaber so erfolgreich, dass vor allem die erste Hälfte der 1970er Jahre im Rückblick als eine Art «goldener Zeit» der gesamten Sowjetära erscheint. Nie war es den Bürgern besser gegangen, und nie wieder waren sie so relativ zufrieden. Man kann diesen Befund mit Blick auf die internationale Systemkonkurrenz auch weniger positiv formulieren. Denn Breschnew und Kosygin taten letztlich nichts anderes, als dem höchst unsozialistischen Wunsch der Bevölkerung nach mehr privatem Konsum nachzugeben. Damit setzten sie fort, was Chruschtschow mit dem Wohnungsbau begonnen hatte: die westlich-kapitalistische Vorstellung von *individuellem Wohlstand im Rahmen einer Massenkonsum-*

gesellschaft stillschweigend zu übernehmen und so weit wie möglich zu befriedigen. Nicht nur in dieser Hinsicht wurde es schwierig, im selbsternannten ‹real existierenden Sozialismus› noch dessen kollektivistischen Kern zu entdecken. Sozialistischer Massenkonsum war nicht anders als kapitalistischer, sondern nur sehr viel bescheidener.

Mehrere Indikatoren zeigten diesen Wandel an. Zum einen nahm der *Handel* der Sowjetunion mit dem Westen in den 1960er Jahren deutlich zu, so dass er um die Mitte des folgenden Jahrzehnts über 30% ihres gesamten Handelsvolumens ausmachte. Diese Steigerung ging nicht nur auf den Import von Getreide zurück, der infolge einiger Missernten nötig wurde. Vielmehr schloss sie auch eine signifikante Erhöhung der Einfuhr hochwertiger Technologie ein.[13] Vor allem Kosygin sah sehr klar, dass die Sowjetunion in vielen Bereichen der zivilen Produktion wie der Chemie-, Elektro-, Baumaschinen- oder Stahlindustrie ebenso wie in der Nahrungsmittelherstellung erheblich hinter den führenden Ländern der westlichen Welt herhinkte, und drängte gegen den Widerstand konservativer Kräfte darauf, diesen Abstand durch verstärkte Käufe im kapitalistischen Ausland zu vermindern. Auch wenn man das Fazit für überzogen hält, «fast der gesamte technische Wandel» der Nachkriegszeit sei «mehr oder weniger direkt» durch westliche Hilfe verursacht worden,[14] kann an deren essentieller Bedeutung kein Zweifel bestehen. Und wie in früheren Jahrzehnten nutzte die Sowjetunion solche Importe, um sie durch Nachahmung künftig überflüssig zu machen und die eigene, im Argen liegende Produktivität zu erhöhen.

Allerdings hielt sich der Erfolg dieser Strategie weiterhin in Grenzen. Die Anpassung der importierten Technik und Verfahren warf nach wie vor mehr Schwierigkeiten auf als erwartet. Es fehlte nicht nur an gleichwertigen Ersatzteilen; noch nachteiliger

war, dass es kein Umfeld in Form von Zulieferern und Abneh-
mern gab, die auf Qualität geachtet und zu weiteren Verbesserungen gedrängt hätten. So aber nutzten sich die Vorteile fremder Maschinen schnell ab, und der alte, verschwenderische
Umgang mit Rohstoffen und anderen Ressourcen gewann wieder Oberhand. Auch deshalb scheiterte der Versuch, mit Hilfe
ausländischer Technik global konkurrenzfähige Produkte herzustellen, weitgehend.[15] Hinzu kam das grundsätzliche Problem,
dass sich die jüngsten Technologien kaum noch für die alte
Strategie des *reverse engineering* eigneten: Mikroelektronik,
komplexe Metalllegierungen oder biotechnologische Verfahren
ließen sich nicht mehr durch ‹Zerlegung› kopieren. Nicht zufällig war der Rückstand der Sowjetunion in diesen Sektoren besonders ausgeprägt.[16]

Immer wichtiger wurden daher andere Formen des Imports
westlichen Know-hows. So kaufte die Sowjetunion zwischen
1966 und 1970 fünfmal mehr ausländische *Lizenzen* als in den
zwanzig Jahren zuvor. Desgleichen schloss sie, ebenfalls mit
merklichem Anstieg seit Ende der Dekade, eine wachsende Zahl
von *Kooperationsverträgen* mit westeuropäischen, japanischen
und US-amerikanischen Firmen ab. Bis Mitte der 1970er Jahre
wurden 160 solcher Verträge unterzeichnet, die vom Lizenz-
erwerb bis zur Lieferung schlüsselfertiger Fabriken reichten.[17]
Und auch der wissenschaftliche Austausch nahm in dieser Zeit
Fahrt auf. Dank der Entspannungspolitik zwischen den Blöcken
reisten immer mehr sowjetische Wissenschaftler ins Ausland.
Auch wenn der Effekt solcher Aufenthalte auf den Wissens-
transfer kaum kalkulierbar sein dürfte, verdienen sie als Symp-
tom sowohl für die Öffnung der Sowjetunion zum Westen als
auch für ihr andauerndes Interesse an seinen Errungenschaften
Beachtung.

Zu dieser bleibenden Orientierung am Systemgegner und dem Druck, zu seinem materiellen Leistungsniveau aufzuschließen, trug erstmals auch der *Konsum* in erheblichem Maße bei. Das materielle Lebensniveau der einfachen Leute, derer, die nicht von privilegierter Versorgung profitierten, hatte die Entscheidungsträger in der gesamten Stalinzeit kaum interessiert. Auch in der unmittelbaren Nachkriegszeit, als eine Kompensation für die Entbehrungen der Kampfjahre geboten gewesen wäre, hatte der längst aller Realität entrückte Diktator der Rüstung, der Schwerindustrie und der Infrastruktur den Vorrang gegeben. Erst Chruschtschow änderte die Prioritäten. Aber sein anfangs erfolgreiches Neulandprogramm endete in tiefer Enttäuschung; andere Agrarreformen (wie die Maiskampagne) verschärften den Mangel sogar, und die 1957 verfügte, aber schon bald wieder aufgegebene Dezentralisierung der Planwirtschaft hatte nur die Zuständigkeiten verwirrt, ohne der Industrie nennenswerte Impulse zu geben.

So blieb für die neue Führung nach 1964 viel tun. Breschnew sorgte zwar dafür, dass die Investitionen in die Landwirtschaft stiegen. Aber das Erbleiden der sozialistischen Landwirtschaft, ihre chronisch geringe Ertragskraft, konnte auch er nicht beheben; Defizite blieben sprichwörtlich für den Zustand sowjetischer Versorgung. Eine kenntnisreiche Rückschau kam am Ende seiner Ära zu dem Ergebnis, dass der Konsum in der Sowjetunion zwar seit den 1950er Jahren kontinuierlich auf das Dreifache gestiegen sei, dennoch aber Ende der 1970er Jahre nur ein Drittel des US-amerikanischen Niveaus und weniger als die Hälfte des französischen und westdeutschen betragen habe. Dabei verzeichnete sie in der ersten Hälfte der 1970er Jahre sogar eine qualitative Verbesserung, in der zweiten Hälfte dagegen eine «Beinahe-Stagnation». Um das Niveau zu halten, gab es nur ein Mittel: Importe nun auch von «Endprodukten» zu erhöhen.

In der Folge stiegen solche Einfuhren im Laufe der 1970er Jahre auf das Doppelte, die Einfuhr von «konsumnahen Rohstoffen» sogar um mehr als das Fünffache und die Einfuhr von «konsumnahen Maschinen» auf fast das Vierfache.[18]

Wer als Austauschwissenschaftler in diesen Jahren die Sowjetunion besuchte, konnte sich bei privaten Einladungen von den konkreten Folgen dieses Importbooms überzeugen. Zumindest in den größeren Städten hielt ein gewisser materieller Komfort auch in die bloß ‹gutbürgerlichen› Haushalte der akademischen Mittelschicht Einzug. Man ließ den Gast in bequemen Sesseln Platz nehmen, holte Gläser aus einer Schrankwand und unterhielt ihn mit Musik aus einer Stereoanlage. Zwar trug die Vermehrung der Staatseinnahmen infolge des Anstiegs der internationalen Rohölpreise nach der Gründung der OPEC 1973 erheblich zu solchem relativen Wohlstand bei. Aber er entsprach auch einer Politik, die man (in Analogie zu einer oft zitierten Deutung der Stalin-Ära[19]) als Teil eines stillschweigenden Herrschaftsvertrags verstehen kann: privater Konsum gegen Verzicht auf politische Mitsprache.

In nuce kam diese veränderte Konsumpolitik der neuen Führung in der Grundsatzentscheidung zum Ausdruck, nach Jahren des Zögerns die *private Massenmotorisierung* auf den Weg zu bringen. Sicher haben nicht allein das Drängen der Bevölkerung und die Einsicht, ihm im Sinne eines solchen *big deal* nachgeben zu sollen, zu dieser Kehrtwende beigetragen. Unter den weiteren Ursachen dürfte die internationale Systemkonkurrenz in Gestalt des Siegeszugs des ‹kapitalistischen› PKWs, begleitet von einer drastischen Verbilligung und neuen Vielfalt der Modelle, obenan stehen. Desgleichen spielte der Umstand eine wichtige Rolle, dass auch im eigenen Lager, in der DDR, die unter dem Druck des unmittelbaren Vergleichs mit der Bundesrepublik die Entscheidung schon ein Jahrzehnt früher getroffen hatte,[20] die private Motorisierung ein gutes Stück vorangekommen war. Und rein binnenökonomisch gesehen, begann der Überhang an Kaufkraft den Fachleuten Kopfzerbrechen zu bereiten; ihn durch private PKWs abzuschöpfen, lag nahe.[21]

Zugleich war auch diese Weichenstellung nicht unumstritten. Ideologische Puristen sahen in ihr einen Verstoß gegen den Grundsatz kollektiven Eigentums, ohne den der Sozialismus seine Essenz verliere. Ihnen galten letztlich (abgesehen vom LKW mit anderen Aufgaben) nur Autobus und Straßen- bzw. Schienenbahn als korrekte, dem Selbstverständnis des eigenen Staates konforme Fahrzeuge zur Personenbeförderung. Dabei verbanden sich ihre Einwände oft mit weiteren, in denen frühe Umweltbedenken zum Ausdruck kamen. Man verwies auf die Verunstaltung der Städte durch zahllose Garagen und sonstige Stellplätze, auf die Verstopfung der zu wenigen Straßen und die Verschmutzung der Städte allgemein. Die Debatte zeigte die Werte sehr klar, die gegeneinander abzuwägen waren: Bewegungsfreiheit und privater, auf Besitz gegründeter Komfort auf der einen Seite, Gemeineigentum und (von wem auch immer definiertes) Gemeinwohl auf der anderen.[22]

Breschnew und Kosygin knüpften also weniger an die frühe Nachkriegszeit an, als man die Siegesbeute in Gestalt von Konstruktionszeichnungen nutzte, um für einige Jahre den *Moskvič* zu produzieren. Eher griffen sie Chruschtschows Plan auf, allen Bürgern Zugang zu Mietwagen zu ermöglichen, der ja ebenfalls unter dem Eindruck dessen entstanden war, was er in den USA und anderen westlichen Ländern gesehen hatte – mit dem markanten Unterschied freilich, dass sie nun eine bewusst gegenteilige Entscheidung trafen. «Sozialistische Methoden»[23] der Versorgung, die Chruschtschow neben effizienterer Nutzung zugunsten seiner Idee anführte, hatten offenbar ihr argumentatorisches Gewicht eingebüßt. Stattdessen beugten sich die neuen

Staatslenker dem Wunsch der Bevölkerung nach grundsätzlich demselben privaten Konsum und ähnlichen individuellen Statussymbolen wie im kapitalistischen Westen.

So wurde seit 1966 nördlich von Samara an der Wolga eine neue, riesige, vom Fiat-Konzern betreute Fabrik errichtet. Um sie herum entstand eine eigene Stadt, die man nach dem langjährigen, moskautreuen Vorsitzenden der Kommunistischen Partei Italiens Palmiro Togliatti benannte, der den Kontakt vermittelt hatte. Als im Dezember 1969 in Rom eine förmliche Lizenzvereinbarung über den Nachbau des Erfolgsmodells *Fiat 124* unterzeichnet wurde, begann auch in der Sowjetunion eine neue Etappe der Automobilproduktion. Unter dem Namen *Žiguli* sollte dieser PKW, anders als der höherpreisige, seit Mitte der 1950er Jahre in Nižnij Novgorod (Gor'kij) produzierte *Volga,* der als Dienstwagen der unteren und mittleren Nomenklatura sowie öffentlicher Einrichtungen (Taxistationen eingeschlossen) diente, *jedermann* zur Verfügung stehen. Zwar sah die Realität anders aus. Der Preis war trotz dieser Zweckbestimmung hoch; Normalverdiener mussten oft über Jahre sparen, um ihn aufbringen zu können. Dennoch war die Nachfrage so groß, dass nicht nur lange Wartelisten entstanden, sondern man trotz allem dem erklärten Ziel deutlich näherkam, dem sozialistischen Durchschnittsbürger eine neue Form privater Mobilität zu ermöglichen.

Als die Idee einer breiteren Motorisierung unter Chruschtschow in den Horizont der hohen Politik eindrang, gab es so gut wie keine PKWs. Zu dieser Zeit (1960) kam statistisch ein einziges privates Fahrzeug auf 424 Einwohner. Für 1980 hat man die Zahl der PKWs auf 1 pro 35 Personen geschätzt, wobei der eigentliche Sprung erst 1970 begann. Wenn man diesen Durchschnittswert nach Stadt und Land aufgliedert und die ausgeprägte materiell-zivilisatorische Kluft zwischen beiden bedenkt, wird man die PKW-Dichte für die Städte, zumal für die größeren, leicht verdoppeln können. Zwar nahm die Sowjetunion damit im internationalen Vergleich immer noch einen der unteren Ränge ein. So besaß in den USA ebenso wie in der Bundesrepublik Deutschland 1977 schon jeder Zweite ein privates Auto; und auch im sozialistischen Ostblock rangierten die DDR, die ČSSR oder Ungarn (mit 1:8, 1:9 bzw. 1:14) [24] deutlich vor ihrer Führungsnation. Dennoch war auch diese ein gutes Stück auf dem Weg der Massenmotorisierung vorangekommen.

Zugleich musste die sowjetische Führung allerdings hinnehmen, dass sich weitergehende ökonomische Hoffnungen, die sie an die Fiat-Lizenz und die neue Fabrik als einem der teuersten Projekte der Nachkriegszeit knüpfte, nicht erfüllten. Anders als es in einem gleichartigen Umfeld wahrscheinlich gewesen wäre, stellte sich kein nennenswerter *spread-off*-Effekt ein. Die importierte Technologie wurde andernorts nicht aufgegriffen. Vielmehr hatte man umgekehrt erhebliche Probleme, sie an die vorhandenen Gegebenheiten z. B. der Rohstoffe und anderer Zulieferungen anzupassen. Umso weniger war man in der Lage, sie weiterzuentwickeln. Wie in anderen Ländern des Ostblocks auch liefen über Jahre mehr oder weniger dieselben Modelle vom Band.

So blieb auch ein Effekt weitgehend aus, der die hohen (in Devisen zu begleichenden) Kosten wenigstens teilweise hätte kompensieren können: der *Verkauf* der mit moderner westlicher Technologie produzierten Autos im Westen.[25] Was auf dem Papier als eine Art von Reimport wie ein Selbstläufer aussah, erwies sich trotz niedrigster Preise als Fehlschlag. Auf europäischen Straßen sah man einen *Lada* – so hieß ab 1974 der *Žiguli* für den Export – nur selten; ebenso wie den rumänischen, mit Lizenz von *Renault* hergestellten *Dacia*. Das war auch nicht verwunderlich. Denn abgesehen von mangelndem Vertrauen in die Zuverlässigkeit sowjetischer Produktion und einem dünnen

Netz an Vertriebspartnern kam darin ein grundsätzliches Defizit sozialistischer Planwirtschaft zum Ausdruck. Als die sowjetische Version des *Fiat 124* Anfang der 1970er Jahre auf den westeuropäischen Markt kam, war er schon nicht mehr taufrisch und wenige Jahre später ziemlich veraltet. So dokumentierte das riesige Automobilwerk in Tol'jatti beides: die verstärkte Orientierung der Sowjetunion an westlichem Konsum samt seiner technologischen Voraussetzungen und das immanent unlösbare Problem, diesen Abstand zu vermindern.

b. Importierter Dissens. Zu den Importen unter Breschnew und Kosygin sollte man auch eine ganz andere und unerwünschte Erscheinung rechnen. Zwar hatte sie im Kern autochthone Wurzeln, entlehnte aber die meisten ihrer Ideen westlichen Vorbildern: eine intellektuelle Opposition. Stimmen dieser Art, die aufgrund ihres Protests gegen das Einparteienregime und seine verbindliche Weltanschauung der «Abweichung» bezichtigt wurden, hatten sich schon unter Chruschtschow bemerkbar gemacht. Zunächst im Kontext des «Tauwetters» nach Stalins Tod samt der Verurteilung seines Terrorregimes (1956) geduldet, hatte der neue Parteichef die Zügel in dem Maße wieder angezogen, wie seine Macht sich festigte. Im Rückblick erscheint bereits die Verfemung Boris Pasternaks («Schwein, das unser Brot isst») im Herbst 1958 als Wendepunkt und seine Beerdigung im Mai 1960 als erste öffentliche Manifestation der Dissidentenbewegung. Um dieselbe Zeit wurde ein erklärter Gegner des Regimes, Sohn eines berühmten Dichters der Revolutionsjahre, in eine Nervenheilanstalt gesperrt. Und ebenfalls noch unter Chruschtschows Ägide wurde der Leningrader Lyriker Iosif Brodskij aufgrund erfundener Vorwürfe, die des einstigen Diktators würdig gewesen wären («Parasitentum»), zu mehrjähriger Haft verurteilt. Insofern erscheint die Freigabe von Solschenizyns *Ivan Denisovič* im September 1962 eher als eine Ausnahme, die dem Thema, der Beschreibung des Massenterrors im GULag, geschuldet war, weil Chruschtschow darin eine Rechtfertigung seiner Kritik an Stalin sehen konnte. Mit Toleranz hatte sie in diesem Umfeld, genau besehen, wenig zu tun.[26]

Umso deutlicher trat dies unter seinen Nachfolgern hervor. Sie wollten zwar nicht die repressive, alle Aktivitäten der Gesellschaft lähmende Friedhofsstille der Stalinjahre erneuern, aber die vermeintliche Verunglimpfung der Vergangenheit beenden und auch ideologisch jene Ruhe herstellen, die ihr innenpolitisches Programm war. So dauerte es kaum mehr als ein Jahr, bis die ersten Kritiker verhaftet waren und im Januar 1966 ein Schauprozess begann, der die Wende unmissverständlich klarmachte. Obwohl viele Prominente aus Kunst, Kultur und Wissenschaft vor neuerlichen Beschränkungen der öffentlichen Diskussion warnten und sich zumindest implizit mit den Angeklagten solidarisierten, scheuten die neuen Machthaber nicht davor zurück, ein Exempel zu statuieren. Für Vergehen, die keine waren, wurden die Schriftsteller Andrej Sinjavskij und Julij Daniel zu mehrjähriger Zwangsarbeit verurteilt. Solche Härte wird auch durch den Gedanken nicht gemildert, dass sie womöglich dazu beitragen sollte, die unter Konservativen durchaus umstrittenen ökonomischen Reformen gleichsam abzufedern.

Denn sie erreichte in jedem Fall das Gegenteil. Als Indiz für die zunehmende Einbindung in einen systemübergreifenden globalen, durch intensive Beobachtung geförderten Kommunikationszusammenhang kann der Umstand gelten, dass wenig später in interessierten Kreisen ein Manifest kursierte, das nicht nur im Westen erschienen, sondern auch von westlichen Ideen inspiriert war. Zwar verdammten Andrej Sacharovs *Gedanken über Fortschritt, friedliche Koexistenz und intellektuelle Freiheit* vom Sommer 1968 den Sozialismus noch nicht – wie manche spätere Äußerungen – in Bausch und Bogen. Noch richtete sich ihr Zorn vor allem gegen Denkverbote, Zensur und die dogmatische Pervertierung des Sozialismus. Noch hielten sie (wie auch einige zeitgenössische Theorien im Westen) eine Art Konvergenz von demokratischem Sozialismus und sozialem Kapitalismus für möglich, der zugleich ihrem unmittelbaren Hauptzweck, die Gefahr eines Atomkrieges zu bannen und ein festes Fundament für Frieden zu schaffen, dienen sollte. Zugleich aber klagten sie erstmals ein Anliegen ein, das sich als äußerst wirksam und zukunftsträchtig erweisen sollte, weil es auf ein universales Fundament des Westens seit der Amerikanischen Revolution Bezug nahm: die *Menschenrechte*. Der Anspruch auf Garantie natürlicher und politischer Individualrechte war einerseits allgemein genug, um als gemeinsamer Grund für verschiedene Visionen eines besseren Staates der Zukunft dienen, zum anderen konkret genug, um unmittelbare, praktische Forderungen begründen zu können. Darüber hinaus bezog er die westlich beherrschte Weltöffentlichkeit ein, die seinen Gegenstand nicht nur als unaufgebbar, sondern auch als unteilbar betrachtete. Mit der Veröffentlichung solcher Gedanken hatte nicht nur Sacharov als Person die Grenzen überschritten, die das Regime auch vielfach ausgezeichneten «Helden» zog (denn dazu gehörte er als genialer Wissenschaftler und ‹Erfinder› der Wasserstoffbombe). Zugleich war in ihrer Gestalt eine Plattform erschienen, die als Bezugspunkt einer zwar nicht öffentlichen, aber auch nicht mehr rein individuell-privaten Bewegung wirken konnte.

Dissens dieser Art festigte sich, als im Mai 1969 eine erste, kurzlebige Initiativgruppe zur *Verteidigung der Menschenrechte in der UdSSR* gegründet wurde, der im Herbst ein *Komitee* mit derselben Zweckbestimmung folgte. Dessen Einrichtung war in vieler Hinsicht ein kluger Schachzug. Formal bestand seine Aufgabe nur darin, Verstöße gegen geltende Gesetze und die Menschenrechtsdeklaration der UNO von 1948 anzuprangern, der die Sowjetunion durch ihren Beitritt zugestimmt hatte. Mithin agierte es auf rechtlich gesichertem Boden. Seine Zielsetzung bot der Regierung, wollte sie sich nicht selbst unglaubwürdig machen, keine Handhabe zur Intervention. Trotz mancher Meinungsverschiedenheiten mit anderen Zirkeln darf das Komitee im Rückblick als auffälligste Gruppierung dieser Jahre gelten. Aber auch die Initiativgruppe hatte bleibende Spuren hinterlassen. Sie rief die erfolgreichste Publikation des gesamten sowjetischen Untergrundes ins Leben: die legendäre *Chronik der laufenden Ereignisse*, die von April 1968 bis zum Juli 1981 in 62 Heften erschien. Verbote und Gerichtsprozesse unterbrachen ihr Erscheinen mehrfach, konnten sie aber nicht zum Verstummen bringen. Als Forum unzensierter Information und Stimme der Menschenrechte in der Sowjetunion, die sogar dem Geheimdienst trotzte, wurde sie zum Symbol der Unbezwingbarkeit der gerechten Sache.

Allerdings bedurfte es, wie der Rückblick nahelegt, der Unterstützung durch die offizielle Politik, um dem Dissens jenes Gewicht zu verleihen, das ihn zu einer der Triebkräfte für jene tiefgreifenden Reformen machte, die mit der Wahl Gorbatschows zum neuen Generalsekretär begannen. Diese Hilfe leistete die Unterschrift der Sowjetunion unter die Schlussakte der KSZE im August 1975. Was Breschnew und sein Politbüro als außenpolitischen Triumph betrachteten, der die europäischen Nachkriegsgrenzen faktisch endlich absegnete, erwies sich im Innern als Missgriff und Bumerang. Denn für die Festschreibung der sowjetischen Hegemonie über Osteuropa waren sie bereit, die «Achtung der Menschenrechte einschließlich der Gedanken-, Gewissens- und Überzeugungsfreiheit» sowie Zusammenarbeit im Bereich von Information, Kultur und Bildung zu versprechen. Dabei mochten sie davon ausgehen, dass eine solche Verpflichtung angesichts der Mitgliedschaft in der UNO nicht neu war und weiterhin sozusagen auf den äußeren Gebrauch beschränkt werden konnte. Diese Annahme hielt der Wirklichkeit jedoch nicht lange stand. Schon im Mai 1976 trat eine *Gruppe zur Förderung der Durchführung der Abmachungen von Helsinki in der UdSSR* an die Öffentlichkeit, die es sich zur Aufgabe machte, Verstöße gegen die Selbstverpflichtung aufzudecken. Damit stellte sie sich in die Tradition der Menschenrechtskomitees seit der Initiativgruppe, agierte aber zugleich auf festerem Fundament, weil sie der Aufmerksamkeit der anderen Signatarmächte sicher sein konnte.

Vermutlich war es dieser internationalen Beobachtung zu verdanken, dass der KGB sich zunächst zurückhielt und erst 1978 mit Verhaftungen einschritt. Vollends scheint der Einmarsch sowjetischer Truppen in Afghanistan Ende Dezember 1979 die Überzeugung begründet zu haben, nun im Innern für Gehorsam sorgen zu müssen. Sichtbarstes Zeichen dafür war die Deportation Sacharovs von Moskau ins 600 km östlich gelegene Gor'kij (Nižnij Novgorod). Dennoch summierten sich auch diese Aktionen im Endeffekt eher zu einem unentschlossenen Schwanken zwischen hartem Durchgreifen und bloßer Kontrolle. Als Erklärung bietet sich gerade in den letzten Jahren der Breschnew-Ära Rücksichtnahme auf die Weltöffentlichkeit an.

Bei alledem lehrte nicht erst die spätere Entwicklung, dass auch der sowjetische Dissens keine Einheit bildete. Neben die westlich inspirierte demokratische und vom KSZE-Prozess in mancher Hinsicht geschützte Strömung, für die Sacharov stand, trat früh eine *zweite*, die sich mit dem Namen Solschenizyns verband. Fraglos genoss auch er in gleichem Maße Unterstützung aus dem Westen. Das brachte schon das hauptsächliche Thema seiner Werke, die Aufdeckung des Terrors in den Stalin'schen Lagern, mit sich. Die Aufmerksamkeit erreichte ihren Höhepunkt, als Solschenizyn seinen dokumentarischen «Versuch einer künstlerischen Bewältung» des GULag im Ausland erscheinen ließ und zur Strafe ausgebürgert wurde. Das Bild seiner Ankunft auf dem Kölner Flughafen ging um die Welt. Später ließ sich Solschenizyn in den Vereinigten Staaten nieder. Das hinderte ihn nicht daran, an seiner Meinung festzuhalten, dass sich Russland nicht für westliche Werte öffnen solle. Er wollte das kommunistische Regime in seiner Heimat, das er kompromisslos bekämpfte, nicht durch parlamentarische Demokratie und liberalen Individualismus westlicher Art ersetzt sehen, sondern plädierte für die Rückkehr zu *russischen* Traditionen und Institutionen – zu natürlicher Gemeinschaft und «organischem Führertum», wie er später formulierte. Auch wenn Solschenizyns Äußerungen dieser Art selten blieben und er ansonsten bei seinem Metier, den *belles lettres,* blieb, lag auf der Hand, dass seine Ideen an *slavophile* Anschauungen des 19. Jahrhunderts anknüpften. Insofern war es besonders paradox, dass er die Hilfe der westlichen Welt und ihrer Freiheiten benötigte, um antiwestliche Rezepte zu propagieren und westliche Werte implizit in Frage zu stellen.[27]

In geringerem Maße galt dies auch für eine *dritte* Strömung im sowjetischen Dissens, die meist als demokratischer Sozialismus bezeichnet wird. Sie verwarf das Ideal des eigenen Systems nicht vollständig, beklagte aber seine oligarchisch-autoritäre Entartung. Bezugspunkte für solche Kritik ebenso wie für die Formulierung der eigenen Vision lagen nicht nur in der sowjetischen Frühzeit. Man wird auch nicht fehlgehen, Verbindungslinien zu den Ideen des Prager Frühlings oder des «Eurokommunismus» der frühen 1970er Jahre zu ziehen.

Mithin bietet sich mit Blick auf die Leitfrage der vorliegenden Übersicht ein zweifaches Fazit an. Der sowjetische Dissens war in all seinen Strömungen insofern *autochthon*, als er primär aus der Aufarbeitung der eigenen Vergangenheit in Gestalt vor allem des Stalin'schen Schreckensregimes hervorging. Die Aufdeckung der Wahrheit über erlogene Anklagen und den alltäglichen Terror im GULag verband sich dabei mit mehr oder weniger heftiger Kritik am bestehenden, grundsätzlich unveränderten Regime, das weiterhin an seinem politisch-ideologischen Monopolanspruch festhielt und unabhängige Meinungsäußerung ebenso unterdrückte wie erst recht oppositionelle Aktivität. Zugleich machten seine Hauptströmungen auf der Suche nach einer alternativen Ordnung sehr bald Anleihen bei *westlichen Grundprinzipien* und Einrichtungen, indem sie vor allem die Idee universeller Menschenrechte aufgriffen und zumindest implizit eine pluralistische publizistisch-politische Öffentlichkeit nach Art der westlichen Demokratien forderten, deren sie sich zu ihrem eigenen Schutz auch bedienten. Dazu trug nicht zuletzt der Umstand bei, dass sich mit Beginn der Breschnew-Ära abermals ein russisches Exil bildete – das dritte seit der späten Zaren- und der frühen Sowjetzeit. Der «Selbstverlag» (*Samizdat*) fand seine Ergänzung im «Dortverlag» (*Tamizdat*), der von westlicher Meinungsfreiheit und deren demokratischen Garantien lebte.

VII. Nach Westen – und zurück
(1985 bis heute)

1. Perestrojka: Ideologischer Mauerfall und Wiederkehr der Identitätsfrage

Im Rückblick liegt auf der Hand, dass mit der Wahl Michail Gorbatschows zum Generalsekretär der KPdSU im März 1985 der Anfang vom Ende der Sowjetunion begann. Schwieriger ist es schon, eine konsensfähige Antwort auf die wichtigere Frage zu finden, wann und wodurch die Fliehkräfte Oberhand über die zentripetalen gewannen. Sicher bietet sich der erste freie Wahlkampf vom Frühjahr 1989 um Mandate für den neuartigen «Volksdeputiertenkongress» als ein solcher *point of no return* an. Denn hier durften erstmals seit 1918 «alternative» Kandidaten antreten, und dabei entstanden auch jene nationalseparatistischen Sammlungsbewegungen, die maßgeblich – in der Sicht vieler Beobachter sogar entscheidend – zum Kollaps des *Ancien régime* beitrugen. Unbeschadet dessen ist auch die zwei Jahre zuvor ausgerufene «Offenheit», die Glasnost (*glasnost'*) zu bedenken, die wie die Sprengung einer Staumauer wirkte und binnen kurzem einen öffentlichen Meinungspluralismus erzeugte, ohne den die embryonale Parteienformierung während des Wahlkampfs kaum möglich gewesen wäre. Ganz gleich, wie man votiert, beide Antworten verweisen auf konkrete Umsetzungen des neuen Geistes, der Gorbatschows Reformoffensive antrieb: sich an den westlichen Demokratien zu orientieren und zumindest einige ihrer politisch-öffentlichen Errungenschaften zu übernehmen.

Es ist nicht leicht, die Zielvision dieser Maßnahmen zu benennen. Bekanntermaßen entfaltete die Perestrojka ihre eigene Dynamik;[1] namentlich 1987 trat die «Umgestaltung» in eine neue Phase, die mit der ermunternden Zulassung politischer Meinungs- und Handlungsfreiheit die Grenzen der alten Ordnung, genau besehen, bereits überwand. Zugleich blieb Gorbatschow ökonomisch auffallend konservativ, indem er sich eher an der NÈP der 1920er Jahre als an marktwirtschaftlichen Prinzipien orientierte. Insofern könnte man, wenn man den Hauptbegriff wörtlich versteht, von einem «demokratischen Sozialismus» als Leitvorstellung sprechen, der zwar an der Dominanz (wenn auch nicht am Monopol) staatlichen Eigentums festhielt, aber eine weitgehende Pressefreiheit und politischen Pluralismus bis hin zur Konsequenz seiner protoparteilichen Organisation zuließ. Schon damit fanden Gorbatschow und seine (teilweise, wie der wichtigste Vordenker Aleksandr Jakovlev, deutlich radikaleren) Berater ihre Vorbilder nicht im eigenen Land, sondern vor allem im europäischen und transatlantischen Westen.

So kehrte die Perestrojka die Blickrichtung Russlands einmal mehr um, wobei die jeweils ausgeblendeten oder wenig berührten Sektoren sich auf bezeichnende Weise veränderten. Der wirtschaftlichen Westorientierung des späten Zarenreichs und dem strategisch-gezielten Import westlicher Technik in der Vorkriegs-Sowjetunion sowie der eher kaschierten, aber schon durch die Systemkonkurrenz des Kalten Krieges gegebenen Bezogenheit auf den westlichen Lebensstandard einschließlich des entstehenden Massenkonsums und seiner technologischen Voraussetzungen folgten mit der Perestrojka *ideell-politische* Anleihen, die besonders der Meinungsfreiheit und politisch-parteilichen Artikulation galten. Auch die Außenpolitik vollzog diese Neuorientierung konsequenterweise mit. Gorbatschow sprach gern vom «gemeinsamen Haus Europa», in dem Russland ein

Zimmer beziehen sollte, und legte bei den umgehend begonnenen nuklearen Abrüstungsverhandlungen ein Tempo vor, das es Ende 1987 erstmals ermöglichte, im INF-Vertrag eine ganze Waffengattung abzuschaffen. Auch wenn historische Vergleiche immer hinken: Um eine ähnliche Kehrtwende zur Öffnung nach Jahrzehnten der Verteufelung und Abschottung zu finden, muss man weit zurückgehen: zum ausgehenden Zarenreich einschließlich des Februarregimes 1917, die beide dem Westen (zuletzt unter Ausschluss des Deutschen Reichs) relativ offen gegenüberstanden. Oder gar zum Beginn des 18. Jahrhunderts, als Peter der Große seinen Bojaren befahl, die altrussischen Bärte abzuschneiden und europäische Kleider anzulegen.

Als Bestätigung der fundamentalen Bedeutung der Glasnost darf gelten, dass zu den allerersten Fragen, die in der neuen geistigen Freiheit diskutiert wurden, die uralte nach der russischen *Identität* gehörte. Einer der bald bekanntesten historisch-philosophischen Autoren kleidete sie in die treffende Überschrift, «welcher Weg zur Kathedrale», frei übersetzt: nach Rom führe. Als Antwort referierte er die Entwicklung Russlands unter dem Einfluss des Westens seit ihrer Begegnung zu Beginn der Neuzeit. Sein Tenor überraschte den Sachkenner kaum: dass Russland den Ländern Mittel- und Westeuropas nacheiferte, die Bauern befreite, eine Industrie aufbaute, Städte errichtete und eine «Bourgeoisie» hervorbrachte, aber alles unvollständig und auf seine eigentümliche Weise. Rückständig, wie es war, sei die «Aufholjagd» zu Russlands «Schicksal» geworden; es sei auch vorangekommen, «aber nicht auf der von den Vorgängern gebahnten Magistrale, sondern auf russischen Landstraßen und Feldwegen, von Schlaglöchern geschüttelt».[2]

Denn dieser Grundgedanke des Zwangs zum Ausgleich eigener Unterlegenheit in wirtschaftlich-materieller und militärischer Hinsicht bei gleichzeitiger Notwendigkeit, sich mit dem zu

begnügen, was zur Verfügung stand, oder kompensatorische
Mittel zu finden, griff offensichtlich auf einschlägige Konzepte
und Debatten des ausgehenden Zarenreichs zurück. Der Autor
referierte sie ausführlich und verfolgte die Nachwirkungen der
Eigentümlichkeiten der russischen politisch-sozialen Ordnung
einschließlich spezifischer Prägungen der ‹politischen Mentalität› bis in den Stalinismus. Offensichtlich hielt er es für nötig,
diesen verschütteten Strang der eigenen Geistesgeschichte überhaupt erst wieder ans Licht zu ziehen. Damit machte er zugleich
die historische Dimension der Glasnost deutlich: eine neue Antwort auf die alte Frage zu geben, wohin Russland nun gehöre
und wohin es sich in der aktuellen Reorientierung wenden solle.
Auch wenn er sich nicht explizit festlegte, wird die Mehrheit seiner Leser aus seinen Darlegungen den Schluss gezogen haben,
nun endlich konsequent nach Westen zu blicken.

Angesichts dieser Dimension des gestellten Problems ließ die
Gegenposition nicht lange auf sich warten. So wie der Dissens
gespalten war, so wurden auch in der neu zugelassenen öffentlichen Diskussion Stimmen laut, die zwar nicht zum «Stillstand»
der Breschnew-Ära zurückkehren, aber bei der überfälligen Erneuerung an russische Traditionen anknüpfen wollten. Man
solle den Stalinismus nicht, wie es eine verbreitete Deutung na-
helege, als Folge des übergroßen sozialen Gewichts der Bauernschaft und ihrer Mentalität (in marxistischen Kategorien: der
Unreife für den Sozialismus) verstehen, sondern umgekehrt als
Folge des «Kulturbruchs», der das alte, agrarische Russland
mit einem Gewaltstreich in Gestalt der Revolution ausgelöscht
habe. Denn das bäuerliche Russland mit seiner *obščina*, die dem
Einzelnen Heimat und «Welt» zugleich gewesen sei, habe der
Modernisierung und Industrialisierung «keinesfalls» im Weg
gestanden. Vielmehr zeigten weitgehend unberührte (i. e. alt-

gläubige, von der Autorin im Ural studierte) Gemeinden noch in
der Gegenwart eine «erstaunliche Wendigkeit» angesichts der
Aufgabe, in «zwei Welten» gleichzeitig zu leben. Das neue Russland müsse aus dem alten hervorgehen – und die Perestrojka ein
«schöpferischer Umbau» und keine «bloße Renovierung» sein.[3]

Damit war ein bodenständiger Ton gesetzt, den Solschenizyn,
zwar noch aus dem Ausland, aber für russische Ohren gedacht,
mit großer Entschiedenheit aufgriff. Seine Empfehlung, wie man
(so der Originaltitel) «Russland einrichten» solle, verlor sich
zwar oft in unbestimmter Allgemeinheit, gab aber die Quellen
ihrer Inspiration in vielen Grundideen, Begriffen, Abneigungen
und Sympathien deutlich zu erkennen. Russischer «Erde» attestierte er nicht nur die «segensreiche Eigenschaft» der Frucht-
barkeit, sondern auch eine «moralische Bedeutung». Privateigentum sei grundsätzlich zu begrüßen, dürfe aber nicht zum
Ausverkauf «unserer Wälder und Bodenschätze» führen, Demokratie sei für Russland eine schwierige Staatsform, weil seine
Weite effektive Kontrolle erschwere; vollständige Gewaltenteilung bedrohe den «lebendigen Staatsorganismus», Parteien
seien eben immer nur *pars,* i. e. Teil und daher für «grundlegende Entscheidungen» ebenso wenig geeignet, wie die Funktion
eines Volksvertreters nicht zum «Beruf» werden dürfe. Solschenizyn schwebte daher kein spätneuzeitliches Parlament vor, sondern – der Begriff ist sicher mit Bedacht gewählt worden – eine
«Landesversammlung», ein *zemskij sobor* altrussischer Art (der
ein ständisch-korporatives und kein gewähltes Gremium war).

Man braucht keine weiteren Beispiele aus seiner Rezeptur zu
nennen, um zu belegen, dass sie aus der Gedankenwelt der Slavophilie des 19. Jahrhunderts stammten.[4] Zwar dürften solche
Empfehlungen zur Zeit ihrer Äußerung, als die Demokraten im
Volksdeputiertenkongress die Oberhand gewannen und in Gestalt des Parteimonopols die letzte Bastion der alten politischen

Ordnung zu schleifen begannen, wenig Resonanz gefunden haben; jedenfalls gab es kein lautes Echo. Zugleich legt aber ein Rückblick aus späterer Zeit die Vermutung nahe, dass die Abneigung gegen westliche Institutionen und Werte, die sie deutlich erkennen ließen, auf einen durchaus fruchtbaren Boden fiel.

2. Von Jelzin zu Putin: Überstürzte Verwestlichung und neue Abgrenzung

Nicht nur in der Perspektive der vorliegenden Übersicht steht außer Frage, dass sich Russland im ersten postsowjetischen Jahrzehnt so weit zum Westen öffnete wie nie zuvor. Der neue starke Mann, Boris Jelzin, suchte nach westlichen Vorbildern für die politische Ordnung Russlands, das als Haupterbe aus der Hinterlassenschaft der UdSSR hervorgegangen war. Und umgehend wagten er und seine Mitstreiter auch den Bruch mit der wirtschaftlichen Struktur des alten Systems. Wo Gorbatschow in Gestalt der Zulassung privater Kooperativen nur einen kleinen Schritt getan, ansonsten aber das Staatseigentum als Eckpfeiler sozialistischer Wirtschaft nicht angetastet hatte, wollte man so rasch wie möglich zu uneingeschränkter Marktwirtschaft übergehen. In der Tat dürften die Veränderungen der Jahre 1991–93 als ein Umbruch der politischen und wirtschaftlichen Verfassung in die Geschichte Russlands eingehen, der in seinem formalen Ausmaß hinter dem «Roten Oktober» und der Stalin'schen «Revolution von oben» von 1929–30 nicht zurückstand – wurden deren strukturelle Resultate doch ebenso radikal rückgängig gemacht. Aus dieser Transformation ging Ende Dezember 1993 nach einem kurzen, aber gewaltsamen Konflikt zwischen dem Volksdeputiertenkongress alter Art (wie reformiert auch immer) und einem in freier Abstimmung direkt

vom Volk gewählten Präsidenten ein neuer russischer Staat hervor: Er verfügte über eine Verfassung, ein demokratisch konsti-
tuiertes Parlament, eine gleich legitimierte Exekutive und eine
nominell unabhängige Justiz. Obwohl, wie es kaum anders sein
konnte, die *dramatis personae* aus dem alten System stammten,
war rein äußerlich eine völlig neue Ordnung entstanden – formal und in der *longue durée* betrachtet, die ‹westlichste›, die es
auf russischem Boden je gab.

Allerdings litt dieses neue Staatswesen von Anfang an unter
schweren Lasten und Defekten. Zu ersteren zählten allen voran
die sozialen Verwerfungen, die der allzu schnelle, ruckartige
Übergang zur Marktwirtschaft hervorrief. Die Preise wurden
freigegeben, Subventionen gestrichen oder drastisch gekürzt
(auch für die besonders maroden Kolchosen), Unternehmen
zur Kostendeckung gezwungen, was sie meist in den Ruin trieb.
Dies alles geschah zwar mit internationaler Finanzhilfe, aber
ohne soziale Abfederung, für die jene auch nicht gedacht war.
Die Renten reichten oft kaum mehr zum Überleben, die Arbeitslosigkeit nahm massiv zu und drängte einen Großteil der Bevölkerung in die Armut. Man folgte einer sehr amerikanischen Idee
von Wirtschaftsliberalismus, keinem europäischen Sozialstaats-
modell.

Zudem sorgten Überhänge des alten Systems für zwei besonders gravierende Fehlentwicklungen. Zum einen pervertierte die
gut gemeinte Idee, *alle* Bürger des neuen Staats an der Reprivati-
sierung der Industrie (die nach 1918 bzw. endgültig nach 1929
verstaatlicht worden war) zu beteiligen, in ihr Gegenteil. Denn
die allermeisten der mit Anteilsscheinen Bedachten wussten damit wenig anzufangen. In Unkenntnis des ‹krisenbereinigten›,
wahren Werts solcher «Aktien» verkauften sie sie zu Spott-
preisen – oft wohl tatsächlich, wie chiffrenhaft kolportiert wurde,
im Tausch gegen einige Flaschen Wodka – an diejenigen, die ihn

kannten. So gelangten überaus viele «rote Direktoren» in den
Besitz der Unternehmen, die sie bis dahin nur geleitet hatten,
und so kamen manche Glücksritter, Bürokraten der einstigen
Wirtschafts- und Finanzverwaltung ebenso wie *dealer* aus der
Schattenwirtschaft, über Nacht zu beträchtlichen Vermögen.
Den Erfolgreichsten unter ihnen bot sich dann Anfang 1995/96
während des Wahlkampfs um das Präsidentenamt abermals eine
einzigartige Chance, als Jelzin, um seine Wiederwahl fürchtend,
Russlands «Kronjuwelen», die riesigen Ölfelder Sibiriens und
andere Rohstofflager, auf «Pfandauktionen», deren Ergebnis
vorher abgesprochen worden war, nachgerade verhökerte – als
Lohn für Hilfe gegen seinen aussichtsreichsten Gegenkandida-
ten, den Vorsitzenden der Kommunistischen Partei. Am Ende
dieser Entwicklung stand eine tiefe soziale Spaltung in eine
schmale neue, wohlhabende Unternehmerschicht samt einigen
Dutzend steinreicher «Oligarchen» an ihrer Spitze und einer
großen (nun auch weite Teile der soeben noch privilegierten
Intelligenz einschließenden) Masse, deren materielle Lage sich
deutlich, in vielen Fällen dramatisch verschlechtert hatte.[5]

Um das Maß an Beschwernissen voll zu machen, ging dieser
soziale Abstieg auch noch mit einem Kollaps der öffentlichen
Ordnung einher. Überfalle und Einbrüche häuften sich; Russlands Straßen wurden unsicher. Mafiöse Milieus, durch das Erb-
übel der Korruption begünstigt, unterwanderten die ‹seriöse›
Wirtschaft und weite Bereiche vor allem der regionalen Politik.
Erst im Rückblick lässt sich voll ermessen, welch hohen Preis das
Land für diese tragische Verquickung von demokratischem
Gehversuch, ungehemmter Marktwirtschaft und staatlicher Au-
toritätskrise zahlte – die weitgehende *Diskreditierung* der neuen
postsowjetischen Ordnung samt seiner liberalen Verfassung. Als
Jelzin seine Vollmachten als Präsident am letzten Dezembertag
des Jahrtausends, gesundheitlich schwer angeschlagen und poli-

tisch in arger Bedrängnis, an den Ministerpräsidenten und designierten Nachfolger Vladimir Putin übergab, sah selbst er sich zu einer höchst ambivalenten Bilanz genötigt. Sein Eingeständnis, es seien «nicht alle Erwartungen erfüllt» worden, darf den Anspruch erheben, zu den größten Untertreibungen des vergangenen Jahrhunderts zu gehören. Dennoch konnte Jelzin, trotz aller Missgriffe, sozialer Blindheit und allzu großem Vertrauen in den Segen unverwässerter liberaler Marktwirtschaft amerikanischer Prägung, trotz Korruption und oligarchenfreundlicher Klientelpolitik auf den *einen* Erfolg verweisen, der ihm besonders am Herzen lag und der im vorliegenden Zusammenhang vorrangige Aufmerksamkeit verdient: die Rückkehr zum Sowjetsozialismus verhindert und der Demokratie in Russland samt ihrer Wirtschaftsordnung trotz allem den Weg gebahnt zu haben.

Der neue, bis zu seiner Ernennung außerhalb der Apparate weitgehend unbekannte Mann tat denn auch, was man nach einem Jahrzehnt beispiellosen Niedergangs und schwerster Turbulenzen von ihm erwartete: für Stabilität, Ordnung und ein materielles Lebensniveau sorgen, das auch der breiten Bevölkerungsmehrheit einen auskömmlichen Alltag ermöglichte. Dabei handelte er schneller und gründlicher, als vielen Anhängern der neuen Ordnung, die zwar deren Fehler bedauerten, sie aber grundsätzlich bewahren wollten, lieb war. Denn mit der Enteignung der Besitzer der größten Fernsehanstalten (Boris Berezovskij und Vladimir Gusinskij), die schon 2001 ins Ausland getrieben wurden, ging auch die Pressefreiheit zugrunde. Und spätestens der Prozess gegen den Eigentümer der größten Erdölfelder und reichsten Mann Russlands (Michail Chodorkovskij) zwei Jahre später machte deutlich, dass die formal unabhängige Justiz zum Handlanger der Exekutive geworden war. Indes zeigte das Exempel

Wirkung. Die verbliebenen Oligarchen hielten sich von der Politik fern, und die Politik ließ sie ihrerseits in Ruhe das tun, was ihr Metier war – ihr Vermögen zu vermehren.

Ein Übriges bewirkte die Rezentralisierung der Macht. Paradigmatisch ablesbar an der Abschaffung der Wahl der Gouverneure durch die örtlichen Parlamente, nahm der Präsident in Moskau die Regionen wieder enger an die Kandare. Zweifellos hatte die fehlende Kontrolle hier der Selbstbedienung Tür und Tor geöffnet. Aber mit der Korruption wurde auch der Regionalismus im positiven Sinne des zivilgesellschaftlichen Engagements für die eigenen Belange wieder erstickt, der in den ersten postsowjetischen Jahren zu keimen begonnen hatte. Spätestens am Ende seiner zweiten Amtszeit (2008) war deutlich, dass Putin eine Kernforderung aus seinem wenig beachteten, ersten und einzigen politischen Programm im Übermaß umgesetzt hatte: dass Russland einen «starken Staat» als «Schlüssel» zu seiner «Erholung» brauche.[6]

Bei dieser Wiederherstellung leistete der wirtschaftliche Aufschwung entscheidende Hilfe. Er verdankte sich vor allem zwei Faktoren. Entscheidend war sicher die rapide Verteuerung von Rohöl, Russlands wichtigstem Exportprodukt, auf dem Weltmarkt. Putin hatte das Glück, das Jelzin fehlte. Schon im Jahr seiner Ernennung erhöhte sich der Preis deutlich, um dann sprunghaft, später in flacherer Kurve bis 2008 weiter auf beinahe das Sechsfache zu steigen. Nicht genug damit, verzeichneten auch andere begehrte Rohstoffe, über die das Riesenreich in kaum erschöpfbarem Maße verfügt, einen ähnlichen Boom. Der Preis für Erdgas kletterte im selben Zeitraum auf das Vierfache, der von Kohle auf gut das Dreieinhalbfache, der von Eisenerz auf mehr als das Fünffache; Kupfer und Nickel blieben kaum dahinter zurück. Da der Staat teils direkt, teils indirekt über Steuern davon profitierte, füllten sich seine Kassen so reichlich, dass die

Renten erhöht und die Sozialleistungen verbessert werden konnten. Den «wilden» 1990er Jahren folgten die «glamourösen» 2000er, als sich «alles» nur noch «um den Konsum drehte», auch «einfache Bürger» die neuesten Produkte westlicher Technik, «iPads und Flachbildschirme» ebenso wie «Autos, Geschirrspülmaschinen und Staubsauger», kaufen konnten und «die russische Gesellschaft» jedenfalls in den Städten, am «Wohlstand und Komfort» gemessen, «zum ersten Mal» in der Geschichte *nicht* hinter «der übrigen Menschheit» herhinkte.[7]

Hinzu kam als weitere Triebkraft ein Umstand, der seltener erwähnt wird, neueren Studien zufolge aber durchaus erheblich war: ausländisches Kapital. Wie im ausgehenden Zarenreich zog die Einbindung Russlands in den Weltmarkt mehr und mehr Investitionen westlicher Unternehmen nach sich. Unter Jelzin noch relativ niedrig, verstärkte sich der Zufluss nach der Jahrtausendwende im Gefolge des rasanten wirtschaftlichen Wachstums und erleichtert durch die politische Stabilisierung merklich. Ein Rückblick von 2017 schätzt den Anteil des *foreign direct investment* zeitweise auf bis zu «einem Drittel der Gesamtinvestitionen» des Landes. Dabei kam der Löwenanteil im Umfang von ca. drei Vierteln aller ausländischen Investitionen in Russland aus den Ländern der EU.[8] Künftige Studien werden das Ausmaß solchen Engagements genauer bestimmen können. Bereits verbürgt aber dürfte sein, dass auch diese (gewiss nicht uneigennützige) Hilfe, die im Wesentlichen aus der westlich-kapitalistischen Welt stammte, maßgeblich sowohl zur wirtschaftlichen Erholung Russlands als auch, gegen ihre Absicht, zur Renaissance seiner antiwestlichen Tradition des starken Staates beitrug.

Die ‹goldenen Jahre› der frühen Putin-Ära fanden auch in Russland 2008 mit der internationalen Bankenkrise ein abruptes Ende. Allerdings erholte sich seine Wirtschaft relativ schnell. Erneut war dies vor allem dem Ölpreis zu verdanken, der bereits

2011 das Niveau des letzten Vorkrisenjahrs wieder übertraf. Umso stärker wurde das Land in Mitleidenschaft gezogen, als diese so lebenswichtige Einnahmequelle seit 2014 immer spürbarer zu versiegen begann, weil der Rohölpreis auf dem Weltmarkt im Gefolge der «Fracking»-Revolution in den USA nachgerade einbrach und trotz kurzzeitiger Erholung bis an die Schwelle der Gegenwart (vor der Corona-Pandemie) eher niedrig blieb.

Beinahe um dieselbe Zeit versandete auch, allerdings aus völlig anderen Gründen, der zweite erwähnte Nährstrom des Aufschwungs. Als Putin im Februar 2014 entgegen allem Völkerrecht die zur Ukraine gehörende Halbinsel Krim besetzte und kurz darauf annektierte, reagierte die EU mit Wirtschaftssanktionen, die den Kapitalexport nach Russland zum Erliegen brachten. Ohne nennenswerte Auslandshilfe und üppige Exporterlöse dümpelt die Wirtschaft Russlands seitdem vor sich hin. Westliche Analysen sind verhalten bis pessimistisch. Sie sind sich einig in der Diagnose eines erheblichen Nachholbedarfs an Investitionen in die Verbesserung der Technologie zur Förderung seiner Bodenschätze. Zugleich bleiben die Prognosen offen, da evident ist, dass es Russland auf absehbare Zeit an den Rohstoffen selber nicht mangeln wird und der Weltmarkt nach ihnen giert.

Eben diese Diagnose schließt eine andere ein, über die noch größere Einmütigkeit herrscht: dass es Putin versäumt hat, die Extraprofite der goldenen ‹Nullerjahre› zu nutzen, um die russische Wirtschaft zu diversifizieren und sie international konkurrenzfähig zu machen. Die beiden Erzübel der sowjetischen (und in weiten Teilen schon der zarischen) Wirtschaft haben auch in postsowjetischer Zeit Bestand. Nach wie vor muss man konkurrenzfähige Fertigprodukte *made in Russia*, ob Autos, Maschinen oder Haushaltsgeräte, von elektronischer Hochtechnologie nicht zu reden, in den Schaufenstern der westlichen Welt mit der

Lupe suchen. Zugleich bleiben Wirtschaft und Staatshaushalt Russlands in extremer Weise vom Export seiner Rohstoffe und den Weltmarktpreisen abhängig.[9] Zwar wurde in guten Zeiten immerhin ein Stabilitätsfond eingerichtet, um deren Schwankungen abzumildern. Er kann aber die Erschließung anderer dauerhafter Quellen für Exporterlöse, Steuereinnahmen und die wirtschaftliche Leistungsfähigkeit generell nicht ersetzen. Mithin könnten böse Zungen polemisch sagen: Was einst Pelze, Wachs, Honig und Pottasche waren, sind heute Öl, Gas, Schwermetalle und «seltene Erden» – die *Struktur* des Exports hat sich kaum verändert.

3. Postsowjetische Identitätssuche und neue «russische Idee»

Als überzeugender Beleg für die grundlegende Bedeutung der leitenden Perspektive dieser Übersicht darf der erwähnte Befund gelten, dass die Freigabe der öffentlichen Meinungsäußerung im Zuge der Glasnost beinahe umgehend auch die Frage der eigenen Identität auf die Tagesordnung setzte. Wer in dieser Umbruchphase Zielvisionen für die Zukunft und Orientierung für das aktuelle Handeln suchte, tat gut daran, sie an vorderer Stelle aufzuwerfen. Umso weniger kann es verwundern, dass diese Suche nach dem Zerfall der Sowjetunion und der Gründung eines neuen Staates auf russischem Boden nicht nur andauerte, sondern sich dank politischem Nachdruck noch verstärkte. Dabei verbot es sich angesichts der klaren Westorientierung noch für einige Zeit, auf Ideen und Selbstzuschreibungen zurückzugreifen, die zu Abgrenzung und exklusiver Eigenheit drängten. Zugleich bedurfte der neue Staat aber – zumindest in der Wahrnehmung der neuen politischen Elite – eines stützenden legitimatorischen Bezugs auf die eigene Geschichte. Dieser konnte nach Lage der Dinge nur aus der vorrevolutionären Zeit stammen.

Sehr früh tat Jelzin einen ersten Schritt, indem er die orthodoxe Kirche an seine Seite holte. Überdeutlich sichtbar am prunkvollen Wiederaufbau der (1931 von Stalin gesprengten) Erlöserkathedrale in Moskau kehrte sie in ihre alte Rolle als mittragende Säule des Staates zurück. Und auch mit der Autokratie schloss das neue Russland symbolisch seinen Frieden, als Jelzin im Juli 1998, siebzig Jahre nach ihrer grausamen Ermordung durch ein bolschewistisches Erschießungskommando, an der landesweit übertragenen Beisetzung der kurz zuvor identifizierten sterblichen Überreste des letzten Zaren, Nikolaus' II., und seiner Familie teilnahm. Beide Gesten sollten dem übergreifenden historisch-politischen Hauptanliegen des postsowjetischen Staats dienen: jene «Spaltung» der Gesellschaft zu überwinden, die das vorrevolutionäre Russland zerrissen habe und die von den siegreichen Kommunisten zum Staatsprinzip erhoben worden sei. Das neue Russland sollte sich mit seiner Vergangenheit aussöhnen und geeint eine gemeinsame Zukunft aufbauen.

Allerdings war diese Absicht, wenn zugleich die Orientierung an der westlichen Demokratie gewahrt werden sollte, von Anfang an gefährdet und widersprüchlich. Allzu kurz war das «konstitutionelle Experiment»[10] nach 1906 gewesen, an das man hätte anknüpfen können. Die Kirche konnte kaum anders wirken denn als einflussreicher und entschiedener Advokat *anti*westlich-russischer Traditionen. Und auch im Überhang an sowjetischer Mentalität hatte sich seit Stalins Agenda vom ‹Aufbau des Sozialismus in *einem* Land› ein so deutlicher russischer Nationalismus eingenistet, dass seit der Perestrojka von einem ‹rot-braunen› politisch-weltanschaulichen Lager die Rede war. Mithin wurden schon unter Jelzin manche Weichen zugunsten einer Identitätssuche gestellt, die dem Nationalbewusstsein einen prominenten Platz einräumte.

Dem leistete nicht zuletzt die Blüte einer Theorie Vorschub, die als Nachdenken (samt Rezeption einschlägiger westlicher Ideen) über die Notwendigkeit, der kulturellen Dimension der Weltgeschichte mehr Gewicht zu verleihen, begann, sich aber schnell unter dem Namen «*Kulturologie*» zu einer eigenen Disziplin verselbständigte. Schon 1992 im Lehrplan der Universitäten als fachübergreifendes Pflichtfach verankert, erfüllte sie vielerlei Bedürfnisse, deren Zusammenwirken auch am ehesten zu erklären vermag, warum sie bereitwillig aufgegriffen wurde und sich rasch verbreitete. Rein praktisch-institutionell stand die neue Regierung vor dem Problem, Tausende Lehrkräfte für Marxismus-Leninismus – zu Sowjetzeiten ebenfalls ein fächerübergreifendes Pflichtfach – übernehmen und beschäftigen zu müssen. Inhaltlich verlangte ihre Glaubwürdigkeit, sich von jeglichem Materialismus zu distanzieren und sowohl Anschluss an zeitgenössische westliche Ideen als auch die Rezeption älterer geistesgeschichtlicher Theorien zu ermöglichen, darunter nicht zuletzt zu Sowjetzeiten geächteter, vorrevolutionärer und exilrussischer. Die neue «Staatsbürgerkunde»[11] musste offen sein für die Aufnahme von Schlüsselbegriffen und gedanklichen Konstrukten verschiedener Provenienz; sie war von vornherein auf Synthese angelegt, mit dem einzigen Ausschlusskriterium materialistischer Prämissen.

So verwundert die bunte Mixtur dessen nicht, was ‹kulturologische› Abhandlungen und Lehrbücher dem Leser präsentierten. Die Spannweite reichte von seriöser Kulturwissenschaft auf internationalem Niveau über weit ausholende Theorien zu Russlands historischer Entwicklung im Auf und Ab der Weltgeschichte bis hin zur platt-deterministischer Herleitung einer besonderen Mission Russlands in der Gegenwart und Zukunft.

Vor allem in den Regionen herrschte dabei eine starke Tendenz
vor, Marx einfach auf den Kopf zu stellen, Basis und Überbau in
ihrer Abhängigkeit zu vertauschen und die Kultur zur entscheidenden Triebkraft der Geschichte zu erklären. Kultur geriet auf
diese Weise zum Großbegriff, der zum faktischen Synonym von
«Gesellschaft» wurde und sich als Schlüsselkategorie universal-
historischer Theorien anbot. Zugleich war die Neigung groß, die
adressierten weltumspannenden Prozesse in Stadien zu zerlegen
und paradigmatische Verläufe zu konstruieren. In Endeffekt entpuppte sich die Kulturologie weithin als Renaissance der Geschichtsphilosophie und geschichtsphilosophisch inspirierter
globalgeschichtlicher Typologien von Zivilisationen. Zu den
Ahnen solcher Gedankengebäude gehörte, an vorderer Stelle und
immer wieder zitiert, der (retrospektiv häufig mit Oswald Speng-
ler verglichene) Begründer einer panslavistischen Zivilisations-
theorie Nikolaj Danilevskij.[12] Nicht zufällig finden sich daher
unter den Merkmalen, die der ‹slavischen Kultur› zugeschrieben
wurden, allseits bekannte Stereotype slavophiler Deutungen der
russischen Geschichte, von der «Gemeinschaftlichkeit» (*sobor-
nost'*) bis zur Machtstaatlichkeit (*deržavnost'*), deren Ergänzung
durch Postulate über den ‹eurasischen› Charakter Russlands
nach Art des geopolitischen Denkens der 1920er Jahre sich nachgerade anbot.[13]

Besonders populär wurde mit den Jahren der Versuch des 1922
in die Emigration getriebenen Religionsphilosophen Nikolaj
Berdjaev, Russlands Ort und Bedeutung in der europäischen
Geistesgeschichte des 19. und frühen 20. Jahrhunderts zu bestimmen. Seine «Russische Idee» (1946) bot sich sowohl als Fo-
kus kulturologischer Theorien wie auch als politisch integrative
Vision für das neue Russland nachgerade an. Sie schien geeignet,
als Bindeglied zwischen der Blütezeit russischer Kultur im glori-
fizierten «silbernen Zeitalter» der ausgehenden Zarenzeit und

dem Aufbruch in eine neue Zukunft zu dienen. Sie war allgemein genug, um Versatzstücke verschiedenster weltanschaulich-religiöser (nichtmarxistischer) Traditionen aufnehmen zu können. Vor allem aber versprach sie, patriotische Gefühle bis hin zum exklusiven Nationalismus einschließlich einer guten Dosis Sendungsbewusstsein in einer griffigen und politisch nutzbaren Formel zu bündeln. So wurde aus dem alten, von Berdjaev in der Tradition neoslavophil-religionsphilosophisch gefärbter Geistesgeschichte der ausgehenden Zarenzeit beschriebenen Leitgedanken russischer Kultur jene «neue russische Idee», die Putin in seinem ‹Wahlprogramm› Ende Dezember 1999 als ideologische Stütze für die Wiederherstellung eines starken Staats forderte.[14]

Erst im Rückblick ist die Bedeutung dieses Slogans in ihrer ganzen Radikalität zutage getreten. Deutlich ist zum einen eine Zuspitzung des nationalen Selbstwertgefühls, das schon Jelzin nach dem demütigenden Kollaps der sowjetischen Weltmacht durch die Anknüpfung an Kirche und Zar wiederzubeleben gesucht hatte, zu einem schrillen Nationalismus. Sie fand ihren Ausdruck in der Renaissance slavophiler Anschauungen samt ihres Kernziels, die Eigenständigkeit der russischen Kultur, ihrer Traditionen und Denkungsart in der Abgrenzung von der westlichen zu begründen. Das neue Russland sollte aufhören, dem falschen, ihm unangemessenen Ideal einer liberalen Demokratie nachzueifern, sondern stattdessen eigene Werte hochhalten – wie das Vertrauen in staatliche Autorität, die von jeher positiv als «Ursprung von Ordnung» betrachtet werde.[15] Demgemäß war von individuellen Freiheiten immer weniger die Rede, erst recht nicht von öffentlicher, gar publizistischer Meinungsfreiheit; diese wurde vielmehr als illegitime Opposition gebrandmarkt und sehr bald nach Putins Amtsantritt durch die erwähnte Zerschlagung der beiden größten privaten Medienkonzerne ihrer institutionellen Grundlage beraubt. Schon um dieselbe Zeit (spätestens 2003) wurde auch klar, dass die Unabhängigkeit der Justiz, wie sie die Verfassung von 1993 garantierte, nur noch auf dem Papier stand. Stattdessen fällten die Gerichte politisch willfährige Urteile. Für diese – im Rückblick gesehen überaus rasche Wende – ersannen findige ‹Spindoctoren› bald den irreführenden Begriff der «souveränen Demokratie», der mit Volksherrschaft wenig, mit autoritärer Herrschaft eines Einzelnen und seiner Entourage aber viel zu tun hatte.

Zu diesem Rekurs auf den Gedanken russisch-slavischer, der westlichen Welt entgegengesetzter Eigentümlichkeit trat die Wiederbelebung verschiedener anderer Konstrukte des russischen geschichtsphilosophischen und politisch-kultursoziologischen Denkens im 19. und frühen 20. Jahrhundert. Besonders sichtbar wurden sie in den zahlreichen Schriften und Reden Aleksandr Dugins, den das Fernsehen und andere staatlich kontrollierte Medien häufig zu Wort kommen ließen, der temporär an der angesehenen Moskauer Staatsuniversität lehrte und verschiedenen politischen Beratungsgremien angehörte. In seiner ins Welthistorische ausgreifenden Ideologie verbinden sich auf besonders wirksame – und für nüchterne Leser bizarre – Weise die These eines eigenständigen, durch die paradoxe (‹archäomoderne›) Verschränkung von ‹unreifen› Voraussetzungen und gewaltsamer Modernisierung nach Art Peters des Großen gebahnten Weges der russischen Kultur samt der Ablehnung nicht nur westlicher, sondern universaler Werte generell und panslavistische Vorstellungen von einer erlösenden Mission Russlands mit Spekulationen über seine besondere Rolle als Großmacht auf beiden Kontinenten in der Nachfolge «eurasischer» Theorien der 1920er Jahre. Tief nationalistisch eingefärbte «Geopolitik», die in rivalisierenden Kräften keine Gegner, sondern Feinde sieht, findet neue, breite Resonanz.[16]

Unabhängig davon bleibt offen, welchen Einfluss solche radikalen Töne auf die Politik haben. Denn auch wenn sie manche Gleichgesinnte erreichen, schätzt der Kreml letztlich nur, was er selber kontrollieren kann. Rechtsradikale Bewegungen, in denen der erwähnte Dugin eine zentrale Rolle gespielt hat und spielt, aber neigen zu unberechenbarer Eigendynamik und haben dies in der Vergangenheit auch bewiesen. Viel spricht deshalb dafür, dass dem Kreml der ‹normale› Nationalismus, zu dem man auch die Regierungspartei «Einiges Russland» gezählt hat, lieber ist. Auch hier findet sich die slavophile Kernthese der Eigenständig- und Eigenwertigkeit russischer Kultur, die sich von hellenistisch-byzantinischen Ursprüngen herleitet, der romanisch-germanischen Welt entgegensteht und sich zum ostslavischen Erbe, allem voran dem starken Staat und der Orthodoxie bekennt.[17] Die neue «russische Idee», die Putin vor zwanzig Jahren gefordert hat, mag darin nicht aufgehen; sicher wird sie aber zu einem erheblichen Teil von solchen Anschauungen gefüllt.

Leider ist in den letzten Jahren immer deutlicher geworden, was sie offenbar *auch* meint: die Umwandlung des bloß kulturellen Hegemonialanspruchs in konkrete expansive Außenpolitik. Putin hat diesen Weg mit der Annexion der Krim im Februar/März 2014 eingeschlagen und bald darauf mit der militärisch-politischen Unterstützung russischer Separatisten im ukrainischen Donezbecken fortgesetzt. Aber erst die breit angelegte und von langer Hand geplante Invasion der Ukraine Ende Februar 2022 hat in unübersehbarer Deutlichkeit vor Augen geführt, dass der schrille, von antiwestlicher Propaganda begleitete Nationalismus auch kriegerische Gewalt, die sich weder um geltendes Völkerrecht noch um Menschenleben schert, nicht scheut. Was hier mit Hilfe großer Heeresverbände und Luftunterstützung umgesetzt wurde, läuft auf die Wiederbelebung eines weiteren totgesagten Gespensts aus der russischen Vergangenheit hinaus – des großrussischen Chauvinismus, der sich anschickt, die Folgen des Zusammenbruchs der Sowjetunion Ende 1991 (denn in dieser Kontinuität wird die Invasion zweifellos gesehen werden) rückgängig zu machen. «Graue Theorie» und bloße gedankliche Konstrukte verwandeln sich in blutige Wirklichkeit. Zweifellos ist die jahrhundertealte Beziehung zwischen «Russland und dem Westen» damit auf einem Tiefpunkt angekommen, der an die Beinahe-Katastrophen des Kalten Kriegs in Korea und der Berlin- und Kubakrise erinnert. Schlimmer wäre nur noch die direkte militärische Konfrontation. Eben dieses Weltuntergangsszenario zeigt aber auch, dass ein Arrangement gefunden werden muss. Allerdings lässt sich gegenwärtig (Mai 2022) nicht erkennen, welche Gestalt es annehmen könnte. Bekanntlich kann der Blick in die Geschichte bei der Suche nur bedingt helfen, da die Konstellationen immer andere sind. Er zeigt höchstens, dass sich Russlands Verhältnis zum Westen ständig verändert hat, bisweilen auch recht schnell – und also Hoffnung besteht, dass dieser Wandel andauert.

VIII. Ein Vorschlag zur Deutung: Rückständigkeit als Verflechtung

Abschließend darf die Frage nicht fehlen, wie die skizzierte wechselhafte Beziehung Russlands zu Europa bzw. zum nordatlantisch erweiterten Westen in abstrahierender Gesamtschau zu kennzeichnen und vor dem Hintergrund seiner Geschichte zu erklären sei. Dabei mag es helfen, vorab einige Befunde festzuhalten. Zum einen sollte aus der Übersicht deutlich geworden sein, dass sich das Zarenreich trotz seines frühen Ausgreifens nach Sibirien von Anfang an allein an Westeuropa (in seinem Verständnis) gemessen hat. Dies galt auch für die imperialistische Expansion nach Mittelasien und Fernost, die am Ende des 19. Jahrhunderts ihren Höhepunkt erreichte. Denn die rivalisierenden Mächte, zu denen man durch die territorialen Eroberungen samt der erhofften wirtschaftlichen Vorteile aufschließen wollte, fanden sich in *Europa*, nicht in Asien. Zwar war sich die russische Elite besonders in Zeiten der Dominanz konservativer Ideen stets der doppelten geographischen Zugehörigkeit ihres riesigen Landes und dessen eigenen Traditionen bewusst. Aber nicht nur die politischen Machtzentren und alle größeren Städte lagen diesseits des Ural, sondern hier lebte auch der Großteil seiner Bevölkerung und hier konzentrierten sich Industrie und Gewerbe ebenso wie die kommerzielle Landwirtschaft. Desgleichen richteten sich die kulturellen Ambitionen und Exportinteressen des Landes ganz überwiegend auf den Westen und kaum auf den Osten. Insofern galt der programmatische Satz aus der vielzitierten «Großen Instruktion» Katharinas II. (an die

Mitglieder einer Kommission zur Erarbeitung eines neuen Ge-
setzbuchs von 1767), genau besehen, für die gesamte vorstehend
betrachtete Zeitspanne: «Russland ist eine europäische Macht.»[1]

Zum anderen hat die Übersicht gezeigt, dass sich dieser Bezug
auf Europa, wie es kaum anders sein konnte, mit den Jahrhunderten änderte. Nicht nur das Ausmaß der Anstrengungen,
«europäisch» zu werden, schwankte. Auch Art und Charakter
dessen, was man in Europa als vorbildlich betrachtete und eventuell zu übernehmen bzw. nachzuahmen suchte, wandelten sich.
Im 16. Jahrhundert rief Anderes Interesse hervor als im 19. und
20., und man fand das Interessante meist auch jeweils woanders.
Kurz, die Beziehung Russlands zu dem, was es als Westen betrachtete, war eher eine «Spannung»[2], die über die Jahrhunderte
sowohl in ihren jeweiligen Inhalten als auch in ihrer Intensität
und ihren Adressaten variierte. Sie war gleichsam in jeder materiellen Hinsicht relativ, aber als orientierender Maßstab der eigenen Entwicklung recht konstant.

Diesen Zustand nun beschrieben die prominentesten Vertreter der russischen Geschichtsschreibung der ausgehenden Zarenzeit als rückständig. Auch wenn der Begriff fehlte, ließ der
Tenor ihrer Darstellungen – am deutlichsten sicher am Beispiel
der Städte und der sozialökonomischen Entwicklung insgesamt[3] – keinen Zweifel daran, dass man die jeweiligen russischen
Verhältnisse, Einrichtungen und Verfahrensweisen gemessen an
vergleichbaren in Westeuropa ganz überwiegend als überholt
oder ineffizient betrachtete. Damit nahm die Andersartigkeit
den Charakter des Defizitären an und erhielt Autochthones den
Beiklang von Unterlegenem. Zum Maßstab und Ziel künftiger
eigener Entwicklung wurde die Gegenwart der als fortgeschritten definierten Zustände in westeuropäischen Ländern und Regionen. Russland hatte diesen nachzueifern und auch politisch
die entsprechenden Weichen zu stellen.

Wie erwähnt, hat der in Russland geborene, 1920 emigrierte Harvard-Ökonom Alexander Gerschenkron diese Interpretation der jüngeren russischen Geschichte in den 1960er Jahren zu einem einflussreichen geschichtswissenschaftlichen Konzept verdichtet. Vieles spricht dafür, dass ihm dabei ein Rückgriff auf die politisch-sozioökonomische Debatte im neopopulistischen Lager, die ihm vermutlich gut vertraut war, half. Denn hier, unter den wissenschaftlichen Nachfolgern von Herzens «russischem Sozialismus», fand er weitere Schlüsselgedanken seines Konzepts: zum einen die Idee, dass rückständige Länder von fortgeschrittenen *lernen* könnten, da sie als Nachzügler in der Lage waren, aus verschiedenen Varianten fortgeschrittener Zustände *auszuwählen*; zum anderen die daraus folgende Überlegung, dass sie zur Implementierung des Ausgewählten den langen Weg der originären Entwicklung *nicht* wiederholen müssten, sondern die jeweiligen Techniken oder Einrichtungen *direkt* übernehmen könnten; und schließlich die weitere Überlegung, dass sie eigene, verfügbare Mittel und Verfahren nutzen könnten, um das Gewünschte zu erreichen, anders gesagt: dass es ihnen möglich sei, die originären Prozesse zu *substituieren*. Für alle diese Chancen fand Gerschenkron einen einprägsamen Begriff, der zum verkürzenden Erkennungszeichen seiner Theorie geworden ist, den des «Privilegs der Rückständigkeit».[4]

Allerdings haben Idee und Konzept der Rückständigkeit nicht lange zu überzeugen vermocht. Zum einen sind Gerschenkrons konkrete, als gesetzmäßige Korrelationen formulierte Thesen über den wirtschaftlichen Aufholungsprozess, wie erwähnt, schon früh überwiegend widerlegt worden.[5] Zum anderen sind, was wirkungsvoller war, seit den 1980er Jahren methodische Einwände erhoben worden. Sie gaben nicht nur Anlass, den Begriff der Rückständigkeit mit größerer Vorsicht zu verwenden, sondern führten sogar zu seiner weitgehenden Vermeidung bis hin zur Ächtung. Dabei bündelten sie Kritik recht verschiedener Provenienz. Aus mikrohistorischer Sicht wurde der Vorwurf erhoben, Großbegriffe wie Modernisierung, deren Kehrseite die Rückständigkeit ja war, verdeckten eine widersprüchliche Realität und verfälschten sie zu einem abstrakten, homogenen, stets vorwärtsdrängenden Prozess, den es so gar nicht gegeben habe. Postmodernes Denken nahm Anstoß an der unterstellten Zwangsläufigkeit und Gerichtetheit einer Entwicklung, die nur auf *ein* Ziel hinauslaufe. Das zunehmende Interesse an der Kulturgeschichte und ihre Höhergewichtung im historischen Prozess bestritten überhaupt die Bedeutung der sozioökonomischen Dimension, die im Konzept der Rückständigkeit fraglos im Vordergrund stand. Und wachsende Aufmerksamkeit für die Globalgeschichte stellte eurozentrische Ideen in Frage, zu denen auch die Vorstellung der Rückständigkeit bzw. deren Aufholung durch Modernisierung nach europäisch-nordatlantischem Muster zählte. Anstelle der *einen* Moderne postulierte der Zivilisationsvergleich vielmehr die Existenz *multipler* Modernen und anstelle *eines* Wegs die Gleichwertigkeit mehrerer.

Indes fühlt man sich bei all dieser Kritik an Max Webers Protestantismusthese erinnert. So wie diese mehrfach empirisch widerlegt wurde, der von ihr postulierte Zusammenhang aber im Urteil vieler Sachkenner plausibel bleibt, so verdient auch der Begriff der Rückständigkeit rehabilitiert zu werden. Mehrere Faktoren sprechen dafür, ihn beizubehalten:

(1) Zum einen hat die vorliegende Übersicht eine Fülle von Beispielen für Importe und Anleihen aus Europa und der westlich-atlantischen Welt präsentiert – und viele weitere ließen sich ergänzen –, die nach einer abstrahierenden Kennzeichnung verlangen. Von bloßer «Andersartigkeit» zu sprechen, wie vorgeschlagen worden ist, führt keinen Schritt weiter, weil der Begriff zwar jede Wertung vermeidet, aber um den Preis allzu großer

Allgemeinheit. Bei allen technologischen, verfahrenstechnischen und medizinisch-hygienischen sowie bei vielen administrativen Übernahmen liegt auch auf der Hand, dass sie einen Fortschritt im Sinne größerer *Effizienz* brachten.

(2) Gleich groß ist die Evidenz für den Befund, dass die meisten russischen Herrscher samt der ihnen ergebenen Eliten diesen Nachholbedarf gegenüber Europa selber als solchen empfanden. Ganz ähnlich räumten auch die sowjetischen Machthaber der Zwischenkriegszeit offen ein, dem westlichen Kapitalismus technologisch unterlegen zu sein, und bemühten sich nach Kräften, diesen Abstand durch *joint ventures* und Importe zu verringern. Rückständigkeit war daher spätestens seit Peter dem Großen bei aller Unterschiedlichkeit des Inhalts und des jeweiligen Bezugspunkts für Abhilfe eine *Selbstzuschreibung.* Angesichts dessen verwandelt sich der Begriff, anders als man dies im Anschluss an Edward Saids *orientalism* vor allem für Südosteuropa behauptet hat,[6] aus einem Fremdetikett in eine *Quellen*kategorie. Er entsprang nicht nur – beides schließt sich im Übrigen durchaus nicht aus – dem anmaßenden Anspruch der west- und mitteleuropäischen Aufklärung, dem ‹barbarischen› Osten überlegen zu sein. Vielmehr übernahmen sowohl das Zarenreich als auch die frühe Sowjetunion diese Zuschreibung, wenn auch jenes vor allem unter Nikolaus I. eher implizit und selektiv und diese nach 1917 ‹nur› technologisch und ökonomisch. Eine solche Selbstverortung aber samt dem Konzept, das sie in vergleichender Perspektive interpretatorisch zu fassen versucht, steht dessen ‹Entsorgung› durch Vermeidung und Tabu nicht nur im Wege, sondern verbietet sie geradezu – erst recht, wenn kein Ersatz in Sicht ist. Umgekehrt spricht vieles dafür, in dieser Selbstzuschreibung einen «Grundbegriff» im Koselleck'schen Sinn zu sehen, nämlich einen solchen, auf den man zur Verständigung über die historische Wirklichkeit zu einer gegebenen Zeit nicht mehr verzichten kann.[7]

Desgleichen gibt ein Blick über den Tellerrand der Geschichtswissenschaft hinaus Anlass, Begriff und Konzept der Rückständigkeit nicht vorschnell und pauschal aufzugeben. In der Entwicklungsökonomie, in der Gerschenkrons Überlegungen «überaus einflussreich» wurden, sind die meisten seiner Überlegungen zwar ebenfalls verworfen worden, weil sie der empirischen Überprüfung nicht standgehalten haben. Vor allem ist, verallgemeinernd gesagt, ein breiter, mehrgleisiger *struktureller* Ansatz als Programm einer Entwicklungspolitik an die Stelle nachahmender bzw. funktional äquivalenter Einzelmaßnahmen getreten, von denen Gerschenkron sich einen beschleunigten und erfolgreichen Aufholprozess versprochen hatte. Zur Schlüsselkategorie wurden dabei *comparative advantages*, die ein Land unter seinen eigenen Ressourcen entdecken und gezielt mit Hilfe einer *geeigneten* Technik – durchaus *nicht* immer der modernsten – entwickeln müsse. Trotz solcher Revision sind aber zwei seiner Kerngedanken bewahrt worden: zum einen die Idee, dass ein Land, das sich als rückständig empfindet, aus den Erfahrungen der für fortgeschritten gehaltenen *lernen,* dass es verschiedene Optionen überdenken und *auswählen* könne; zum anderen, sich daraus ergebend, dass es den originären Prozess nicht wiederholen müsse, sondern ihn *substituieren* könne. Nebenbei führte diese Rettung der Rückständigkeit zur Relativierung eines zentralen Vorwurfs gegen ihre angebliche Arroganz. Denn weil die beiden bestätigten Postulate, die Möglichkeit zur Auswahl zwischen verschiedenen Modernisierungsoptionen und die Chance zur Ersetzung der originalen, von den Gegebenheiten in dem jeweiligen Land abhängen, werden die ‹rückständigen› Verhältnisse selber zur Quelle ihrer Beseitigung. Das Autochthone triumphiert über das Fremde.[8]

Schließlich kann auch die theoretische Fundamentalüberlegung als *argumentum pro reo* gelten, dass die Geschichtswissen schaft gar nicht anders kann, als sowohl zurück wie auch nach vorn zu blicken. Zwar ist Prophetie ihre Sache nicht, aber Zukunftserwartungen prägen nicht nur das Verständnis der Gegenwart, sondern darüber vermittelt auch die Deutung der Vergangenheit.[9] Eben diese Korrelation hilft zu verstehen, warum die Vergangenheit einer jeden Epoche in einem anderen Licht erscheint und sich Historiker besonders nach tiefen Umbrüchen veranlasst sehen, große Abschnitte der Geschichte neu zu schreiben. Anders gesagt: Vergangenheit, Gegenwart und Zukunft bilden ein Spannungsfeld, dem Geschichtswissenschaft und Geschichtsschreibung nicht entrinnen können. Zu ihrer Kennzeichnung brauchen sie Begriffe – gerade solche, die eine Beziehung zwischen ihnen herstellen. Sie müssen verstehen und begreifbar machen, dass Vergangenheit einmal Zukunft war und Gegenwart auf eine Zukunft hinarbeitet. Eben ein solcher Begriff ist *Rückständigkeit*. Es ist in der Tat «schwer zu sehen», wie die Geschichtswissenschaft angesichts dieser ihrer vorgegebenen temporalen Grundstruktur ohne Konzepte und Kategorien seiner Art auskommen kann.[10]

Somit stellt sich die doppelte Aufgabe, einerseits am Konzept der Rückständigkeit festzuhalten, es aber andererseits so umzuformen, dass die ihm inhärente Wertung so weit wie möglich neutralisiert wird. Analog zur Empfehlung, den Begriff der *modernity* im Kontext globalgeschichtlicher Debatten über den Kolonialismus beizubehalten, ihn aber «sensibel» zu verwenden,[11] würde die vergleichende gedankliche Operation, die es enthält, auf diese Weise zu einem bloßen analytischen Verfahren, um die jeweiligen historischen Prozesse und Entscheidungen besser zu verstehen. Die Gedankenfigur der relativen Rückständigkeit würde zu einem Instrument historischer Hermeneutik wie andere Konzepte auch.

Überdies könnte es dabei hilfreich sein, den Vorschlag aus der soziologischen Debatte zum Kulturvergleich aufzugreifen, stärker in Netzwerken und Funktionszusammenhängen zu denken als in abgeschotteten Einheiten. «Außenlagen» werden dann zu «Binnenlagen», ohne die keine ‹innere› Entwicklung denkbar ist.[12] Gerade für die späte Neuzeit sollte die Vorstellung nicht nur mit Blick auf Europa eine Selbstverständlichkeit sein, dass sich Geschichte nicht als Entelechie von Teileinheiten vollzog, sondern stets im Kontext. So gesehen sind Randbedingungen eigentlich nicht marginal, sondern prägende Faktoren im Sinne wirksamer Voraussetzungen. Nicht zuletzt erlaubt es eine solche Denkfigur, Veränderungen der ‹Kontextualität› – von der einfachen, partiellen bis hin zur komplexen, multisektoralen Beziehung, vom einseitigen Transfer wie in der frühneuzeitlichen Geschichte Russlands bis zur reziproken Interdependenz nach Art des gesamteuropäischen Marktes des späten 19. Jahrhunderts – und damit auch Unterschiede zwischen den Sektoren der historischen Wirklichkeit in eine allgemeinere Beschreibung zu integrieren. Rückständigkeit wäre dann, wie prominent sie auch jeweils gewesen sein mag, nur *ein* Unterfall solcher Beziehungen, und Maßnahmen zu ihrem Abbau – fraglos prägende Merkmale der russischen Geschichte spätestens seit Peter dem Großen – würden zu Zwischenetappen fortschreitender *Verflechtung*.[13] Rückständigkeit verlöre einen Großteil ihrer normativ-teleologischen Belastung, bliebe aber, was die Mahnung zu einem umsichtigen Umgang mit derartigen prozessualen Großbegriffen ebenfalls impliziert, eine *unverzichtbare* analytische Kategorie zum Verständnis der russischen Geschichte.

Anmerkungen

Einleitung

1 Lemberg, Entstehung.
2 Wolff, Eastern Europe.
3 Cooper, Colonialism, 149.
4 z. B. Hildermeier, Russland, 1313 ff. sowie unten, S. 244 ff.

I. Die Kiever Rus': Dynastische Zugehörigkeit

1 Stökl, Bild, 10 ff.
2 Forssman, Beziehungen, 135 f; HGR I, 318.
3 Forssman, ebd., 137–140.
4 Forssman, ebd., 134 f; HGR I, 318 f; Hellmann, Heiratspolitik.

II. Moscovien: Katholische Teufel und verlockende Technik

1 Deutsche und Deutschland I, 64 f, 68; Stökl, Bild, 10.
2 Deutsche und Deutschland I, 76 ff, 83 ff.
3 Reisebericht, 151, 158 ff.
4 Amburger, Anwerbung, 15 f.
5 Details: ebd. 18 ff.
6 Amburger, ebd. 22 ff; HGR I, 1012.
7 Stökl, Bild, 18.
8 Amburger, 25 ff; weitere Nachweise: Hildermeier, Russland, 403
9 Amburger, Anwerbung, 27; Kliutschewskij, Geschichte III, 289.
10 HGR II, 96; Deutsche und Deutschland I, 202 f.
11 Kliutschewskij, Geschichte III, 370; Deutsche und Deutschland I, 207 ff; CHR I, 652
12 Torke, Zaren, 129 ff; Demidova, Pervye Romanovy, 196 ff.
13 Deutsche und Deutschland I, 214 ff; CHR I, 652.
14 Im Einzelnen: Deutsche und Deutschland I, 217–237.

III. Russische Aufklärung: Staatsreformen und kulturelle Verwestlichung

1 Matveev, Russkij diplomat, 33, 35 40, 44; Tolstoj, Putešestvie, 339, 361; Tolstoj, Tagebuch, 280.

2 Tolstoj, Tagebuch, 265, 279; Apraksin, Reisejournal, 289, 292, 294 f.; Matveev, Russkij diplomat, 50.

3 Wittram, Peter I, 105 f.

4 Amburger, Anwerbung, 47.

5 Amburger, ebd., 47 ff, bes. 62 ff, 80 f, 83, 94 f, 100, 103 f, Daten: 106.

6 Wittram, Peter I., 150 ff; Hildermeier, Russland, 448 ff.

7 Wittram, ebd., 100 ff; Hildermeier, Russland, 438 ff.

8 Wittram, ebd., 113 ff (Zitat 114); Details: Schippan, Kollegien.

9 Wittram, ebd., 194 ff, Zitat 197.

10 Wittram, ebd., 207 f; Weber, Verändertes Russland.

11 Hildermeier, Bürgertum, 57 ff. (Daten 49).

12 Stadtordnung, Art. 62 ff; 84 ff; Hittle, Service City; Hildermeier, Bürgertum, 81 ff.

13 Vgl. Stadt-Ordnung, Art. 92 ff, 138 ff.

14 Vgl. Stadt-Ordnung, Art. 156 ff, 167; Hittle, Service City.

15 Hildermeier, Russland, 515 ff.

16 Vom Adel, Art. 41, 46, 47–49; zusammenfassend: Ivanova, Željtova, Soslovnoe obščestvo, 134 ff.

17 Kusber, Eliten- und Volksbildung, 270, Daten 273.

18 Mironov, Social'naja istorija I, 527.

19 mit illustrativen Abb. Roosevelt, Life, Zitat 57.

20 Schönle, Zorin, Periphery, 62; Mironov, Social'naja istorija I, 90. Die 8500 entsprachen in etwa den 13,3 % aller Adeligen, die 1766/67 mehr als 100 Leibeigene besaßen und sich einen westlichen Lebensstil leisten konnten (Schönle, Zorin, Periphery, 5; Kahan, Kosten).

21 Mironov, Social'naja istorija I, 89.

22 Fonwisin, Landjunker, Zitat, 240, 264; Zinov'ev, Žurnal; Karamzin, Briefe, Zitat 51; Rostopčin, Putešestvie, passim, Zitat, 69; Voroncov, Notice.

23 Bolotow, Leben II, 7, 10.

24 Schönle, Zorin, Periphery, 182ff, 187; Roosevelt, Life, 33.

25 Schönle, Zorin, Periphery, 199ff, Zitat 210.

IV. Das 19. Jahrhundert: Identitätssuche und neuer Aufbruch zum Westen

1 Orlovsky, Limits, 17 ff; Yaney, Systematization, 193 f.

2 Hartley, Alexander I., 46 ff.

3 Kusber, Eliten- und Volksbildung, 277 ff, Daten: ebd., 410; Hartley, Alexander I., 54.

4 Flynn, University Reform, 21 ff; Kusber, Eliten- und Volksbildung, 301 f.

5 Hartley, Alexander I., 205, Zitat 207.

6 Mazour, First Russian Revolution, bes. 64 ff, 86 ff; Hildermeier, Russland, 755 ff.

7 Martin, Romantics, 85 ff, 123 ff.

8 Riasanovsky, Nicholas I.

9 Riasanovsky, Rußland, 18 u.a; Walicki, History, 74 ff; Miljukov, Glavnye tečenija, 310 ff.

10 Miljukov, Glavnye tečenija, 372

11 Tschižewskij, Groh, Europa, 73–93, bes. 84 f; gemeint sind Peter der Große und Alexander I.

12 Tschaadajew, Apologie, 168–171; Schelting, Rußland, 44.

13 Guerrier, Leibniz, 95, 176; Hildermeier, Privileg, 565 f.

14 Kirejewski, Rußland, 48, 51, 88; auch in: Tschižewskij/Groh, Europa, 248–298, letztes Zitat nach dieser Übers. 294.

15 Tschiževskij, Groh, Europa, 295–97.

16 Haxthausen, Studien; Custine, Russische Schatten.

17 Herzen, Briefe, 270; auch: Tschižewskij, Groh, Europa, 218.

18 Nachweis: Hildermeier, Privileg, 577.

19 Goehrke, Theorien, 51 ff.

20 Baberowski, Autokratie und Justiz, 19 ff, Zitate 22 f

21 Lincoln, Vanguard.

22 Baberowski, Autokratie und Justiz, 616, 631; Hildermeier, Russland, 917 ff.

23 Baberowski, ebd., 76.

24 Ebd., 481 ff.

25 Ebd., 88.

26 Ebd., 481 ff.

27 Ebd., 96 ff (Zitate 96, 98).

28 Zitat: Baberowski, ebd., 8; Burbank, Peasants.

29 Lincoln, Great Reforms, 134 ff, bes. 138; Hildermeier, Russland, 924 ff (mit weiterer Literatur).

30 Beyrau, Militär, 208 ff, 222; Benecke, Militär, 23 ff.

31 Benecke, Militär, 41 ff.

32 Benecke, Militär, 50 ff, Zitate 50, 55; Beyrau, Militär, 275 f.

33 Alston, Education, 55 (Zitat); Maurer, Hochschullehrer, 71.

34 Alston, ebd., 74 f; Milukow, Skizzen II, 410 f.

35 Sinel, Classroom, 166 ff; Alston, Education, 68.

36 Sinel, ebd., 95, 108 f, 123 ff.

37 Sinel, ebd., 130 ff, 141 ff, 157; Alston, Education, 87 ff.

38 Gregory, Comments; zusammenfassend: ders., Before command, 55 f u. pass.

39 Reutern-Nolcken, Sanierung, 20 ff, 164 f.

40 Von Laue, Witte, 35, 77; Gatrell, Economy, 151 ff.

41 Gatrell, ebd., 130 f, 150 f, 154.

42 McKay, Pioneers, 298 ff.

43 Bovykin, Petrov, Banki, 32 f, 303.

44 McKay, ebd., 379 ff, Kirchner, Industrie.

45 McKay, ebd., 182 ff, Zitat: 200.

46 Ausführlicher: Hildermeier, Russland, 1183 ff.

47 Von Laue, Labor.

48 Von Laue, Labor; Gerschenkron, Agrarian policies, 799 (Zitat).

49 Daten: Rašin, Formirovanie, 327; Crisp, Labour, 331.

50 Johnson, Peasant, 70 f; Crisp, ebd., 336.

51 Johnson, ebd., 40,42; Crisp, ebd., 371, 373.

52 Johnson, ebd., 41.

53 Crisp, Labour, 330.

54 Bezugsdaten nach: Rašin, Naselenie, 45; Rossija 1913, 221.

55 Gatrell, Economy, 86.

56 Daten nach Mironov, Social'naja istorija. I, 287 und Rašin, Naselenie, 93.

57 Petrov, Moskovskaja buržuazija, 54.

58 Daten: Rašin, Naselenie, 325; Rossija 1913, 221.

59 Petrov, Moskovskaja buržuazija, 45 f, 55; Bochanov, Krupnaja buržuazija, 137 ff.

60 Vgl. Bochanov, ebd., 47 f.

61 Petrov, Moskovskaja buržuazija, 112, 141 ff; Bochanov, Krupnaja buržuazija, 150.

62 Buryškin, Moskva kupečeskaja, 134 ff, 138 ff.

63 Bochanov, Krupnaja buržuazija, 189 ff, 227 f.

64 Petrov, Moskovskaja buržuazija, 182 ff, 192 ff; Dahlmann, Knoop, 371.

65 Hildermeier, Russland 1220 ff (mit weiteren Daten).

66 Bradley, Subjects into Citizens, 1094 ff; ders., Voluntary associations, 5 ff.

67 Hosking, Constitutional experiment.

68 Stockdale, Miliukov; Dahlmann, Provinz wählt; Pearson, Moderates; Birth, Oktobristen; weitere Literatur, auch zum Folgenden: Hildermeier, Russland, 962 ff

69 Vgl. Hagen, Öffentlichkeit; Daten: Hildermeier, Russland, 1267 f.

70 Hildermeier, Liberales Milieu (Daten 537); Bradley, Voluntary Associations, bes. 211 ff; Dowler, Russia 1913, 221 ff; Lindenmeyr, Poverty, 48 ff, 196 ff.

71 Bradley, Parliament (Titel).

72 Häfner, Gesellschaft, 276 ff; Bönker, Jenseits der Metropolen, 62 ff, 236 ff; Hausmann, Gesellschaft, 116 ff; Dowler, Russia 1913, 90 ff; Evtuhov, Portrait, 206 ff, 228 ff.

73 Eklof, Peasants and Schools, 116; Hildermeier,Russland, 1259 f.

74 Hildermeier, Russland, 1225, 1254 f.

75 Rossija 1913, 333, 336; Alston, Education, 202.

76 Goehrke, Alltag II, 311 ff, bes. 313.

77 Vgl. Varencov, Slyšannoe, 585.

78 West, Petrov, Merchant Moscow (mit zahlreichen Fotos dieser vergessenen Welt).

79 Brumfield, History, 425 ff; reich illustriert: Bowlt, Moskau & St. Petersburg, 129 ff.

80 Bayer, Moskauer Medici.

81 Schlögel, Jenseits des Großen Oktober.

82 Ingold, Bruch, 93, 126 ff; Bowlt, Moskau & St. Petersburg, 319 ff.

83 Ingold, Wege, 447.

V. Importierter Sozialismus und kapitalistische Hilfe 1917–1941)

1 Lenin, Werke Bd. 3; Kontext: Walicki, Controversy.

2 Lenin, Ausgewählte Werke I, 763 ff; II, 39 ff u. pass.; Trotzki, Ergebnisse; Service, Trotzki, 210 f.

3 Merl, Agrarmarkt; Davies, Harrison, Wheatcroft, 8 ff; zur Kontroverse über das Ende der NEP: Hildermeier, Sowjetunion, 273 ff.

4 Lenin, Ausgewählte Werke II, 753 f.

5 Stites, Dreams, 148 f.; Ball, Imagining America, 23 ff; faktenreiche Studie: Sutton, Technology (Daten: ebd. II, 16).

6 Stalin, Werke XIII, 36.

7 Vielbändiges Standardwerk: Davies, Industrialization, bes. Bd. 3, 4 und 6; zusammenfassend: Hildermeier, Sowjetunion, 382 ff, 501 ff.

8 Detailreiche Übersicht: Sutton, Technology II.

9 Schlögel, Sowjetisches Jahrhundert, 114 f.

10 Flierl, Standardstädte, 33–164, bes.63, 113 (Zitat); Schlögel, ebd., 118 ff.

11 Sutton, Technology II, 249 ff, 328; z. B. Scott, Behind the Urals.

12 Sutton, ebd. I, 327 ff, 348 (Daten), Sutton II, 16, 340 (Zitat).

13 Sutton, ebd. II, 299.

14 Zeidler, Reichswehr, bes. 54 ff, 171 ff, 228 ff; Kahlenberg, Pichoja, Reichswehr.

15 Sutton, Technology II, 236 ff, Zitate 238, 345.

VI. Supermacht der Defizite und sozialistischer Konsum

1 Sutton, Technology III, 31 f, 414; Karlsch, Sowjetische Demontagen, 165.

2 Karlsch, ebd. 133 (Zitat), 134 ff, 166 ff, 185.

3 Karlsch, ebd., 192 f, 202 f, 212; Mick, Forschen, 210 ff, 315 ff.

4 Launius u. a., Reconsidering Sputnik, IX

5 Launius, ebd., 7 (Zitat), 11 ff, 43 ff.

6 Divine, Sputnik Challenge, VII f.

7 Masey, Morgan, Cold War, 199, 202 ff; Taubman, Khrushchev, 365, 416 ff.

8 HGR V, 806.

9 Daten nach HGR V, 806.

10 Schlögel, Sowjetisches Jahrhundert, 324 ff.

11 Jurij Pimenov, Das neue Moskau, 1937.

12 Grieger, Towards Mobility, 50 (Zezina, Introduction of Motor Vehicles); Gatejel, Auto und Sozialismus, 34.

13 Soviet Economy 1980's I, 511 (Gold, Science and Technology).

14 Soviet economy in a New Perspective, 790 (Hanson, Technology transfer).

15 Soviet Economy in the 1980's I, 528 (Holliday, Western Technology).

16 Parrott, Trade, technology, VIII, 117 ff.

17 HGR V, 942.

18 Soviet Economy in the 1980s II, 367, 381 f (G. Schroeder, Living standards).

19 Dunham, In Stalin's Time.

20 Gatejel, Auto und Sozialismus, 155.

21 Grieger, Towards mobility, 51 (Zezina, Introduction).

22 Passt das eigene Auto; Gatejel, Auto und Sozialismus, 48 f.

23 Gatejel, ebd., 34.

24 Daten nach Welihozkiy, Automobiles, 818 f.

25 Soviet Economy 1980's I, 528 (Holliday, Western Technology).

26 Beyrau, Intelligenz, 163 ff (Zitat 168).

27 Solschenizyn, Russlands Weg, 67 ff.

VII. Nach Westen – und zurück (1985 bis heute)

1 Übersichten: HGR V, 519 ff (H. Altrichter); Hildermeier, Geschichte, 1061 ff.

2 Kljamkin, Kakaja ulica, Zitate 151, 156.

3 Mjalo, Oborvannaja nit', bes. 254, 257.

4 Solschenizyn, Russlands Weg, 23, 51 ff, 68 u. pass.

5 Übersicht: Heller, Wilde Jahre.

6 First Person, 215.

7 Sygar, Endspiel, 99.

8 Liuhto u. a. Russian Economy, 1, 75.

9 Vgl. Sutela, Political economy, 99, Pleines, Schröder, Länderbericht, 353, Tabata, Dependent on oil and gas 42.

10 s. o. Anm. 114.

11 Kenntnisreiche Übersicht: Scherrer, Kulturologie, 18.

12 Danilewsky, Russland und Europa.

13 Scherrer, Kulturologie, 63 ff, hier 98, 165.

14 Scherrer, ebd., 166 f; First Person, 213 f.

15 First Person, 214.

16 Übersicht: Chebankova, Political ideologies, 87 ff.

17 Ebd. 58 ff.

VIII. Ein Vorschlag zur Deutung: Rückständigkeit als Verflechtung

1 Große Instruktion Art. 6.

2 Gerschenkron, Backwardness, 8.

3 Ditjatin, Ustrojstvo; Milukow, Skizzen.

4 Hildermeier, Privileg; Gerschenkron, Backwardness, 169.

5 Gregory, s. o. Anm. 85.

6 Todorova, Balkans; Wolff, Eastern Europe.

7 Koselleck, Begriffsgeschichten, 99 f.

8 Andersson, Axelsson, Diverse paths, 10 (Zitat) ff, 45 ff.

9 Koselleck, Vergangene Zukunft, 349 ff.

10 Kocka, Zukunft,35.

11 s. o. Anm. 3.

12 Tenbruck, Kulturvergleich, bes. 14 f.

13 Allgemein u. a.:Werner, Zimmermann, Vergleich, Transfer, Verflechtung; Kaelble, Schriewer, Vergleich und Transfer.

Zitierte Literatur

Im Folgenden werden nur die wichtigsten, primär westsprachigen Titel genannt. Weitere Literatur findet sich im HGR und bei Hildermeier, Russland. Die im Haupttext gewählte Kurzform ist kursiv gesetzt.

Abkürzungen:

CHR → Cambridge History of Russia
HGR → Handbuch der Geschichte Russlands

Alston, P. L.: *Education* and the State in Tsarist Russia. Stanford 1969

Amburger, E.: Die *Anwerbung* ausländischer Fachkräfte für die Wirtschaft Rußlands vom 15. bis ins 19. Jahrhundert. Wiesbaden 1968

Andersson, M.; *Axelsson*, T. (Hg.): *Diverse* Development *Paths* and Structural Transformation in the Escape from Poverty. Oxford 2016

Apraksin, A.: Das *Reisejournal* eines Unbekannten, in: Itineraria Rossica. Altrussische Reiseliteratur. 2. Aufl. Leipzig 1991, S. 288–301

Baberowski, J.: *Autokratie und Justiz*: zum Verhältnis von Rechtsstaatlichkeit und Rückständigkeit im ausgehenden Zarenreich 1864–1914. Frankfurt/M. 1996

Ball, A. M.: *Imagining America*. Influence and Images in Twentieth-Century Russia. Lanham 2003

Bayer, W.: Die *Moskauer Medici*. Der russische Bürger als Mäzen 1850–1917. Köln 1996

Benecke, W.: *Militär*, Reform und Gesellschaft im Zarenreich. Die Wehrpflicht in Russland 1874–1914. Paderborn 2006

Beyrau, D.: *Intelligenz* und Dissens. Die russischen Bildungsschichten in der Sowjetunion 1917 bis 1985. Göttingen 1993

Beyrau, D.: *Militär* und Gesellschaft im vorrevolutionären Rußland. Köln 1984

Birth, E.: Die *Oktobristen* 1905–1913. Zielvorstellungen und Struktur. Stuttgart 1974

Bochanov, A. N.: *Krupnaja buržuazija* Rossii. Konec XIX v.–1914 g. [Das

Großbürgertum in Russland. Ende des 19. Jahrhunderts bis 1914]. Moskva 1992

Bolotow [Bolotov], A. T.: *Leben* und Abenteuer des Andrej Bolotow von ihm selbst für seine Nachkommen aufgeschrieben. 2 Bde. München 1990

Bönker, K.: *Jenseits der Metropolen.* Öffentlichkeit und Lokalpolitik im Gouvernement Saratov (1890–1914). Köln 2010

Bovykin, V. I.; *Petrov,* Ju A.: Kommerčeskie *banki* Rossijskoj Imperii [Die Handelsbanken des Russischen Reichs]. Moskva 1994

Bowlt, J. E.: *Moskau & St. Petersburg.* Kunst, Leben und Kultur in Russland 1900–1920. München 2008

Bradley, J.: Russia's *Parliament* of Public Opinion: Association, Assembly, and the Autocracy 1906–1914. In: Taranovski, T. (Hg.): Reform in Modern Russian History. Progress or Cycle. Cambridge 1995, S. 212–236

Bradley, J.: *Subjects into Citizens:* Societies, Civil Society, and Autocracy in Tsarist Russia. In: American Historical Review 107 (2002), S. 1094–1123

Bradley, J.: *Voluntary Associations* in Tsarist Russia: Science, Patriotism, and Civil Society. Cambridge/Mass. 2009

Brumfield, W. C.: A *History* of Russian Architecture. Princeton 1997

Burbank, J.: Russian *Peasants* Go to Court: Legal Culture in the Countryside, 1905–1917. Bloomington 2004

Buryškin, P. A.: *Moskva kupečeskaja* [Das kaufmännische Moskau]. New York 1954

Cambridge History of Russia [CHR]. Bd. 1–3. Cambridge 2006

Chebankova, E. A.: *Political Ideologies* in Contemporary Russia. Montreal, Kingston, London, Chicago 2020

Cooper, F.: *Colonialism* in Question: Theory, Knowledge, History. Berkeley 2005 (dt.: *Kolonialismus* denken. Konzepte und Theorien in kritischer Perspektive. Frankfurt a. M. 2012)

Crisp, O.: *Labour* and Industrialisation in Russia, in: The Cambridge Economic History of Europe. Bd. VII, 2, Cambridge 1978, S. 308–414

Custine, A. de: *Russische Schatten.* Prophetische Briefe aus dem Jahre 1839. Hg. v. H. M. Enzensberger. Nördlingen 1985

Dahlmann, D.: Die *Provinz wählt.* Rußlands Konstitutionell-Demokratische Partei und die Dumawahlen 1906–1912. Köln 1996

Dahlmann, D.: Ludwig *Knoop*: ein Unternehmerleben, in: C. Scheide, D. Dahlmann, (Hg.): «… das einzige Land in Europa, das eine große Zukunft vor sich hat». Deutsche Unternehmen und Unternehmer im Russischen Reich im 19. und frühen 20. Jahrhundert. Essen 1998, S. 361–378.

Danilewsky, N. J.: *Rußland und Europa.* Eine Untersuchung über die kulturellen und politischen Beziehungen der slawischen zur germanisch-romanischen Welt. Übers. u. eingeleitet von K. Nötzel. Osnabrück 1965

Davies, R. W., *Harrison, M.*; *Wheatcroft*, S. G.: The Economic Transformation of the Soviet Union, 1913–1945. Cambridge 1994

Davies, R. W.: The *Industrialization* of Soviet Russia. Bd. 3: The Soviet Economy in Turmoil, 1929–1930; Bd. 4: Crisis and Progress in the Soviet Economy, 1931–1933; Bd. 6 (mit O. V. Khlevniuk u. S. G. Wheatcroft): The years of progress. The Soviet economy 1934–1936. London, Basingstoke 1989, 1996, 2014

Demidova, N. F.; Morozova, L. E.; Preobraženskij, A. A.: *Pervye Romanovy na rossijskom prestole* [Die ersten Romanovs auf dem russischen Thron]. Moskva 1996

Deutsche und Deutschland aus russischer Sicht. Hg. v. D. Herrmann [u. a.]. Bd. 1: 11.–17. Jahrhundert. Bd. 2: 18. Jahrhundert: Aufklärung. Bd. 3: 19. Jahrhundert: Von der Jahrhundertwende bis zu den Reformen Alexanders II. Bd. 4: 19./20. Jahrhundert: Von den Reformen Alexanders II. bis zum Ersten Weltkrieg. München 1988–2006

Ditjatin, I. I.: *Ustrojstvo i upravlenie gorodov Rossii*. St. Peterburg [Struktur und Verwaltung der Städte Russlands], Bd. 1–2. Jaroslavl' 1875, 1877

Divine, R. A.: The *Sputnik Challenge*. New York, Oxford 1993

Dowler, W.: *Russia* in *1913*. DeKalb/ Ill. 2010

Dunham, V. S.: *In Stalin's Time*: Middleclass Values in Soviet Fiction. Cambridge 1976

Eklof, B.: *Peasants and Schools*, in: B. Eklof, S. P. Frank (Hg.), The World of the Russian Peasant: Post-Emancipation Culture and Society. Boston 1990, S. 115–132

Evtuhov, C.: *Portrait* of a Russian Province. Economy, Society, and Civilization in Nineteenth-Century Nizhnii Novgorod. Pittsburgh 2011

First Person. An Astonishingly Frank Self-Portrait by Russia's President Vladimir Putin. Ed. N. Gevorkyan, N. Timakova and A. Kolesnikov. London 2000. [Anhang im Internet: V. Putin, Russia at the turn of the millenium (December 30, 1999) = www.uio.no ‹ studier ‹ emner ‹ ilos ‹ RUS2504]

Flierl, T. (Hg.): *Standardstädte*. Ernst May in der Sowjetunion 1930–1933. Texte und Dokumente. Berlin 2012

Flynn, J. T.: The *University Reform* of Tsar Alexander I, 1802–1835. Washington, D. C. 1988

Fonwisin [Fonvizin], D.: Der *Landjunker* und andere satirische Dichtungen und Schriften. Ausgew., aus d. Russ. übertr. u. mit e. Vorw. vers. v. Anneliese Bauch, Berlin 1957

Forssman, J.: Die *Beziehungen* altrussischer Fürstengeschlechter zu Westeuropa. Ein Beitrag zur Geschichte Ost- und Nordeuropas im Mittelalter, Bern 1970

Gatejel, L.: Warten, hoffen und endlich fahren. *Auto und Sozialismus* in der Sowjetunion, in Rumänien und der DDR (1956–1989/91). Frankfurt, New York 2014

Gatrell, P.: The Tsarist *Economy*. 1850–1917. London 1986

Gerschenkron, A.: *Agrarian Policies* and Industrialization: Russia 1861–1917, in: H. J. Habakkuk, M. Postan (Hg.), The Cambridge Economic History of Europe. Bd. VI, 2, Cambridge 1966, S. 706–800

Gerschenkron, A.: Economic *Backwardness* in Historical Perspective. Cambridge/Mass. 1962

Goehrke, C.: Die *Theorien* über Entstehung und Entwicklung des «Mir». Wiesbaden 1964

Goehrke, C.: Russischer *Alltag*. Eine Geschichte in neun Zeitbildern vom Frühmittelalter bis zur Gegenwart. Bd. 1–3, Zürich 2003–2005

Gregory, P. R.: *Before Command*. An Economic History of Russia from Emancipation to the First Five-Year Plan. Princeton 1994

Gregory, P. R.: Some Empirical *Comments* on the Theory of Relative Backwardness: The Russian Case. In: Economic Development and Cultural Change 22 (1974), S. 654–665

Grieger, M. (Hg.): *Towards Mobility*. Varieties of Automobilism in East and West. Wolfsburg 2009

Große Instruktion: Katharinae der Zweiten, Kaiserin und Gesetzgeberin von Rußland Instruction für zu Verfertigung des Entwurfs zu einem neuen Gesetzbuch verordnete Commission. Riga 1768

Häfner, L.: *Gesellschaft* als lokale Veranstaltung. Die Wolgastädte Kazan' und Saratov (1870–1914). Köln 2004

Hagen, M.: Die Entfaltung politischer *Öffentlichkeit* in Rußland 1906–1914. Wiesbaden 1982

Handbuch der Geschichte Russlands [HGR]. Hg. v. M. Hellmann, K. Zernack und G. Schramm. Bd. 1–3, Register Bd. 4, Stuttgart 1981–2002; Erg. bd. 5 (1945–1991), hg. v. S. Plaggenborg. Stuttgart 2002–2003

Hartley, J. M.: *Alexander I*. London 1994

Hausmann, G.: *Gesellschaft* als lokale Veranstaltung. Selbstverwaltung, Assoziierung und Geselligkeit in den Städten des ausgehenden Zarenreiches. Göttingen 2002

Haxthausen, August Freiherr von: *Studien* über die inneren Zustände, das Volksleben und insbesondere die ländlichen Einrichtungen Rußlands. Hannover 1847–1852

Heller, K.: Russlands *wilde Jahre.* Der neue Kapitalismus in der Ära Jelzin. Paderborn 2016

Hellmann, M.: Die *Heiratspolitik* Jaroslavs des Weisen, in: Forschungen zur osteuropäischen Geschichte 8 (1962), S. 7–25

Herzen, A.: *Briefe* aus dem Westen. 17. Aufl. Nördlingen 1989

Hildermeier, M.: *Bürgertum* und Stadt in Rußland 1760–1870. Rechtliche Lage und soziale Struktur. Köln 1986

Hildermeier, M.: Das *Privileg* der Rückständigkeit. Anmerkungen zum Wandel einer Interpretationsfigur der neueren russischen Geschichte. In: Historische Zeitschrift 244 (1987), S. 557–603

Hildermeier, M.: Geschichte der *Sowjetunion* 1917–1991. Entstehung und Niedergang des ersten sozialistischen Staates. Mit einem zusätzlichen Kapitel über das postsowjetische Russland 1991–2016. 2., überarbeitete und erweiterte Auflage. München 2017

Hildermeier, M.: Geschichte *Russlands.* Vom Mittelalter bis zur Oktoberrevolution. 3. Aufl. München 2016

Hildermeier, M.: *Liberales Milieu* in russischer Provinz. Kommunales Engagement, bürgerliche Vereine und Zivilgesellschaft 1900–1917 In: Jahrbücher für Geschichte Osteuropas 51 (2003), S. 498–548

Hittle, J. M.: *The Service City.* Town and Townspeople in Russia 1600–1800. Cambridge/ Mass. 1979

Hosking, G. A.: *The Russian Constitutional Experiment:* Government and Duma 1907–1914. Cambridge 1973

Ingold, F. P.: Der große *Bruch.* Russland im Epochenjahr 1913. Kultur, Gesellschaft, Politik. München 2000

Ingold, F. P.: Russische *Wege.* Geschichte – Kultur – Weltbild. München 2007

Ivanova, N. A.; *Želtova,* V. P.: *Soslovnoe obščestvo* Rossijskoj ımperii (XVIII – načalo XX veka) [Die ständische Gesellschaft des Russischen Reiches, 18.–Anfang des 20. Jahrhunderts]. Moskva 2009

Johnson, R. E.: *Peasant* and Proletarian. The Working Class of Moscow in the Late 19th Century. New Brunswick/N. Y. 1979

Kaelble, H.; *Schriewer,* J. (Hg.): *Vergleich und Transfer.* Komparatistik in den Sozial-, Geschichts- und Kulturwissenschaften. Frankfurt a. M. 2003

Kahan, A.: Die *Kosten* der «Verwestlichung» in Russland: Adel und Ökonomie im 18. Jahrhundert, in: D. Geyer (Hg.), Wirtschaft und Gesellschaft im vorrevolutionären Rußland. Köln 1975, S. 53–82

Kahlenberg, F. P.; *Pichoja*, R. G. (Hg.): *Reichswehr* und Rote Armee. Dokumente aus den Militärarchiven Deutschlands und Russlands 1925–1931. Koblenz 1995

Karamzin, N. M.: *Briefe* eines reisenden Russen. Übers. v. Johann Richter, München 1966

Karlsch, R.; Laufer, J.; Sattler, F. (Hg.): *Sowjetische Demontagen* in Deutschland 1944–1949. Hintergründe, Ziele und Wirkungen, Berlin 2002

Kirchner, W.: Die deutsche *Industrie* und die Industrialisierung Rußlands 1815–1914. St. Katharinen 1986

Kirejewski [Kireevskij], I. W.: *Russland* und Europa. Stuttgart 1948

Kliutschewskij, W. [Ključevskij, V. O.]: *Geschichte* Rußlands. Hg. v. F. Braun u. R. von Walter. Bd. 1–4. Stuttgart 1925–1926

Kljamkin, I.: *Kakaja ulica* vedet k chramu [Welcher Weg führt nach Rom /wörtlich: zum Dom]? In: Novyj Mir [Neue Welt] (1987), H. 11, S. 150–188

Kocka, J.: *Zukunft* in der Geschichte. in: D. Feest und L. Häfner (Hg.), Die Zukunft der Rückständigkeit. Chancen – Formen – Mehrwert, Köln, Wien 2016, S. 27–35.

Koselleck, R.: *Begriffsgeschichten*. Studien zur Semantik und Pragmatik der politischen und sozialen Sprache. Frankfurt a. M. 2006

Koselleck, R.: *Vergangene Zukunft*. Zur Semantik geschichtlicher Zeiten. 2. Aufl. Frankfurt a. M. 1984

Kusber. J.: *Eliten- und Volksbildung* im Zarenreich während des 18. und in der ersten Hälfte des 19. Jahrhunderts. Studien zu Diskurs, Gesetzgebung und Umsetzung. Stuttgart 2004

Launius, R. D.; Logson, J. M.; Smith, R. W. (Hg.): *Reconsidering Sputnik*. Forty Years since the Soviet Satellite. Amsterdam 2000

Lemberg, H.: Zur *Entstehung* des Osteuropabegriffs im 19. Jahrhundert. Vom «Norden» zum «Osten» Europas. In: Jahrbücher für Geschichte Osteuropas 33 (1985), S. 48–91

Lenin, W. I.: *Ausgewählte Werke*. Bd. 1–3, Berlin (Ost) 1967

Lenin, W. I.: *Werke*. Ins Deutsche übertr. nach der 4. russ. Ausgabe. Bd. 3, Berlin (Ost) 1968

Lincoln, W. B.: In the *Vanguard* of Reform. Russia's Enlightened Bureaucrats 1825–1861. DeKalb 1982

Lincoln, W. B.: The *Great Reforms*. Autocracy, Bureaucracy, and the Politics of Change in Imperial Russia. DeKalb 1990

Lindenmeyr, A.: *Poverty* is not a Vice. Charity, Society, and the State in Imperial Russia. Princeton 1996

Liuhto, K.; Sutyrin, S. F.; Blanchard, J.-M. F. (Hg.): The *Russian Economy* and Foreign Direct Investment. London 2017

Martin, A. M.: *Romantics*, Reformers, Reactionaries. Russian Conservative Thought and Politics in the Reign of Alexander I. DeKalb 1997

Masey, J.; *Morgan*, C. L.: *Cold War* Confrontations. US Exhibitions and Their Role in the Cultural Cold War. Baden 2008

Matveev, A. A.: *Russkij diplomat* vo Francii (Zapiski Andreja Matveeva) [Ein russischer Diplomat in Frankreich (Die Aufzeichnungen Andrej Matveevs)]. Leningrad 1972

Maurer, T.: *Hochschullehrer* im Zarenreich. Ein Beitrag zur russischen Sozial- und Bildungsgeschichte. Köln, Wien 1998

Mazour, A. G.: The *First Russian Revolution* 1825. The Decembrist Movement. Its Origins, Development and Significance. Stanford/ Cal. 1961 (ND v. 1937)

McKay, J. P.: *Pioneers* for Profit. Foreign Entrepreneurship and Russian Industrialization 1885–1913. Chicago 1970

Merl, S.: Der *Agrarmarkt* und die Neue Ökonomische Politik. Die Anfänge staatlicher Lenkung der Landwirtschaft in der Sowjetunion 1925–1928. München 1981

Mick, C.: *Forschen* für Stalin. Deutsche Fachleute in der sowjetischen Rüstungsindustrie 1945–1958. München 2000

Miljukov, P. N.: *Glavnye tečenija* russkoj istoričeskoj mysli [Hauptströmungen des russischen historischen Denkens]. Moskva 2006

Milukow [Miljukov], P.: *Skizzen* russischer Kulturgeschichte, Bd. 1–2. Leipzig 1898

Mironov, B. N.: *Social'naja istorija* Rossii perioda imperii (XVIII–načalo XX v.). Genezis ličnosti, demokratičeskoj sem'i, graždanskogo obščestva i pravovogo gosudarstva [Sozialgeschichte des Russischen Reiches, vom 18. Jh. bis zum Beginn des 20. Jhs.). Die Entstehung des Individuums, der demokratischen Familie, der burgerlichen Gesellschaft und des Rechtsstaats]. 2 Bde., Moskva 1999

Mjalo, K.: *Oborvannaja nit'* [Gerissener Faden]. In: Novyj mir [Neue Welt] (1988), H. 8, S. 245–257

Orlovsky, D. T.: The *Limits* of Reform: The Ministry of Internal Affairs in Imperial Russia 1802–1881. Cambridge/Mass. 1981

Parrott, B. (Hg.): *Trade, technology*, and Soviet American relations. Bloomington 1985

Passt das eigene Auto in die kommunistische Gesellschaftsordnung. In: Osteuropa 21 (1971), A 190–A 205

Pearson, R.: The Russian *Moderates* and the Crisis of Tsarism 1914–1917. London 1977

Petrov, Ju A.: *Moskovskaja buržuazija* v načale XX veka. Predprinimateľstvo i politika [Die Moskauer Bourgeoisie zu Beginn des 20. Jahrhunderts. Unternehmerschaft und Politik]. Moskva 2002

Pleines, H.; *Schröder*, H.-H. (Hg.): *Länderbericht* Russland. Bonn 2010

Rašin, A. G.: *Naselenie* Rossii za 100 let (1811–1913). Statističeskie očerki [Die Bevölkerung Russlands über ein Jahrhundert (1811–1913). Statistischer Aufriss]. Moskau 1956

Reisebericht eines unbekannten Russen (1437–1440). Übersetzt, eingeleitet und erklärt von Günther Stökl, in: E. Ivánka (Hg.): Byzantinische Geschichtsschreiber. 2. Aufl., Graz 1965, S. 151–189

Reutern-Nolcken, Woldemar Graf von (Hg.): Die finanzielle *Sanierung* Rußlands nach der Katastrophe des Krimkrieges 1862 bis 1878 durch den Finanzminister Michael von Reutern. Berlin 1914

Riasanovsky, N. V.: *Nicholas I.* and Official Nationality in Russia 1825–1855. Berkeley 1967

Riasanovsky, N. V.: *Rußland* und der Westen. Die Lehre der Slawophilen. München 1954

Roosevelt, P.: *Life* on the Russian Country Estate. A Social and Cultural History. New Haven 1995

Rossija: 1913 god. Statistiko-dokumentaľnyj spravočnik [Russland im Jahre 1913. Statistisch-dokumentarisches Handbuch]. Hg. von A. M. Anfimov, A. P. Korelin. St.- Peterburg 1995

Rostopčin, F. V.: *Putešestvie* po Prussii [Reise durch Preußen], in: Moskvitjanin [Der Moskauer] 1849,, kn. 1, S. 69–92; kn. 10, S. 77–90; kn. 13, S. 3–14; kn. 15: S. 121–139

Schelting, A. v.: Rußland und Europa im russischen Geschichtsdenken. Bern 1948

Scherrer, J.: *Kulturologie*. Rußland auf der Suche nach einer zivilisatorischen Identität. Göttingen 2003

Schippan, M.: Die Einrichtung der *Kollegien* in Rußland zur Zeit Peters I. Wiesbaden 1997

Schlögel, K.: Das *sowjetische Jahrhundert*. Archäologie einer untergegangenen Welt. München 2017

Schlögel, K.: *Jenseits des Großen Oktober*. Das Laboratorium der Moderne: Petersburg 1909–1921. Berlin 1988

Schönle, A; *Zorin*, A.: On the *Periphery* of Europe 1762–1825. The Self-Invention of the Russian Elite, DeKalb 2018

Scott, J.: *Behind the Urals*. An American Worker in Russia's City of Steel. Bloomington 1989

Service, R.: *Trotzki*. Eine Biographie. Berlin 2012

Sinel, A. A.: *The Classroom* and the Chancellery. State Educational Reform under Count Dmitrij Tolstoj. Cambridge 1973

Solschenizyn, A. I.: *Russlands Weg* aus der Krise ein Manifest. München 1990

Soviet Economy in a New Perspective. A Compendium of Papers Submitted to the Joint Economic Committee. Congress of the United States. Washington, D. C. 1976

Soviet Economy in the 1980's. Problems and Prospects. Bd 1,2. Washington, D. C. 1983

Stadt-Ordnung. Auf Allerhöchsten Befehl aus dem russischen übersetzt v. C. G. Arndt. SPb. 1785

Stalin, J. W.: *Werke* Bd. 13, Frankfurt 1972.

Stites, R.: Revolutionary *Dreams*. Utopian Vision and Experimental Life in the Russian Revolution. New York 1989

Stockdale, M. K.: Paul *Miliukov* and the Quest for a Liberal Russia, 1880–1918. Ithaca 1996

Stökl, G.: Das *Bild* des Abendlandes in den altrussischen Chroniken, Köln u. a. 1965

Sutela, P.: The *Political Economy* of Putin's Russia. Hoboken 2012

Sutton, A. C.: Western *Technology* and Soviet Economic Development. Bd. 1–3. Stanford/Calif. 1968–1973

Sygar, M.: *Endspiel*. Die Metamorphosen des Wladimir Putin. Köln 2015

Tabata, S. (Hg.): *Dependent on Oil and Gas*. Russia's Integration into the World Economy. Sapporo 2006

Taubman, W.: *Khrushchev*. The Man and His Era. New York 2003

Tenbruck, F.: Was war der *Kulturvergleich*, ehe es den Kulturvergleich gab?, in: J. Matthes (Hg.), Zwischen den Kulturen? Die Sozialwissenschaften vor dem Problem des Kulturvergleichs. Göttingen 1992, S. 13–35

Todorova, M. N.: Imagining the *Balkans*. Oxford 1997

Tolstoj, P.: Das *Tagebuch* einer Reise des Stolnik Pjotr Tolstoi durch Westeuropa (Auszug), in: Itineraria Rossica. Altrussische Reiseliteratur. 2. Aufl., Leipzig 1991, S. 254–287

Tolstoj, P.: *Putešestvie* stol'nika P. A. Tolstogo 1697–1699 gg. [Die Reise des Truchsess P. A. Tolstoj 1697–1699], in: Russkij archiv: istoriko-literaturnyj sbornik 1888,, H. 2, S. 161–204; 3, S. 321–368;4, S. 505–552; 5, S. 5–62; 6, S. 113–156; 7, S. 225–264; 8, S. 369–400.

Torke, Hans-Joachim: Die russischen *Zaren*. München 1995

Trotzki, L.: *Ergebnisse* und Perspektiven. Die treibenden Kräfte der Revolution. Frankfurt 1967

Tschaadajew [Čaadaev], Peter: *Apologie* eines Wahnsinnigen. Geschichtsphilosophische Schriften. Leipzig 1992

Tschižewskij, D.; *Groh*, D. (Hg.): *Europa* und Rußland. Texte zum Problem des westeuropäischen und russischen Selbstverständnisses. Darmstadt 1959

Varencov, N. A.: *Slyšannoe*, vidennoe, peredumannoe, perežitoe [Gehörtes, Gesehenes, Überdachtes, Erlebtes]. Moskva 1999

Vom Adel. Auf Allerhöchsten Befehl aus dem russischen übersetzt v. C. G. Arndt. SPb. 1786

von Laue, T. H.: Sergej *Witte* and the Industrialization of Russia. New York 1963

von Laue, T. H.: Russian *Labor* between Field and Factory, 1892–1903 In: California Slavic Studies 3 (1964), S. 33–65

Voroncov, A. R.: *Notice* sur ma vie et les évènements differents qui se sont passés tant en Russie qu'en Europe pendant ce temps-lá. In: Archiv knjazjia Voroncova [Archiv der Fürsten Voroncov] Bd. 5, Moskau 1872, S. 6–87.

Walicki, A.: A *History* of Russian Thought from the Enlightenment to Marxism. Oxford 1980

Walicki, A.: The *Controversy* over Capitalism. Studies in the Social Philosophy of the Russian Populists. Oxford 1969

Weber, F. C.: Das *veränderte Rußland* (Faksimilenachdruck von Leipzig 1738). Hildesheim 1992

Welihozkiy, T.: *Automobiles* and the Soviet Consumer. In: Soviet Economy in a Time of Change. Washington/D. C. 1979, S. 811–833

Werner, M.; *Zimmermann*, B.: *Vergleich, Transfer, Verflechtung*. Der Ansatz der Histoire croisée und die Herausforderung des Transnationalen, in: Geschichte und Gesellschaft 28 (2002), S. 607–636

West, J. L.; *Petrov*, Iu. A. (Hg.): *Merchant Moscow*. Images of Russia's Vanished Bougeoisie. Princeton 1997

Wittram, R.: *Peter* I., Czar und Kaiser. Zur Geschichte Peters des Großen in seiner Zeit. 2 Bde., Göttingen 1964

Wolff, L.: *Inventing* Eastern Europe: The Map of Civilization on the Mind of the Enlightenment. Stanford 1994

Yaney, G. L.: The *Systematization* of Russian Government. Social Evolution in the Domestic Administration of Imperial Russia 1711–1905. Chicago 1973

Zeidler, M.: *Reichswehr* und Rote Armee 1920–1933. Wege und Stationen einer ungewöhnlichen Zusammenarbeit. München 1993

Zinov'ev, V. N.: *Žurnal* putešestvija V. N. Zinov'eva po Germanii, Italii, Francii i Anglii v 1784–1788 gg. [Tagebuch der Reise V. N. Zinov'evs nach Deutschland, Italien, Frankreich und England 1784–1788], in: Russkaja starina [Russisches Altertum] 23, 1878, S. 207–240

Hinweise zu Umschrift und Aussprache

Sehr bekannte Namen wie Chruschtschow, Dostojewski oder Zar Alexander werden in der hierzulande üblichen Schreibweise wiedergegeben. Für alle anderen russischen Namen und Begriffe wird die deutsche wissenschaftliche Transkription verwendet. Dabei entspricht:

š einem stimmlosen *sch* (wie in Schaf)

č einem *tsch* (wie in Matsch),

s einem stimmlosen *s* (wie in nass),

z einem stimmhaften *s* (wie in heiser),

c einem *z* (wie in Zahl),

y einem dumpfen i, ähnlich ui

v einem *w* (wie in Waage),

ž einem stimmhaften *sch* (wie in Journal),

šč einem *schtsch*,

ė einem kurzen, offenen *e* (wie in Menge),

' der Erweichung des vorangehenden Konsonanten

Personenregister